2018
电力版
★★★★★

U0710785

2018年

全国注册安全工程师执业资格考试

配套辅导用书

安全生产法及相关法律知识
考点精编与预测试卷

葛新丽　主编

中国电力出版社
CHINA ELECTRIC POWER PRESS

内 容 提 要

  本书内容包括安全生产法律基础知识、安全生产法、安全生产单行法律、安全生产相关法律、安全生产行政法规、安全生产部门规章、安全生产标准体系。书的每章包括大纲要求、考点汇总与分值解析、考点精编与真题回顾、章节练习四个部分，书的最后是两套预测试卷，并辅以参考答案及解析，以供读者综合练习。

  本书可供参加 2018 年全国注册安全工程师执业资格考试的考生参考和学习。

图书在版编目（CIP）数据

  安全生产法及相关法律知识考点精编与预测试卷/葛新丽主编 . —北京：中国电力出版社，2018.4
  2018 年全国注册安全工程师执业资格考试配套辅导用书
  ISBN 978-7-5198-1898-2

  Ⅰ.①安… Ⅱ.①葛… Ⅲ.①安全生产—安全法规—中国—资格考试—自学参考资料
Ⅳ.①D922.54

  中国版本图书馆 CIP 数据核字（2018）第 065397 号

出版发行：中国电力出版社
地 址：北京市东城区北京站西街 19 号（邮政编码 100005）
网 址：http://www.cepp.sgcc.com.cn
责任编辑：未翠霞 （010-63412611）
责任校对：太兴华
装帧设计：王英磊
责任印制：杨晓东

印 刷：北京雁林吉兆印刷有限公司
版 次：2018 年 4 月第一版
印 次：2018 年 4 月北京第一次印刷
开 本：787 毫米×1092 毫米 16 开本
印 张：13
字 数：315 千字
定 价：46.00 元

前　　言

编者根据注册安全工程师执业资格考试大纲和注册安全工程师执业资格考试教材编写了本套考试辅导用书。

本套书的每章包括大纲要求、考点汇总与分值解析、考点精编与真题回顾、章节练习四个部分。书的最后是两套预测试卷，并辅以参考答案及解析，以供读者综合练习。

大纲要求　考试大纲是考试命题的依据，也是考生复习的指南。我们一定要做到准确把握、关注变化，明确考试对考试大纲中要求的知识点是如何考查的。

考点汇总与分值解析　对 2012～2017 年（2016 年未组织考试）真题的分值分布做了详细的统计、归纳和总结，按章节考点分类归集后以表格的形式展现，为考生把握考试的重点提供最直接的依据。

考点精编与真题回顾　对考试大纲进行梳理和归纳，针对考试中涉及的重点、难点内容做了全部的剖析和总结，并且将 2012～2017 年（2016 年未组织考试）考试真题与考点对应，进行了深度的解析，可以有效地提升考生对于基础知识和考点的理解和掌握，以期在考试中获得高分。

章节练习　在总结历年命题规律的基础上，围绕核心知识点，精心选题，引导考生巩固所学知识，学会不同类型习题的解题方法，以提高考生的理解能力和综合运用的能力。

预测试卷　本书为考生准备了两套预测试卷，遵循考试大纲，结合考试教材，经过潜心研究、重点筛选后编写出题目难度符合考试要求的典型试题。

本书由葛新丽主编，高海静、吕君、江超、李芳芳、梁燕、张跃等参加了编写。

本书在编写过程中，虽然几经斟酌和讨论，但由于时间所限，难免存在疏漏和不妥之处，恳请读者指正。若有任何疑问，欢迎加入 QQ 群（群号：531536082）或扫描下面的二维码联系我们，并可免费获得答疑、手机题库软件等助考服务。

编　者

2018 年 4 月

目　　录

第一章

安全生产法律基础知识

大纲要求

掌握我国安全生产法律体系的框架和内容，判断安全生产相关法律、行政法规、规章和标准的地位和效力。

考点汇总与分值解析

考点 \ 分值 \ 年份		2012年	2013年	2014年	2015年	2017年
法的概念、特征、分类和基本内容	法的特征、分类和效力			3		
我国安全生产法律体系的基本框架	安全生产法律体系的基本框架	3	1		1	1

考点精编与真题回顾

考点一　法的特征、分类和效力（表1-1）

表1-1　　　　　　　　　　　　法的特征、分类和效力

项　　目	内　　容
法的特征	（1）法是由特定的国家机关制定的。 （2）法是依照特定程序制定的。 （3）法具有国家强制性。 （4）法是调整人们行为的社会规范
法的分类	（1）按照法的创立和表现形式所做的分类：成文法和不成文法。 （2）按照其法律地位和法律效力的层级划分：宪法、法律、行政法规、地方性法规和行政规章。 （3）按照法律规定内容的不同对法的分类：实体法和程序法。 （4）按照法律的内容和效力强弱所做的分类：宪法性法律和普通法律。 （5）按照法律效力范围所做的分类：特殊法和一般法（普通法）
法律地位及效力	宪法具有最高法律权威，是制定普通法的依据，普通法的内容必须符合宪法的规定，与宪法内容相抵触的法律无效。 行政法规的法律地位和法律效力次于宪法和法律，但高于地方性法规、行政规章。 地方性法规的法律地位和法律效力低于宪法、法律、行政法规，但高于地方政府规章

【2014年真题】下列关于法的分类和效力的说法，正确的有(　　)。

A. 按照法律效力范围的不同，可以将法律分为成文法和不成文法

B. 按照法律的内容和效力强弱所做的分类，可以将法律分为特殊法和一般法

C. 按照法律规定的内容不同，可以将法律分为实体法和程序法

D. 行政规章可以分为部门规章和地方政府规章，效力高于地方性法规

E. 宪法在我国具有最高的法律效力，任何法律都不能与其抵触，否则无效

【答案】CE

【解析】安全生产行政法规法律地位和效力的内容见表1-1的相关内容。

考点二　安全生产法律体系的基本框架（表1-2）

表 1-2　　　　　　　　　　　安全生产法律体系的基本框架

项　目		内　容
从法的不同层级上划分	法律	法律是安全生产法律体系中的上位法，居于整个体系的最高层级，其法律地位和效力高于行政法规、地方性法规、部门规章、地方政府规章等下位法
	法规	（1）安全生产行政法规的法律地位和法律效力低于有关安全生产的法律，高于地方性安全生产法规、地方政府安全生产规章等下位法。 （2）地方性安全生产法规的法律地位和法律效力低于有关安全生产的法律、行政法规，高于地方政府安全生产规章
	规章	部门规章的法律地位和法律效力低于法律、行政法规，高于地方政府规章。 地方政府安全生产规章是最低层级的安全生产立法，其法律地位和法律效力低于其他上位法，不得与上位法相抵触
	法定安全生产标准	法定安全生产标准主要是指强制性安全生产标准
从同一层级的法的效力上划分		从同一层级的法的效力上，可以分为普通法与特殊法。 《安全生产法》是安全生产领域的普通法，它所确定的安全生产基本方针原则和基本法律制度普遍适用于生产经营活动的各个领域。但对于消防安全和道路交通安全、铁路交通安全、水上交通安全和民用航空安全领域存在的特殊问题，其他有关专门法律另有规定的，则应适用《消防法》《道路交通安全法》等特殊法。 在同一层级的安全生产立法对同一类问题的法律适用上，应当适用特殊法优于普通法的原则
从法的内容划分		从法的内容上，可以分为综合性法与单行法

1. **【2017年真题】**下列关于我国安全生产法律法规效力层级的说法，正确的是(　　)。

A.《安全生产法》和《建设工程安全生产管理条例》在安全生产法律体系中，属于同一法律效力层级

B. 安全生产法规可分为国务院行政法规、部门规章和地方性行政法规

C. 经济特区安全生产法规的法律地位高于地方性安全生产法规

D.《矿山安全法》是矿山安全生产领域的综合性法，也是整个安全生产领域的单行法

【答案】D

【解析】法律是安全生产法律体系中的上位法，位于整个体系的最高层级，其法律地位和效力高于行政法规、地方性法规、部门规章、地方政府规章等下位法。故 A 选项错误。安全生产法规分为行政法规和地方性法规。故 B 选项错误。经济特区安全生产法规和民族

自治地方安全生产法规的法律地位和法律效力与地方性安全生产法规相同。故 C 选项错误。从法的内容上，可以分为综合性法与单行法。《矿山安全法》就是单独适用于矿山开采安全生产的单行法律。但就矿山开采安全生产的整体而言，《矿山安全法》又是综合性法，各个矿种开采安全生产的立法则是矿山安全立法的单行法。故 D 选项正确。

2. 【2015 年真题】下列关于我国安全生产法律体系的基本框架和效力的说法，正确的是( )。

A. 安全生产立法可分为上位法和下位法，法律是安全生产法律体系中的上位法

B. 安全生产法规可分为行政法规、部门法规和地方性法规

C. 安全生产行政法规可分为国务院行政法规、部门行政法规和地方行政法规

D. 安全生产行政规章可分为国务院规章、部门规章和地方政府规章

【答案】A

【解析】法律的地位和效力的内容见表 1 - 2 的相关内容。安全生产法规分为行政法规和地方性法规，故选项 B 错误。行政法规是国家最高行政机关国务院根据宪法和法律就有关执行法律和履行行政管理职权的问题，以及依据全国人民代表大会及其常务委员会特别授权所制定的规范性文件的总称。行政法规由总理签署国务院令公布，故选项 C 错误。安全生产行政规章分为部门规章和地方政府规章，故选项 D 错误。

3. 【2014 年真题】安全生产行政法规一般专指国务院制定的有关安全生产规范性文件，下列关于其法律地位和效力的说法，正确的是( )。

A. 低于行政规章、国家强制性标准

B. 高于安全生产法，低于宪法

C. 低于宪法和安全生产法

D. 与国家安全生产监督管理总局令效力一致

【答案】C

【解析】安全生产行政法规法律地位和效力的内容见表 1 - 2。

4. 【2013 年真题】某省人大常委会公布实施了《某省安全生产条例》，随后省政府公布实施了《某省生产经营单位安全生产主体责任规定》。下列关于两者法律地位和效力的说法，正确的是( )。

A. 《某省安全生产条例》属于行政法规

B. 《某省生产经营单位安全生产主体责任规定》属于地方性法规

C. 《某省安全生产条例》和《某省生产经营单位安全生产主体责任规定》具有同等法律效力

D. 《某省生产经营单位安全生产主体责任规定》可以对《某省安全生产条例》没有规定的内容做出规定

【答案】D

【解析】安全生产法规分为行政法规和地方性法规，《某省安全生产条例》属于地方性法规。行政规章分为部门规章和地方政府规章两种，《某省生产经营单位安全生产主体责任规定》属于地方政府规章，故选项 A、B 均错误。安全生产行政法规的地位和效力的内容见表 1 - 2，可以得知选项 C 错误。

5. 【2012 年真题】下列关于法的效力的说法中，正确的是( )。

A. 《安全生产法》作为安全生产领域的综合性立法，法律效力高于其他专门法律

B. 安全生产行政法规的法律效力低于有关安全生产法律

C. 地方性法规和地方政府规章具有同等的法律效力

D. 部门规章的法律效力高于地方性法规

【答案】B

【解析】法的效力的内容见表1-2。

6. 【2012年真题】同一层级的法律文件在同一问题上有不同规定时，在法律适用上应为（　　）。

A. 上位法优于下位法　　　　　　　　B. 成文法优于判例法

C. 单行法优于综合法　　　　　　　　D. 特殊法优于普通法

E. 普通法优于特殊法

【答案】CD

【解析】综合性法不受法律规范层级的限制，而是将各个层级的综合性法律规范作为整体来看待，适用于安全生产的主要领域或者某一领域的主要方面。单行法的内容只涉及某一领域或者某一方面的安全生产问题。在适用上单行法较综合法更具有针对性。在同一层级的安全生产立法对同一类问题的法律适用上，应当适用特殊法优于普通法的原则。

章节练习

一、单项选择题（每题1分。每题的备选项中，只有1个最符合题意）

1. 下列关于法的特征的表述中，不正确的是（　　）。

A. 法是由特定的国家机关制定的　　　B. 法是依照特定程序制定的

C. 法具有推荐性　　　　　　　　　　D. 法是调整人们行为的社会规范

2. 按照法律的内容和效力强弱划分，法可分为（　　）。

A. 宪法性法律和普通法律　　　　　　B. 实体法和程序法

C. 特殊法和一般法　　　　　　　　　D. 成文法和不成文法

3. 关于法律地位及效力的表述中，正确的是（　　）。

A. 宪法具有最高法律权威，是制定普通法的依据

B. 行政法规的法律地位和法律效力次于地方性法规、行政规章

C. 行政法规的法律地位和法律效力次于宪法，高于法律

D. 地方性法规的法律地位和法律效力低于宪法、法律、行政法规和地方政府规章

4. 关于安全生产法律效力的表述中，不正确的是（　　）。

A. 《安全生产法》是安全生产领域的普通法

B. 在同一层级的安全生产立法对同一类问题的法律适用上，应当适用普通法优于特殊法的原则

C. 《安全生产法》确定的安全生产基本方针原则和基本法律制度普遍适用于生产经营活动的各个领域

D. 对于消防安全和道路交通安全领域存在的特殊问题，《消防法》《道路交通安全法》另有规定的，则应适用《消防法》《道路交通安全法》

5. 法的层级不同，其法律地位和效力也不相同。下列是安全生产立法按照法律地位和效力由高到低的排序，正确的是（   ）。

A. 法律、行政法规、部门规章

B. 法律、地方性法规、行政法规

C. 行政法规、部门规章、地方性法规

D. 地方性法规、地方政府规章、部门规章

6. 从法的内容上划分，安全生产法律体系可以分为（   ）。

A. 特殊法和一般法　　　　　　　　B. 成文法和不成文法

C. 综合性法与单行法　　　　　　　D. 实体法和程序法

二、多项选择题（每题 2 分。每题的备选项中，有 2 个或 2 个以上符合题意，至少有 1 个错项。错选，本题不得分；少选，所选的每个选项得 0.5 分）

1. 关于安全生产法律体系基本框架的表述中，正确的有（   ）。

A. 地方性安全生产法规是最低层级的安全生产立法

B. 部门规章的法律地位和法律效力低于法律、行政法规，高于地方政府规章

C. 安全生产行政法规的法律地位和法律效力低于有关安全生产的法律

D. 法定安全生产标准主要是指强制性和推荐性安全生产标准

E. 法律是安全生产法律体系中的上位法，居于整个体系的最高层级

2. 从同一层级的法的效力上划分，安全生产法律体系可分为（   ）。

A. 普通法　　　　　　　　　　　　B. 特殊法

C. 综合性法　　　　　　　　　　　D. 单行法

E. 程序法

章节练习答案

一、单项选择题

1. C　　2. A　　3. A　　4. B　　5. A　　6. C

二、多项选择题

1. BCE　　2. AB

第二章

安全生产法

大纲要求

掌握安全生产法的基本规定，分析生产经营单位的安全生产保障、生产安全事故的应急救援与调查处理、安全生产的监督管理等方面的有关法律问题，分析从业人员的权利保障和义务履行的有关法律问题，判断违法行为及应负的法律责任。

考点汇总与分值解析

考点 \ 分值 \ 年份		2012年	2013年	2014年	2015年	2017年
安全生产法的立法目的、适用范围	安全生产法的适用范围	1		1		
安全生产法的基本规定	生产经营单位主要负责人的安全责任	4		2	2	2
	安全生产管理机构和安全生产管理人员的配置	1	1	3	3	1
	建设项目的安全条件论证和安全评价的规定				1	
	重大危险源管理的规定	2				1
生产经营单位的安全生产保障	生产设施、场所安全距离和紧急疏散的规定			1		1
	爆破、吊装等作业现场安全管理的规定	1				
	劳动防护用品的规定			1		
	生产经营项目、场所、设备发包或者出租的安全管理	1	1	2	1	1
	工伤保险的规定		1			
从业人员的权利和义务	从业人员的人身保障权利	1	1	2		
	从业人员的安全生产义务		1			
安全生产的监督管理	负有安全生产监督管理职责的部门依法监督检查时行使的职权			1	2	
	安全生产监督检查人员依法履行职责的要求				1	1
生产安全事故的应急救援与调查处理	地方政府应急救援工作职责				1	
	生产经营单位生产安全事故的应急救援					1
	生产安全事故报告和处置的规定				1	2
安全生产法律责任	生产经营单位的安全生产违法行为		1		2	
	安全生产中介机构的违法行为		1		1	

考点一　安全生产法的适用范围（表2-1）

表2-1　　　　　　　　　　　安全生产法的适用范围

项　目	内　容
空间的适用	在中华人民共和国领域内从事生产经营活动的单位（以下统称生产经营单位）的安全生产，适用《安全生产法》
主体和行为的适用	法律所谓的"生产经营单位"，是指所有从事生产经营活动的基本生产经营单元，具体包括各种所有制和组织形式的公司、企业、社会组织和个体工商户，以及从事生产经营活动的公民个人。 除了消防安全和道路交通安全、铁路交通安全、水上交通安全、民用航空安全适用有关法律、行政法规原有特殊规定以外的所有生产经营单位的安全生产，都要适用《安全生产法》
排除适用	（1）《安全生产法》确定的安全生产领域基本的方针、原则、法律制度和新的法律规定，是其他法律、行政法规无法确定并且没有规定的，它们普遍适用于消防安全和道路交通安全、铁路交通安全、水上交通安全和民用航空安全。 （2）消防安全和道路交通安全、铁路交通安全、水上交通安全、民用航空安全现行的有关法律、行政法规已有规定的，不适用《安全生产法》。 （3）有关法律、行政法规对消防安全和道路交通安全、铁路交通安全、水上交通安全、民用航空安全没有规定的，适用《安全生产法》

1.【2014年真题】《安全生产法》第2条明确了排除适用的特殊规定。下列关于《安全生产法》适用范围的说法，正确的是(　　)。

A. 有关法律、行政法规对铁路交通安全没有规定的，适用《安全生产法》

B. 有关法律、行政法规对非煤矿山安全没有规定的，不适用《安全生产法》

C. 有关法律、行政法规对消防安全另有规定的，适用《安全生产法》

D. 有关法律、行政法规对危险化学品安全另有规定的，不适用《安全生产法》

【答案】A

【解析】《安全生产法》适用范围见表2-1的相关内容。

2.【2012年真题】下列关于《安全生产法》适用范围的说法，正确的是(　　)。

A. 个体生产经营活动不适用《安全生产法》

B. 民营企业安全生产不适用《安全生产法》

C. 外商独资企业安全另有规定的，适用其规定

D. 铁路交通安全另有规定的，适用其规定

【答案】D

【解析】《安全生产法》适用范围见表2-1的相关内容。

考点二　生产经营单位主要负责人的安全责任（表2-2）

表2-2　　　　　　　　　　生产经营单位主要负责人的安全责任

项　目	内　容
生产经营单位 主要负责人	生产经营单位主要负责人必须是生产经营单位生产经营活动的主要决策人。 生产经营单位主要负责人必须是实际领导、指挥生产经营单位日常生产经营活动的决策人。

项　目	内　容
生产经营单位主要负责人	生产经营单位主要负责人必须是能够承担生产经营单位安全生产工作全面领导责任的决策人。 当董事长或者总经理长期缺位（因生病、学习等情况不能主持全面领导工作）时，将由其授权或者委托的副职或者其他人主持生产经营单位的全面工作。如果在这种情况下发生安全生产违法行为或者生产安全事故需要追究责任时，将长期缺位的董事长或者总经理作为责任人既不合情理又难以执行，只能追究其授权或者委托主持全面工作的实际负责人的法律责任。 法律所称的生产经营单位主要负责人应当是直接领导、指挥生产经营单位日常生产经营活动、能够承担生产经营单位安全生产工作主要领导责任的决策人
生产经营单位主要负责人的地位和职责	（1）生产经营单位主要负责人是本单位安全生产工作的第一责任者。 （2）生产经营单位主要负责人的安全生产基本职责。 《安全生产法》规定，生产经营单位的主要负责人对本单位安全生产工作负有下列职责： （1）建立、健全本单位安全生产责任制。 （2）组织制定本单位安全生产规章制度和操作规程。 （3）组织制订并实施本单位安全生产教育和培训计划。 （4）保证本单位安全生产投入的有效实施。 （5）督促、检查本单位的安全生产工作，及时消除生产安全事故隐患。 （6）组织制订并实施本单位的生产安全事故应急救援预案。 （7）及时、如实报告生产安全事故
生产经营单位主要负责人的法律责任	（1）《安全生产法》规定，生产经营单位的决策机构、主要负责人或者个人经营的投资人不依照本法规定保证安全生产所必需的资金投入，致使生产经营单位不具备安全生产条件的，责令限期改正，提供必需的资金；逾期未改正的，责令生产经营单位停产停业整顿。 有前款违法行为，导致发生生产安全事故的，对生产经营单位的主要负责人给予撤职处分，对个人经营的投资人处2万元以上20万元以下的罚款；构成犯罪的，依照刑法有关规定追究刑事责任。 （2）《安全生产法》规定，生产经营单位的主要负责人未履行本法规定的安全生产管理职责的，责令限期改正；逾期未改正的，处2万元以上5万元以下的罚款，责令生产经营单位停产停业整顿。 生产经营单位的主要负责人有前款违法行为，导致发生生产安全事故的，给予撤职处分；构成犯罪的，依照刑法有关规定追究刑事责任。 生产经营单位的主要负责人依照前款规定受刑事处罚或者撤职处分的，自刑罚执行完毕或者受处分之日起，5年内不得担任任何生产经营单位的主要负责人；对重大、特别重大生产安全事故负有责任的，终身不得担任本行业生产经营单位的主要负责人。 （3）《安全生产法》规定，生产经营单位与从业人员订立协议，免除或者减轻其对从业人员因生产安全事故伤亡依法应承担的责任的，该协议无效；对生产经营单位的主要负责人、个人经营的投资人处2万元以上10万元以下的罚款。 （4）《安全生产法》规定，生产经营单位的主要负责人在本单位发生生产安全事故时，不立即组织抢救或者在事故调查处理期间擅离职守或者逃匿的，给予降级、撤职的处分，并由安全生产监督管理部门处上一年年收入60%～100%的罚款；对逃匿的处15日以下拘留；构成犯罪的，依照刑法有关规定追究刑事责任

1. 【2017年真题】依据《安全生产法》的规定，下列安全生产工作职责，属于生产经营单位主要负责人的是（　　）。

A. 检查本单位的安全生产状况，及时排查生产安全事故隐患，提出改进安全生产管理的建议

B. 组织或者参与本单位应急救援演练

C. 组织或者参与本单位安全生产教育和培训，如实记录安全生产教育和培训情况

D. 建立、健全本单位安全生产责任制

【答案】D

【解析】《安全生产法》规定，生产经营单位的主要负责人对本单位安全生产工作负有下列职责：①建立、健全本单位安全生产责任制；②组织制定本单位安全生产规章制度和操作规程；③组织制订并实施本单位安全生产教育和培训计划；④保证本单位安全生产投入的有效实施；⑤督促、检查本单位的安全生产工作，及时消除生产安全事故隐患；⑥组织制订并实施本单位的生产安全事故应急救援预案；⑦及时、如实报告生产安全事故。

2.【2015 年真题】张某是某国有企业的主要负责人。依据《安全生产法》的规定，下列关于张某安全生产工作职责的说法，正确的有( )。

A. 督促、检查本企业的安全生产工作，及时消除生产安全事故隐患

B. 组织或者参与本企业的安全生产教育和培训，如实记录安全生产教育和培训情况

C. 组织制订并实施本企业的生产安全事故应急救援预案

D. 保证本企业安全生产投入的有效实施

E. 及时、如实报告本企业的生产安全事故

【答案】ACDE

【解析】生产经营单位的主要负责人对本单位安全生产工作的职责见表 2 - 2 的相关内容。该考点于 2012 年以单项选择题的形式进行了考核。

3.【2014 年真题】某企业的主要负责人甲某因未履行安全生产管理职责，导致发生生产安全事故，于 2008 年 9 月 12 日受到撤职处分。该企业改制分立新企业拟聘甲某为主要负责人。依据《安全生产法》的规定，甲某可以任职的时间是( )。

A. 2009 年 9 月 12 日后   B. 2010 年 9 月 12 日后

C. 2011 年 9 月 12 日后   D. 2013 年 9 月 12 日后

【答案】D

【解析】生产经营单位主要负责人的法律责任中，关于任职期限限制的内容见表 2 - 2。该考点于 2011 年也进行了考核。

4.【2014 年真题】某县安全监管部门在调查一起死亡事故时，发现某生产经营单位与从业人员订立的劳动合同中，有减轻该单位对从业人员因生产安全事故伤亡依法应承担责任的条款。依据《安全生产法》的规定，可以对该单位的主要负责人给予罚款，处罚金额符合规定的是( )元。

A. 5000   B. 15 000   C. 40 000   D. 120 000

【答案】C

【解析】生产经营单位主要负责人的法律责任见表 2 - 2 的相关内容。

5.【2012 年真题】某股份公司董事长由上一级单位的总经理兼任，长期在外地。该公司的总经理在学校脱产学习 1 年，期间日常工作由常务副总经理负责，分管安全生产的副总经理协助其工作。根据《安全生产法》，此期间对该公司安全生产工作全面负责的主要负责人是( )。

A. 董事长   B. 总经理

C. 常务副总经理   D. 分管安全生产的副总经理

【答案】C

【解析】生产经营单位主要负责人的确定见表 2 - 2 的相关内容。该考点于 2011 年也以小案例的形式进行了考核。

6. 【2012 年真题】根据《安全生产法》，生产经营单位主要负责人在本单位发生重大生产安全事故时，不立即组织抢救或者在事故调查处理期间擅离职守或者逃匿的，可追究的责任有（   ）。

A. 降职处分
B. 记大过处分
C. 撤职处分
D. 开除公职处分
E. 对逃匿的处 15d 以下拘留

【答案】ACE

【解析】生产经营单位主要负责人的法律责任见表 2 - 2 的相关内容。

考点三　安全生产管理配置、安全资格及安全评价的规定（表 2 - 3）

表 2 - 3　　　　　　　　安全生产管理配置、安全资格及安全评价的规定

项　　　目	内　　　容
安全生产管理机构和安全生产管理人员的配置	《安全生产法》规定，矿山、金属冶炼、建筑施工、道路运输单位和危险物品的生产、经营、储存单位，应当设置安全生产管理机构或者配备专职安全生产管理人员。 前款规定以外的其他生产经营单位，从业人员超过 100 人的，应当设置安全生产管理机构或者配备专职安全生产管理人员；从业人员在 100 人以下的，应当配备专职或者兼职的安全生产管理人员
生产经营单位主要负责人、安全生产管理人员安全资格的规定	（1）《安全生产法》规定，生产经营单位的主要负责人和安全生产管理人员必须具备与本单位所从事的生产经营活动相应的安全生产知识和管理能力。 （2）《安全生产法》规定，危险物品的生产、经营、储存单位以及矿山、金属冶炼、建筑施工、道路运输单位的主要负责人和安全生产管理人员，应当由主管的负有安全生产监督管理职责的部门对其安全生产知识和管理能力考核合格。 （3）《安全生产法》规定，生产经营单位的特种作业人员必须按照国家有关规定经专门的安全作业培训，取得相应资格，方可上岗作业
建设项目安全评价的规定	《安全生产法》规定，矿山、金属冶炼建设项目和用于生产、储存、装卸危险物品的建设项目，应当按照国家有关规定进行安全评价

1. 【2017 年真题】下列公司员工总数均不超过 100 人。依据《安全生产法》的规定，应当设置安全生产机构或配备专职安全生产管理人员的是（   ）。

A. 某废旧金属回收公司
B. 某汽车配件制造公司
C. 某生鲜产品运输公司
D. 某精密机械加工公司

【答案】C

【解析】《安全生产法》规定，矿山、金属冶炼、建筑施工、道路运输单位和危险物品的生产、经营、储存单位，应当设置安全生产管理机构或者配备专职安全生产管理人员。前款规定以外的其他生产经营单位，从业人员超过 100 人的，应当设置安全生产管理机构或者配备专职安全生产管理人员；从业人员在 100 人以下的，应当配备专职或者兼职的安全生产管理人员。

2. 【2015 年真题】某危险物品储存单位有从业人员 25 人。依据《安全生产法》的规定，下列关于该单位设置安全生产管理机构和配备安全生产管理人员的说法，正确的是

（ ）。

    A. 应当配备专职或者兼职的安全生产管理人员

    B. 可以不配备专职的安全生产管理人员，但必须配备兼职的安全生产管理人员

    C. 可以不设置安全生产管理机构，但必须配备专职安全生产管理人员

    D. 不需要设置安全生产管理机构或配备专职安全生产管理人员，可委托具有相关安全资质的服务机构提供安全生产管理服务

【答案】A

【解析】安全生产管理机构和安全生产管理人员的配置规定见表 2 - 3 的相关内容。

3.【2015 年真题】依据《安全生产法》的规定，下列建设项目需要进行安全评价的是（ ）。

    A. 150 万 t/年花岗岩矿项目　　　　　　B. 20 万辆/年乘用车项目

    C. 15 000m² 日用品仓储项目　　　　　　D. 220kV 变电站项目

【答案】A

【解析】建设项目安全评价的规定见表 2 - 3 的相关内容。

4.【2015 年真题】依据《安全生产法》的规定，下列关于 4 家企业设置安全生产管理机构和配备安全生产管理人员，正确的做法有（ ）。

    A. 某铁矿未设置安全生产管理机构和配备专职安全生产管理人员，但配备了兼职安全生产管理人员

    B. 某冶炼厂有从业人员 86 人，未设置安全生产管理机构，但配备了专职的安全生产管理人员

    C. 某服装厂有员工 97 人，未设置安全生产管理机构和配备专职安全生产管理人员，但配备了 7 名兼职安全生产管理人员

    D. 某机械加工厂有员工 112 人，未设置安全生产管理机构，但配备了专职、兼职安全生产管理人员

    E. 某木料公司有员工 52 人，未设置安全生产管理机构或配备专职、兼职安全生产管理人员，但委托具有相关资格的专业人员提供安全生产管理服务

【答案】BCD

【解析】安全生产管理机构和安全生产管理人员的配置规定见表 2 - 3 的相关内容。该考点为高频考点，2011～2015 年均进行了考核。

考点四　重大危险源管理的规定（表 2 - 4）

表 2 - 4　　　　　　　　　　　重大危险源管理的规定

项　　目	内　　容
对重大危险源实施及时、有效的监控工作	《安全生产法》规定，生产经营单位对重大危险源应当登记建档，进行定期检测、评估、监控，并制订应急预案，告知从业人员和相关人员在紧急情况下应当采取的应急措施。生产经营单位应当按照国家有关规定将本单位重大危险源及有关安全措施、应急措施报有关地方人民政府安全生产监督管理部门和有关部门备案
重大危险源备案制度	（1）生产经营单位必须依法备案。 （2）负责安全生产监管职责的部门有权进行审查、检查。 （3）发现生产经营单位违法的，有权依法实施行政处罚

1. **【2017年真题】**依据《安全生产法》的规定，下列关于生产经营单位重大危险源安全管理的说法正确的是（　　）。

A. 生产经营单位应当将本单位重大危险源及安全措施、应急措施向社会通报

B. 生产经营单位应当对重大危险源进行登记建档、定期检测、评估、监控，并制定应急预案

C. 设区的市级人民政府应当对重大危险源进行定期检测、评估、监控，并告知相关人员应当采取的应急措施

D. 省级人民政府应当对重大危险源进行定期检测、评估、监控，并告知相关人员应当采取的应急措施

【答案】 B

【解析】《安全生产法》规定，生产经营单位对重大危险源应当登记建档，进行定期检测、评估、监控，并制定应急预案，告知从业人员和相关人员在紧急情况下应当采取的应急措施。生产经营单位应当按照国家有关规定将本单位重大危险源及有关安全措施、应急措施报有关地方人民政府安全生产监督管理部门和有关部门备案。

2. **【2012年真题】**某化工企业存在一重大危险源，根据《安全生产法》，针对该重大危险源，企业必须采取的措施有（　　）。

A. 对重大危险源进行登记建档

B. 对重大危险源进行定期检测、评估、监控

C. 委托安全评价机构对重大危险源进行安全评价

D. 制订重大危险源应急预案，并告知从业人员和相关人员在紧急情况下应当采取的措施

E. 将重大危险源及有关安全措施、应急措施等情况报所在地安全监管部门备案

【答案】 ABDE

【解析】生产经营单位对重大危险源实施及时、有效的监控，是《安全生产法》设定的法律义务。具体内容见表2-4的相关内容。

考点五　生产设施、场所安全距离和紧急疏散与爆破、吊装现场安全管理的规定（表2-5）

表2-5　　生产设施、场所安全距离和紧急疏散与爆破、吊装现场安全管理的规定

项　　目	内　　容
生产设施、场所安全距离和紧急疏散	《安全生产法》规定，生产、经营、储存、使用危险物品的车间、商店、仓库不得与员工宿舍在同一座建筑物内，并应当与员工宿舍保持安全距离。生产经营场所和员工宿舍应当设有符合紧急疏散要求、标志明显、保持畅通的出口。禁止锁闭、封堵生产经营场所或者员工宿舍的出口
爆破、吊装等作业现场安全管理	《安全生产法》规定，生产经营单位进行爆破、吊装以及国务院安全生产监督管理部门会同国务院有关部门规定的其他危险作业，应当安排专门人员进行现场安全管理，确保操作规程的遵守和安全措施的落实

1. **【2014年真题】**某公司是一家易燃化学品生产企业，同时还开设了一家经营自产产品的零售店。该公司的下列做法，符合《安全生产法》规定的是（　　）。

A. 该公司计划进行扩建，临时将部分成品存放在员工宿舍中无人居住的房间内

B. 为了扩大生产，该公司将员工宿舍一楼改建为产品生产车间

C. 由于员工宿舍一楼有闲置房间，因此公司利用该房间零售自产产品

D. 公司在生产区和员工宿舍区开设了通勤车，方便员工上下班

【答案】D

【解析】生产设施、场所安全距离的规定见表2-5的相关内容。

2.【2014年真题】某企业旧厂房和旧设备拆除中，需要进行吊装作业和定向爆破作业。依据《安全生产法》的规定，下列关于该吊装作业和定向爆破作业安全管理的说法，正确的是(   )。

A. 爆破作业前，应报告安全监管部门并实施现场监控

B. 爆破作业时，应安排公安人员进行现场警戒

C. 吊装作业前，应将吊装方案报安全监管部门备案

D. 吊装作业时，应安排专门人员进行现场安全管理

【答案】D

【解析】爆破、吊装等作业现场安全管理的规定见表2-5的相关内容。该考点于2012年也以单项选择题的形式进行了考核。

3.【2012年真题】某水泥厂实施爆破拆除，根据《安全生产法》，该厂应当采取的措施是(   )。

A. 申请公安机关实施警戒
B. 通知环境保护部门实施监测

C. 安排专门人员进行现场安全管理
D. 报告安全监管部门实施监控

【答案】C

【解析】《安全生产法》规定，生产经营单位进行爆破、吊装以及国务院安全生产监督管理部门会同国务院有关部门规定的其他危险作业，应当安排专门人员进行现场安全管理，确保操作规程的遵守和安全措施的落实。

考点六 劳动防护用品及交叉作业的安全管理的规定（表2-6）

表2-6 劳动防护用品及交叉作业的安全管理的规定

项　　　目	内　　　容
劳动防护用品的规定	《安全生产法》规定，生产经营单位必须为从业人员提供符合国家标准或者行业标准的劳动防护用品，并监督、教育从业人员按照使用规则佩戴、使用。生产经营单位应当安排用于配备劳动防护用品、进行安全生产培训的经费
交叉作业的安全管理	《安全生产法》规定，两个以上生产经营单位在同一作业区域内进行生产经营活动，可能危及对方生产安全的，应当签订安全生产管理协议，明确各自的安全生产管理职责和应当采取的安全措施，并指定专职安全生产管理人员进行安全检查与协调

【2014年真题】某煤矿生产过程中存在粉尘职业危害，依据《安全生产法》的规定，下列关于防尘口罩佩戴及相关责任的说法，正确的是(   )。

A. 健康是矿工自己的事，是否佩戴口罩是矿工的权利

B. 煤矿为每个矿工配备防尘口罩，矿工必须按规定正确佩戴

C. 矿工不佩戴口罩导致尘肺病，其责任由矿工自己负责

D. 矿工不佩戴口罩导致尘肺病，其责任由煤矿和矿工共同负责

【答案】B

【解析】本题中涉及劳动防护用品的规定见表2-6的相关内容。

考点七 生产经营项目、场所、设备发包或者出租的安全管理与工伤保险的规定（表2-7）

表2-7 生产经营项目、场所、设备发包或者出租的安全管理与工伤保险的规定

项 目	内 容
生产经营项目、场所、设备发包或者出租的安全管理	《安全生产法》规定，生产经营单位不得将生产经营项目、场所、设备发包或者出租给不具备安全生产条件或者相应资质的单位或者个人。生产经营项目、场所发包或者出租给其他单位的，生产经营单位应当与承包单位、承租单位签订专门的安全生产管理协议，或者在承包合同、租赁合同中约定各自的安全生产管理职责；生产经营单位对承包单位、承租单位的安全生产工作统一协调、管理，定期进行安全检查，发现安全问题的，应当及时督促整改
工伤保险	生产经营单位应当依法为从业人员办理工伤社会保险并缴纳保险费，不得以非法手段侵犯从业人员的该项权利。《安全生产法》规定，生产经营单位与从业人员订立的劳动合同，应当载明有关保障从业人员劳动安全、防止职业危害的事项，以及依法为从业人员办理工伤保险的事项。生产经营单位不得以任何形式与从业人员订立协议，免除或者减轻其对从业人员因生产安全事故伤亡依法应承担的责任。 生产安全事故的受害者或其亲属，既有依法享有获得工伤社会保险补偿的权利，又有获得民事赔偿的权利。但是否应当获得民事赔偿，则应以生产经营单位的过错为前提，即生产安全事故的发生原因必须是生产经营单位有安全生产违法行为或者造成生产安全事故

1.【2017年真题】某大型仓储企业有闲置厂房多处，为盘活固定资产对外出租闲置厂房。依据《安全生产法》的规定，下列做法正确的是（　　）。

A. 将某闲置厂房出租给某矿山企业存放民用爆炸物品，并与该企业签订专门的安全生产管理协议，约定由该企业全权负责安全管理并承担安全责任

B. 将某闲置厂房出租给某物流公司，在租赁合同中明确双方安全职责，并按照合同约定由出租方定期对该公司进行安全检查，发现安全问题及时督促整改

C. 将某闲置厂房出租给某大型连锁超市，双方签订专门的安全生产管理协议，规定出租方不承担对该连锁超市安全生产检查的责任

D. 将某闲置厂房出租给某保险公司作营业用房，考虑到保险公司业务特点，在租赁合同中对双方安全职责未做明确规定

【答案】B

【解析】《安全生产法》规定，生产经营单位不得将生产经营项目、场所、设备发包或者出租给不具备安全生产条件或者相应资质的单位或者个人。生产经营项目、场所发包或者出租给其他单位的，生产经营单位应当与承包单位、承租单位签订专门的安全生产管理协议，或者在承包合同、租赁合同中约定各自的安全生产管理职责；生产经营单位对承包单位、承租单位的安全生产工作统一协调、管理，定期进行安全检查，发现安全问题的，应当及时督促整改。

2.【2015年真题】M公司在其粮仓扩建项目中，将仓顶防水作业委托给N公司，同时委托L公司承担仓内电气设备安装作业，委托W公司负责施工监理。防水和安装作业同时开展。依据《安全生产法》的规定，下列关于上述作业活动安全管理职责的说法，正确的是（　　）。

A. M公司应与W公司签订安全生产管理协议，约定由W公司承担安全生产管理职责

B. M公司应与N公司、L公司签订安全生产管理协议，约定安全生产管理职责由N公

司、L 公司承担

C. M 公司应与 N 公司、L 公司签订安全生产管理协议，约定各自安全生产管理职责

D. M 公司应委托安全服务机构对该扩建项目的安全生产工作进行统一协调管理

【答案】C

【解析】生产经营项目、场所、设备发包或者出租安全管理的规定见表 2 - 7 的相关内容。该考点为高频考点，于 2011 年、2013～2015 年均进行了考核。

3. 【2014 年真题】某电厂的火电机组脱硫改造项目，由甲公司负责总体设计，乙公司承担其中的土建及设备基础工程，丙公司承担其中的钢结构安装、加固及管道工程，委托丁公司负责施工监理。4 家公司同时开展相关工作。依据《安全生产法》的规定，下列关于签订安全生产管理协议的做法，正确的是(　　　)。

A. 甲公司与乙、丙公司分别签订安全生产管理协议，由乙、丙公司负责该改造项目安全生产工作的统一协调和管理

B. 电厂分别与甲、乙、丙、丁公司签订安全生产管理协议，并指定专职安全生产管理人员进行安全检查与协调

C. 甲公司与丁公司签订安全生产管理协议，由丁公司负责该改造项目安全生产工作的统一协调和管理

D. 乙、丙公司与丁公司签订安全生产管理协议，由丁公司负责承包范围内的安全生产工作的协调和不定期管理

【答案】B

【解析】生产经营项目、场所、设备发包或者出租安全管理的规定见表 2 - 7 的相关内容。

4. 【2014 年真题】某钢铁公司要新建一个厂房，选定由甲公司和乙公司承建，并与其签订专门的安全生产管理协议。甲公司没有相关的资质，在施工当中发生了人身伤亡事故。依据《安全生产法》的规定，下列关于安全生产管理职责的说法，错误的是(　　　)。

A. 钢铁公司将建设项目发包给甲公司违反规定

B. 钢铁公司已经与甲、乙公司签订安全生产管理协议，因此事故发生后钢铁公司不承担安全生产责任

C. 钢铁公司与乙公司可以在承包合同中约定各自的安全生产管理责任

D. 钢铁公司需要对甲、乙公司的建设工程的安全生产工作进行统一协调、管理

【答案】B

【解析】生产经营项目、场所、设备发包或者出租安全管理的规定见表 2 - 7 的相关内容。

5. 【2013 年真题】某厂焊工张某因生产安全事故受到伤害，依据《安全生产法》的规定，下列关于张某获取赔偿的说法中，正确的是(　　　)。

A. 只能依法获得工伤社会保险赔偿

B. 只能依照有关民事法律提出赔偿要求

C. 工伤社会保险赔偿不足的，应当向民政部门提出赔偿要求

D. 除依法享有工伤保险赔偿外，可以依照有关民事法律提出赔偿要求

【答案】D

【解析】工伤保险索赔权的行使规定见表 2-7 的相关内容。

6.【2013 年真题】甲公司将其施工项目发包给乙公司，乙公司将其中部分业务分包给丙公司，丙公司又转包给挂靠在丁公司的蔡某。依据《安全生产法》的规定，负责统一协调、管理各方的安全生产工作的责任主体是（　　）。

A. 蔡某　　　　　　　　　　　　　　B. 丙公司

C. 乙公司　　　　　　　　　　　　　D. 甲公司

【答案】D

【解析】《安全生产法》规定，生产经营项目、场所发包或者出租给其他单位的，生产经营单位应当与承包单位、承租单位签订专门的安全生产管理协议，或者在承包合同、租赁合同中约定各自的安全生产管理职责；生产经营单位对承包单位、承租单位的安全生产工作统一协调、管理，定期进行安全检查，发现安全问题的，应当及时督促整改。

考点八　从业人员的人身保障权利与义务（表 2-8）

表 2-8　　　　　　　　　　　　从业人员的人身保障权利与义务

项　目		内　容
权利	获得安全保障、工伤保险和民事赔偿	《安全生产法》规定，生产经营单位与从业人员订立的劳动合同，应当载明有关保障从业人员劳动安全、防止职业危害的事项，以及依法为从业人员办理工伤保险的事项。生产经营单位不得以任何形式与从业人员订立协议，免除或者减轻其对从业人员因生产安全事故伤亡依法应承担的责任。 《安全生产法》规定，生产安全事故受到损害的从业人员，除依法享有工伤保险外，依照有关民事法律尚有获得赔偿的权利的，有权向本单位提出赔偿要求。 《安全生产法》规定，生产经营单位必须依法参加工伤保险，为从业人员缴纳保险费。 《安全生产法》规定，生产经营单位与从业人员订立协议，免除或者减轻其对从业人员因生产安全事故伤亡依法应承担的责任的，该协议无效；对生产经营单位的主要负责人、个人经营的投资人处 2 万元以上 10 万元以下的罚款
	得知危险因素、防范措施和事故应急措施	《安全生产法》规定，生产经营单位的从业人员有权了解其作业场所和工作岗位存在的危险因素、防范措施及事故应急措施
	对本单位安全生产的批评、检举和控告	《安全生产法》规定，生产经营单位的从业人员有权对本单位的安全生产工作提出建议；有权对本单位安全生产工作中存在的问题提出批评、检举、控告
	拒绝违章指挥和强令冒险作业	《安全生产法》规定，生产经营单位不得因从业人员对本单位安全生产工作提出批评、检举、控告或者拒绝违章指挥、强令冒险作业而降低其工资、福利等待遇或者解除与其订立的劳动合同
	紧急情况下的停止作业和紧急撤离	《安全生产法》规定，从业人员发现直接危及人身安全的紧急情况时，有权停止作业或者在采取可能的应急措施后撤离作业场所。生产经营单位不得因从业人员在前款紧急情况下停止作业或者采取紧急撤离措施而降低其工资、福利等待遇或者解除与其订立的劳动合同
义务		(1) 遵章守规、服从管理的义务。 (2) 正确佩戴和使用劳动防护用品的义务。 (3) 接受安全培训，掌握安全生产技能的义务。 (4) 发现事故隐患或者其他不安全因素及时报告的义务。 《安全生产法》规定，从业人员发现事故隐患或者其他不安全因素，应当立即向现场安全生产管理人员或者本单位负责人报告；接到报告的人员应当及时予以处理

1. 【2015年真题】依据《安全生产法》的规定，下列关于从业人员安全生产义务的说法，错误的是(   )。

A. 在作业过程中，严格遵守安全生产规章制度和操作规程，服从管理，正确佩戴和使用劳动防护用品

B. 具备与本单位所从事的生产经营活动相应的安全生产知识和能力，并由有关行政主管部门考核合格

C. 接受安全生产教育和培训，掌握工作所需的安全生产知识，提高安全生产技能，增强事故预防和应急处理能力

D. 发现事故隐患或者其他不安全因素，应当立即向现场安全生产管理人员或本单位负责人报告

【答案】B

【解析】从业人员安全生产义务的规定见表2-8的相关内容。

2. 【2014年真题】某煤矿企业与矿工签订的用工协议中规定：如果矿工作业时发生事故而丧失部分劳动能力，将得到一次性补偿金2万元，完全丧失劳动能力则一次性补偿5万元，此后企业与矿工不再有任何关系，不再负责其他善后事项。依据《安全生产法》的规定，下列关于该企业用工协议的说法，正确的是(   )。

A. 该协议无效，应对企业的主要负责人给予10d以下拘留

B. 该协议具有法律效力，若矿工因工受伤，应遵照办理

C. 该协议无效，因工受伤的矿工有权向企业提出赔偿要求

D. 该协议中的赔偿事项成立，数额不足部分由企业补足

【答案】C

【解析】从业人员获得安全保障及民事赔偿的权利见表2-8的相关内容。

3. 【2014年真题】某企业施工队队长甲某率队开挖沟槽。作业中，现场未采取任何安全支撑措施。工人乙认为风险很大，要求暂停作业，但甲某以不下去干活就扣本月奖金相威胁，坚持要求继续作业，乙拒绝甲的指挥。依据《安全生产法》的规定，下列关于企业对乙可采取措施的说法，正确的是(   )。

A. 不得给予乙任何处分

B. 可以给予乙通报批评、记过等处分

C. 可以解除与乙订立的劳动合同

D. 可以降低乙的工资和福利待遇

【答案】A

【解析】从业人员拒绝违章指挥和强令冒险作业权利的规定见表2-8的相关内容。

4. 【2013年真题】依据《安全生产法》的规定，企业与职工订立合同，免除或者减轻其对职工因生产安全事故伤亡依法应承担的责任的，该合同无效。对该违法行为应当实施的处罚是(   )。

A. 责令停产整顿

B. 提请所在地人民政府关闭企业

C. 对企业主要负责人给予治安处罚

D. 对企业主要负责人给予罚款

【答案】D

【解析】生产经营单位与从业人员订立无效协议的处罚见表2-8的相关内容。

5. 【2013年真题】某生产经营单位一职工周日加班时发现危化品仓库存在事故隐患，可能引发重大事故。依据《安全生产法》的规定，下列关于该职工隐患报告的说法，正确的

是( )。

A. 应次日向负责人报告　　　　　　B. 应立即向负责人报告

C. 应立即向媒体报告　　　　　　　D. 不应报告

【答案】B

【解析】从业人员发现事故隐患或者其他不安全因素及时报告的义务见表 2-8 的相关内容。

6.【2012年真题】某生产车间进行吊装作业，为防止吊装物料失衡滑落，班长要求工人站在吊装的物料上。根据《安全生产法》，工人正确的做法是( )。

A. 执行班长的工作指令　　　　　　B. 系上安全带进行作业

C. 拒绝班长的工作指令　　　　　　D. 穿上防滑鞋进行作业

【答案】C

【解析】从业人员拒绝违章指挥和强令冒险作业的权利见表 2-8 的相关内容。

考点九　负有安全生产监督管理职责的部门依法监督检查时行使的职权与要求（表2-9）

表 2-9　　　　负有安全生产监督管理职责的部门依法监督检查时行使的职权与要求

项　目		内　容
依法监督检查时行使的职权	现场检查权	《安全生产法》规定，安全生产监督检查人员有权进入生产经营单位进行检查，调阅有关资料，向有关单位和人员了解情况
	当场处理权	《安全生产法》规定，对检查中发现的安全生产违法行为，当场予以纠正或者要求限期改正；对依法应当给予行政处罚的行为，依照本法和其他有关法律、行政法规的规定做出行政处罚决定
	紧急处置权	《安全生产法》规定，安全生产检查人员对检查中发现的事故隐患，应当责令立即排除；重大事故隐患排除前或者排除过程中无法保证安全的，应当责令从危险区域撤出作业人员，责令暂时停产停业或者停止使用；重大事故隐患排除后，经审查同意，方可恢复生产经营或者使用
	查封扣押权	《安全生产法》规定，对有根据认为不符合保障安全生产的国家标准或者行业标准的设施、设备、器材以及违法生产、储存、使用、经营、运输的危险物品予以查封或者扣押，对违法生产、储存、使用、经营危险物品的作业场所予以查封，并依法做出处理决定
	检查人员依法履行职责的要求	(1)《安全生产法》规定，安全生产监督检查人员应当忠于职守，坚持原则，秉公执法。安全生产监督检查人员执行监督检查任务时，必须出示有效的监督执法证件；对涉及被检查单位的技术秘密和业务秘密，应当为其保密。 (2) 依据《安全生产法》的规定，监督检查不得影响被检查单位的正常生产经营活动。 (3)《安全生产法》规定，安全生产监督检查人员应当将检查的时间、地点、内容、发现的问题及其处理情况，做出书面纪录，并由检查人员和被检查单位的负责人签字；被检查单位的负责人拒绝签字的，检查人员应当将情况记录在案，并向负有安全生产监督管理职责的部门报告

1.【2017年真题】某安监站依法对某建筑施工企业进行安全检查。依据《安全生产法》的规定，下列关于安全检查人员的做法，正确的是（ ）。

A. 对检查中发现的问题做出书面记录，并要求被检查单位安全管理人员签字

B. 发现施工人员佩戴的安全帽规格不符合规定，要求购买某合格品牌安全帽

C. 为便于进入危险区域检查，保证检查安全，责令该企业停止施工接受检查

D. 对检查中了解到的该企业节能环保内墙保温涂层技术秘密，严格为其保密

【答案】D

【解析】依据《安全生产法》的规定，安全生产监督检查人员应当将检查的时间、地点、内容、发现的问题及其处理情况，做出书面记录，并由检查人员和被检查单位的负责人签字；被检查单位的负责人拒绝签字的，检查人员应当将情况记录在案，并向负有安全生产监督管理职责的部门报告。故 A 选项错误。负有安全生产监督管理职责的部门对涉及安全生产的事项进行审查、验收，不得收取费用；不得要求接受审查、验收的单位购买其指定品牌或者指定生产、销售单位的安全设备、器材或者其他产品。故 B 选项错误。监督检查不得影响被检查单位的正常生产经营活动。故 C 选项错误。安全生产监督检查人员执行监督检查任务时，必须出示有效的监督执法证件；对涉及被检查单位的技术秘密和业务秘密，应当为其保密。故 D 选项正确。

2. 【2015 年真题】2015 年 3 月 31 日，某县安全监管部门王某，对本县的某企业进行了现场检查，并针对检查发现的问题，采取了处置措施。依据《安全生产法》的规定，王某下列履职行为，正确的是(　　)。

A. 发现一台进口的设备未进行危险有害因素识别，予以查封

B. 发现安全生产教育和培训记录作假，给予 3 万元罚款处罚

C. 现场发现 10 多例违章作业行为，责令企业停产停业整顿

D. 发现一厂房有倒塌危险，提请当地人民政府对该企业予以关闭

【答案】A

【解析】对负有安全生产监督管理职责的部门依法监督检查时行使职权的规定，见表 2-9 的相关内容。

3. 【2015 年真题】依据《安全生产法》的规定，下列关于安全监管人员履行监管职责的说法，错误的是(　　)。

A. 负有安全监管职责的部门在监督检查中，应当互相配合，实行联合检查

B. 执行监督检查任务时，对涉及被检查单位的技术秘密和业务秘密予以保密

C. 对违法生产、储存、使用、经营危险物品的作业场所予以查封

D. 将检查发现的问题及其处理情况以口头形式告知被检查单位的负责人

【答案】D

【解析】检查人员依法履行职责的要求见表 2-9 的相关内容。

4. 【2015 年真题】按照年度安全监督检查计划，某地级市安全监督部门负责危化品监管的执法人员张某，深入该市某化工企业检查其危化品生产和储存情况，依据《安全生产法》的规定，张某在检查过程中的正确做法应该是(　　)。

A. 检查前，向企业负责人出示工作证

B. 企业未实施风险公告，当即责令其停产整改

C. 检查中涉及技术秘密，但仍要求企业提供相关工艺参数

D. 检查结束，未要求企业负责人在检查记录上签字

【答案】A

【解析】负有安全生产监督管理职责的部门依法监督检查时行使的职权与要求见表 2-9 的相关内容。

5.【2013 年真题】依据《安全生产法》的规定，安全生产监管部门有权依法对生产经营单位执行安全生产法律、法规和国家标准或者行业标准的情况进行监督检查，并行使现场检查权、当场处置权、紧急处置权和(　　)。

A. 查封扣押权
B. 强制执行权
C. 行政拘留权
D. 行政处分权

【答案】A

【解析】对负有安全生产监督管理职责的部门依法监督检查时行使职权的规定，见表 2-9 的相关内容。

考点十　生产安全事故的应急救援与调查处理（表 2-10）

表 2-10　　　　　　　　　　　　生产安全事故的应急救援与调查处理

项　　目	内　　容
地方政府应急救援工作职责	《安全生产法》规定，县级以上地方各级人民政府应当组织有关部门制定本行政区域内生产安全事故应急救援预案，建立应急救援体系
生产经营单位生产安全事故的应急救援	《安全生产法》规定，危险物品的生产、经营、储存单位以及矿山、金属冶炼、城市轨道交通运营、建筑施工单位应当建立应急救援组织；生产经营规模较小的，可以不建立应急救援组织，但应当指定兼职的应急救援人员。危险物品的生产、经营、储存、运输单位以及矿山、金属冶炼、城市轨道交通运营、建筑施工单位应当配备必要的应急救援器材、设备和物资，并进行经常性维护、保养，保证正常运转。 《安全生产法》规定，负有安全生产监督管理职责的部门接到事故报告后，应当立即按照国家有关规定上报事故情况。负有安全生产监督管理职责的部门和有关地方人民政府对事故情况不得隐瞒不报、谎报或者迟报。 《安全生产法》规定，有关地方人民政府和负有安全生产监督管理职责的部门的负责人接到生产安全事故报告后，应当按照生产安全事故应急救援预案的要求立即赶到事故现场，组织事故抢救
生产安全事故报告和处置的规定	《安全生产法》规定，生产经营单位发生生产安全事故后，事故现场有关人员应当立即报告本单位负责人。单位负责人接到事故报告后，应当迅速采取有效措施，组织抢救，防止事故扩大，减少人员伤亡和财产损失，并按照国家有关规定立即如实报告当地负有安全生产监督管理职责的部门，不得隐瞒不报、谎报或者迟报，不得故意破坏事故现场、毁灭有关证据

1.【2017 年真题】某公司发生生产安全事故，根据《安全生产法》的规定，关于该公司事故报告和应急救援的说法，正确的是(　　)。

A. 发生一般及以上生产安全事故时，该公司负责人应当立即组织抢救，并按有关规定报告有关部门
B. 发生较大及以上生产安全事故时，该公司负责人应当立即组织抢救，一般事故由该公司安全员立即组织抢救
C. 发生重大及以上生产安全事故时，该公司负责人应当立即组织抢救，一般事故和较大事故由该公司安全管理人员立即组织抢救
D. 发生特别重大生产安全事故时，该公司负责人应当立即组织抢救，其他事故由该公司安全管理机构负责人立即组织抢救

【答案】A

【解析】《安全生产法》规定，生产经营单位发生生产安全事故后，事故现场有关人员应当立即报告本单位负责人。单位负责人接到事故报告后，应当迅速采取有效措施，组织抢救，防止事故扩大，减少人员伤亡和财产损失，并按照国家有关规定立即如实报告当地负有

安全生产监督管理职责的部门，不得隐瞒不报、谎报或者迟报，不得故意破坏事故现场、毁灭有关证据。

2.【2017年真题】依据《安全生产法》的规定，下列关于事故报告和应急预案工作的说法，正确的是（　　）。

A. 危险物品的生产、经营、储存单位都应建立应急救援组织，配备必要的应急救援器材设备和物资

B. 负有安全监管职责的部门接到事故报告后，应在 **3h** 内核实上报事故情况

C. 安全监督部门接到生产安全事故报告后，应在 **2h** 内赶赴事故现场

D. 有关地方政府负责人接到生产安全事故报告后，应按要求立即赶到事故现场，组织事故抢救

【答案】D

【解析】依据《安全生产法》的规定，危险物品的生产、经营、储存单位以及矿山、金属冶炼、城市轨道交通运营、建筑施工单位应当建立应急救援组织；生产经营规模较小的，可以不建立应急救援组织，但应当指定兼职的应急救援人员。危险物品的生产、经营、储存、运输单位以及矿山、金属冶炼、城市轨道交通运营、建筑施工单位应当配备必要的应急救援器材、设备和物资，并进行经常性维护、保养，保证正常运转。故 A 选项过于绝对，应予以排除。负有安全生产监督管理职责的部门接到事故报告后，应当立即按照国家有关规定上报事故情况。故 B 选项错误。有关地方人民政府和负有安全生产监督管理职责的部门的负责人接到生产安全事故报告后，应当按照生产安全事故应急救援预案的要求立即赶到事故现场，组织事故抢救。故 C 选项错误，D 选项正确。

3.【2017年真题】依据《安全生产法》的规定，下列生产经营规模较大的公司中，应当建立应急救援组织的是（　　）。

A. 食品加工公司   B. 建筑施工公司

C. 钟表制造公司   D. 服装加工公司

【答案】B

【解析】《安全生产法》规定，危险物品的生产、经营、储存单位以及矿山、金属冶炼、城市轨道交通运营、建筑施工单位应当建立应急救援组织；生产经营规模较小的，可以不建立应急救援组织，但应当指定兼职的应急救援人员。

4.【2015年真题】县级以上各级人民政府要依法履行生产安全事故应急救援职责，做好应急救援准备，尽可能减少事故造成的人员伤亡和财产损失。依据《安全生产法》的规定，下列不属于政府应急救援相关职责的是（　　）。

A. 地方各级人民政府应加强生产安全事故应急能力建设，在重点领域建立应急救援基地

B. 国务院安全监管部门负责建立全国统一的生产安全事故应急救援信息系统

C. 县级以上地方各级人民政府应当组织有关部门制订本行政区域内较大以上事故应急救援预案

D. 地方各级人民政府鼓励生产经营单位建立应急救援队伍，配备相应的应急救援装备和物资

【答案】C

【解析】《安全生产法》规定，国家加强生产安全事故应急能力建设，在重点行业、领域建立应急救援基地和应急救援队伍，鼓励生产经营单位和其他社会力量建立应急救援队伍，配备相应的应急救援装备和物资，提高应急救援的专业化水平。故选项 A、D 正确。《安全生产法》规定，国务院安全生产监督管理部门建立全国统一的生产安全事故应急救援信息系统，国务院有关部门建立健全相关行业、领域的生产安全事故应急救援信息系统。故选项 B 正确。《安全生产法》规定，县级以上地方各级人民政府应当组织有关部门制订本行政区域内生产安全事故应急救援预案，建立应急救援体系。故选项 C 表述不够准确。

5.【2015 年真题】依据《安全生产法》的规定，当企业发生生产安全事故时，企业有关人员的正确做法应该是(　　)。

A. 企业事故现场人员立即报告当地安全监管部门

B. 企业事故现场人员应立即撤离作业场所，并在 2h 内报告安全监管部门

C. 企业负责人应当迅速组织抢救，减少人员伤亡和财产损失

D. 企业负责人因组织抢救破坏现场的，必须报请安全监管部门批准

【答案】C

【解析】生产安全事故报告和处置的规定见表 2-10 的相关内容。

考点十一　生产经营单位、从业人员的安全生产违法行为及安全生产中介机构的违法行为（表 2-11）

表 2-11　　生产经营单位、从业人员的安全生产违法行为及安全生产中介机构的违法行为

项　　　目	内　　　容
生产经营单位的安全生产违法行为	《安全生产法》规定追究法律责任的生产经营单位的安全生产违法行为，有下列 27 种： (1) 生产经营单位的决策机构、主要负责人或者个人经营的投资人不依照《安全生产法》规定保证安全生产所必需的资金投入，致使生产经营单位不具备安全生产条件的。 (2) 生产经营单位的主要负责人未履行《安全生产法》规定的安全生产管理职责的。 (3) 生产经营单位未按照规定设立安全生产管理机构或者配备安全生产管理人员的。 (4) 危险物品的生产、经营、储存单位以及矿山、金属冶炼、建筑施工、道路运输单位的主要负责人和安全生产管理人员未按照规定经考核合格的。 (5) 未按照规定对从业人员、被派遣劳动者、实习学生进行安全生产教育和培训，或者未按照规定如实告知有关的安全生产事项的。 (6) 特种作业人员未按照规定经专门的安全作业培训并取得特种作业操作资格证书，上岗作业的。 (7) 矿山、金属冶炼建设项目或者用于生产、储存、装卸危险物品的建设项目没有安全设施设计或者安全设施设计未按照规定报经有关部门审查同意的。 (8) 矿山、金属冶炼建设项目或者用于生产、储存、装卸危险物品的建设项目的施工单位未按照批准的安全设施设计施工的。 (9) 矿山、金属冶炼建设项目或者用于生产、储存危险物品的建设项目竣工投入生产或者使用前，安全设施未经验收合格的。 (10) 生产经营单位未在有较大危险因素的生产经营场所和有关设施、设备上设置明显的安全警示标志的。 (11) 安全设备的安装、使用、检测、改造和报废不符合国家标准或者行业标准的。 (12) 未对安全设备进行经常性维护、保养和定期检测的。 (13) 未为从业人员提供符合国家标准或者行业标准的劳动防护用品的。 (14) 危险物品的容器、运输工具，以及涉及人身安全、危险性较大的海洋石油开采特种设备和矿山井下特种设备未经具有专业资质的机构检测、检验合格，取得安全使用证或者安全标志，投入使用的。

项　目	内　容
生产经营单位的安全生产违法行为	（15）使用应当淘汰的危及生产安全的工艺、设备的。 （16）未经依法批准，擅自生产、经营、运输、储存、使用危险物品或者处置废弃危险物品的。 （17）生产、经营、运输、储存、使用危险物品或者处置废弃危险物品，未建立专门安全管理制度、未采取可靠的安全措施的。 （18）对重大危险源未登记建档，或者未进行评估、监控，或者未制订应急预案的。 （19）进行爆破、吊装以及国务院安全生产监督管理部门会同国务院有关部门规定的其他危险作业，未安排专门人员进行现场安全管理的。 （20）生产经营单位将生产经营项目、场所、设备发包或者出租给不具备安全生产条件或者相应资质的单位或者个人的。 （21）生产经营单位未与承包单位、承租单位签订专门的安全生产管理协议或者未在承包合同、租赁合同中明确各自的安全生产管理职责，或者未对承包单位、承租单位的安全生产统一协调、管理的。 （22）两个以上生产经营单位在同一作业区域内进行可能危及对方安全生产的生产经营活动，未签订安全生产管理协议或者未指定专职安全生产管理人员进行安全检查与协调的。 （23）生产、经营、储存、使用危险物品的车间、商店、仓库与员工宿舍在同一座建筑内，或者与员工宿舍的距离不符合安全要求的。 （24）生产经营场所和员工宿舍未设有符合紧急疏散需要、标志明显、保持畅通的出口，或者锁闭、封堵生产经营场所或者员工宿舍出口的。 （25）生产经营单位与从业人员订立协议，免除或减轻其对从业人员因生产安全事故伤亡依法应承担的责任的。 （26）生产经营单位不具备《安全生产法》和其他有关法律、行政法规和国家标准或者行业标准规定的安全生产条件，经停产停业整顿仍不具备安全生产条件的。 （27）生产经营单位发生生产安全事故造成人员伤亡、他人财产损失的。 《安全生产法》对上述安全生产违法行为设定的法律责任分别是：处以罚款、没收违法所得、责令限期改正、停产停业整顿、责令停止建设、责令停止违法行为、吊销证照、关闭的行政处罚；导致发生生产安全事故给他人造成损害或者其他违法行为造成他人损害的，承担赔偿责任或者连带赔偿责任；构成犯罪的，依法追究刑事责任
从业人员的安全生产违法行为	《安全生产法》规定追究法律责任的生产经营单位有关人员的安全生产违法行为，有下列7种： （1）生产经营单位的决策机构、主要负责人或者个人经营的投资人不依照《安全生产法》规定保证安全生产所必需的资金投入，使生产经营单位不具备安全生产条件的。 （2）生产经营单位的主要负责人未履行《安全生产法》规定的安全生产管理职责的。 （3）生产经营单位与从业人员订立协议，免除或者减轻其对从业人员因生产安全事故伤亡依法应承担的责任的。 （4）生产经营单位的主要负责人在本单位发生生产安全事故时，不立即组织抢救或者在事故调查处理期间擅离职守或者逃匿的。 （5）生产经营单位的主要负责人对生产安全事故隐瞒不报、谎报或者迟报的。 （6）生产经营单位的从业人员不服从管理，违反安全生产规章制度或者操作规程的。 （7）生产安全事故的责任人未依法承担赔偿责任，经人民法院依法采取执行措施后，仍不能对受害人给予足额赔偿的。 《安全生产法》对上述安全生产违法行为设定的法律责任分别是：处以降职、撤职、罚款、拘留的行政处罚；构成犯罪的，依法追究刑事责任
安全生产中介机构的违法行为	《安全生产法》规定追究法律责任的安全生产中介服务违法行为，主要是承担安全评价、认证、检测、检验工作的机构，出具虚假证明的。 《安全生产法》对该种安全生产违法行为设定的法律责任是处以罚款、没收违法所得、撤销执业资格的行政处罚；给他人造成损害的，与生产经营单位承担连带赔偿责任；构成犯罪的，依法追究刑事责任

1. 【2015年真题】某化工集团欲投资建设生产剧毒磷化物的工厂，委托某机构进行安全评价。该机构在对项目的评价过程中，发现了若干不符合安全条件的问题，在化工集团将原定的服务报酬标准提高至50万元后，出具了建设项目符合要求的安全评价报告。依据《安全生产法》的规定，对该机构出具虚假报告的处罚应该是( )。

A. 没收违法所得，并处40万元的罚款　　B. 没收违法所得，并处80万元的罚款
C. 没收违法所得，并处150万元的罚款　　D. 没收违法所得，并处450万元的罚款

【答案】C

【解析】《安全生产法》规定，承担安全评价、认证、检测、检验工作的机构，出具虚假证明的，没收违法所得；违法所得在10万元以上的，并处违法所得2倍以上5倍以下的罚款；没有违法所得或者违法所得不足10万元的，单处或者并处10万元以上20万元以下的罚款；对其直接负责的主管人员和其他直接责任人员处2万元以上5万元以下的罚款；给他人造成损害的，与生产经营单位承担连带赔偿责任；构成犯罪的，依照刑法有关规定追究刑事责任。对有前述违法行为的机构，吊销其相应资质。故本题中罚款应当在100万~250万元之间。

2. 【2015年真题】A公司总经理李某为了确保年度利润指标的完成，减少安全投入，减少安全管理人员，取消月度安全例会和季度安委会会议，暂停年度安全培训和应急救援预案演练等，弱化了安全管理。不到1年时间，公司发生了一起死亡7人、重伤6人、轻伤5人的生产安全事故。经安全监管部门调查，事故与李某的上述一系列作法存在因果关系，是一起责任事故。依据《安全生产法》的规定，下列关于对李某法律责任追究的说法，正确的有( )。

A. 撤销李某的总经理职务

B. 构成犯罪的，依照刑法的有关规定追究李某的刑事责任

C. 处李某上一年年收入40%的罚款

D. 终身禁止李某担任本行业生产经营单位的主要负责人

E. 自刑罚执行完毕或者受处分之日起，5年内李某不得担任任何生产经营单位的主要负责人

【答案】BCE

【解析】《安全生产法》规定，生产经营单位的决策机构、主要负责人或者个人经营的投资人不依照本法规定保证安全生产所必需的资金投入，致使生产经营单位不具备安全生产条件的，责令限期改正，提供必需的资金；逾期未改正的，责令生产经营单位停产停业整顿。有前款违法行为，导致发生生产安全事故的，对生产经营单位的主要负责人给予撤职处分，对个人经营的投资人处2万元以上20万元以下的罚款；构成犯罪的，依照刑法有关规定追究刑事责任。生产经营单位的主要负责人依照前款规定受刑事处罚或者撤职处分的，自刑罚执行完毕或者受处分之日起，5年内不得担任任何生产经营单位的主要负责人。生产经营单位的主要负责人未履行《安全生产法》规定的安全生产管理职责，导致发生较大事故的，处上一年年收入40%的罚款。

3. 【2013年真题】某省建设行政管理部门在对一个大型施工工地进行安全检查时发现，有两个施工单位在一个作业区域进行可能危及对方安全生产的施工作业，这两个施工单位未

签订安全生产管理协议。而且未确定专职安全生产管理人员进行安全检查与协调。该省建设行政管理部门立即下达限期整改通知书，但这两个施工单位逾期仍未改正。依据《安全生产法》的规定，该省建设行政管理部门应当(   )。

A. 对两个施工单位处以罚款   B. 责令两个施工单位停产整顿

C. 吊销两个单位的安全生产许可证   D. 吊销两个单位的施工许可证

【答案】B

【解析】《安全生产法》规定，两个以上生产经营单位在同一作业区域内进行可能危及对方安全生产的生产经营活动，未签订安全生产管理协议或者未指定专职安全生产管理人员进行安全检查与协调的，责令限期改正；可以处5万元以下的罚款，对其直接负责的主管人员和其他直接责任人员可以处1万元以下的罚款；逾期未改正的，责令停产停业。

4.【2013年真题】某安全检测中介机构在对某钢铁厂新安装的设备进行检测验收时，未按规定进行检验，便出具了检测验收报告，在该设备投入使用后不久因其存在的重大隐患引发事故，造成多人死亡。依据《安全生产法》的规定，安全监管部门对该安全检测中介机构除处以罚款、对相关责任者追究行政责任外，还应给予的行政处罚是(   )。

A. 吊销营业执照   B. 责令停业整顿

C. 撤销检测机构资格   D. 撤销检测机构负责人资格

【答案】C

【解析】参见第1题的解析。

章节练习

一、单项选择题（每题1分。每题的备选项中，只有1个最符合题意）

1. 依据《安全生产法》的规定，下列关于《安全生产法》适用范围的说法中，正确的是(   )。

A. 有关法律、行政法规对非煤矿山另有规定的，不适用《安全生产法》

B. 铁路交通安全的有关法律、行政法规没有规定的，适用《安全生产法》

C. 有关法律、行政法规对烟花爆竹、民用爆破器材安全另有规定的，不适用《安全生产法》

D. 有关法律、行政法规对危险化学品安全另有规定的，不适用《安全生产法》

2. 关于工会参加安全管理和监督权利的表述中，不符合《安全生产法》规定的是(   )。

A. 工会对生产经营单位违反安全生产法律、法规，侵犯从业人员合法权益的行为，有权要求纠正

B. 发现生产经营单位违章指挥、强令冒险作业或者发现事故隐患时，有权进行相应处罚

C. 发现危及从业人员生命安全的情况时，有权向生产经营单位建议组织从业人员撤离危险场所，生产经营单位必须立即做出处理

D. 工会有权依法参加事故调查，向有关部门提出处理意见，并要求追究有关人员的责任

3. 《安全生产法》规定，矿山、金属冶炼、建筑施工、道路运输单位和危险物品的生产、经营、储存单位以外的其他生产经营单位，从业人员在 100 人以下的，应当（　　）。

　　A. 配备专职或者兼职的安全生产管理人员

　　B. 设置安全生产管理机构

　　C. 配备专职安全生产管理人员

　　D. 设置安全生产管理机构或者配备专职安全生产管理人员

4. 《安全生产法》规定，生产经营单位与从业人员订立协议，免除或者减轻其对从业人员因生产安全事故伤亡依法应承担的责任的，（　　）。

　　A. 该协议经双方协商一致即有效

　　B. 该协议无效；责令生产经营单位停产停业整顿即可

　　C. 该协议无效；对生产经营单位的主要负责人、个人经营的投资人处 5 万元以上 20 万元以下的罚款

　　D. 该协议无效；对生产经营单位的主要负责人、个人经营的投资人处 2 万元以上 10 万元以下的罚款

5. 为保证生产设施、作业场所与周边建筑物、设施保持安全合理的空间，依据《安全生产法》，某烟花爆竹厂的下列做法中，违反法律规定的是（　　）。

　　A. 生产车间南面 200m 处单独设置员工宿舍

　　B. 将成品仓库设置在生产车间隔壁

　　C. 在单身职工公寓底层设烟花爆竹商店

　　D. 在生产车间设置视频监控设施

6. 《安全生产法》规定，2 个以上生产经营单位在同一作业区域内进行生产经营活动，可能危及对方生产安全的，应当签订安全生产管理协议，明确各自的安全生产管理职责和应当采取的安全措施，并指定（　　）进行安全检查与协调。

　　A. 工会　　　　　　　　　　　　　B. 项目负责人

　　C. 专职安全生产管理人员　　　　　D. 兼职安全生产管理人员

7. 《安全生产法》规定，矿山、金属冶炼建设项目和用于生产、储存、装卸危险物品的建设项目，应当按照国家有关规定进行（　　）。

　　A. 安全评价　　　　　　　　　　　B. 风险评估

　　C. 资产评估　　　　　　　　　　　D. 技术培训

8. 《安全生产法》规定，生产经营单位的主要负责人在本单位发生生产安全事故时，不立即组织抢救或者在事故调查处理期间擅离职守或者逃匿的，给予降级、撤职的处分，并由安全生产监督管理部门处（　　）；对逃匿的处 15 日以下拘留；构成犯罪的，依照刑法有关规定追究刑事责任。

　　A. 上一年年收入 40%～60% 的罚款　　　B. 上一年年收入 60%～100% 的罚款

　　C. 当年年收入 60%～100% 的罚款　　　D. 当年年收入 40%～60% 的罚款

9. 《安全生产法》规定，生产经营单位进行爆破、吊装以及国务院安全生产监督管理部门会同国务院有关部门规定的其他危险作业，应当安排（　　）进行安全管理，确保操作规程的遵守和安全措施的落实。

　　A. 总监理工程师　　　　　　　　　B. 现场物品监管员

C. 兼职安全生产管理员   D. 专门人员

10.《安全生产法》规定，（   ）应当安排用于配备劳动防护用品、进行安全生产培训的经费。

  A. 生产经营单位所在地人民政府安全生产监督管理部门

  B. 生产经营单位职工代表

  C. 生产经营单位工会

  D. 生产经营单位

11. 关于安全生产监督检查人员依法履行职责要求的表述中，符合《安全生产法》规定的是（   ）。

  A. 安全生产监督检查人员应当忠于职守，坚持原则，秉公执法

  B. 安全生产监督检查人员执行监督检查任务时，可以视情形决定是否出示监督执法证件

  C. 监督检查无需考虑被检查单位的正常生产经营活动

  D. 安全生产监督检查人员应当将检查的时间、地点、内容、发现的问题及其处理情况，做出书面记录，并由被检查单位的负责人签字即可

12. 甲电厂将发动机组中的发动机检修工程外包给乙检修公司，将发电机组的汽轮机检修工程分包给丙检修公司。依据《安全生产法》，乙、丙公司应当（   ）。

  A. 执行甲公司的安全生产责任制   B. 签订安全生产管理协议

  C. 执行乙公司的安全生产责任制   D. 互不干涉作业活动

二、**多项选择题**（每题 2 分。每题的备选项中，有 2 个或 2 个以上符合题意，至少有 1 个错项。错选，本题不得分；少选，所选的每个选项得 0.5 分）

1.《安全生产法》规定，生产经营单位的主要负责人对本单位安全生产工作负有的职责包括（   ）。

  A. 组织落实本单位安全生产规章制度和操作规程

  B. 组织制定并实施本单位安全生产教育和培训计划

  C. 保证本单位安全生产投入的有效实施

  D. 组织制定并实施本单位的生产安全事故应急救援预案

  E. 督促、检查本单位的安全生产工作，杜绝生产安全事故隐患

2.《安全生产法》规定，危险物品的生产、经营、储存单位以及矿山、金属冶炼、建筑施工、道路运输单位的（   ），应当由主管的负有安全生产监督管理职责的部门对其安全生产知识和管理能力考核合格。

  A. 主要负责人   B. 安全生产管理人员

  C. 技术负责人   D. 财务负责人

  E. 项目负责人

3. 下列各项权利中，属于《安全生产法》中规定的生产经营单位从业人员安全生产权利的有（   ）。

  A. 控告权   B. 危险报告权

  C. 检举权   D. 建议权

  E. 批评权

4. 生产经营单位的主要负责人未履行《安全生产法》规定的安全生产管理职责的，且逾期未改正的，（   ）。

A. 责令限期改正　　　　　　　　　　B. 吊销营业执照

C. 处 1 万元以上 10 万元以下的罚款　　D. 责令生产经营单位停产停业整顿

E. 处 2 万元以上 5 万元以下的罚款

5. 依据《安全生产法》的规定，下列行为中属于生产经营单位安全生产违法行为的有（   ）。

A. 未按照规定对从业人员、被派遣劳动者、实习学生进行安全生产教育和培训，或者未按照规定如实告知有关的安全生产事项的

B. 特种作业人员未按照规定经专门的安全作业培训并取得特种作业操作资格证书，上岗作业的

C. 矿山、金属冶炼建设项目或者用于生产、储存、装卸危险物品的建设项目没有安全设施设计或者安全设施设计未按照规定报经有关部门审查同意的

D. 承担安全评价、认证、检测、检验工作的机构，出具虚假证明的

E. 生产安全事故的责任人未依法承担赔偿责任，经人民法院依法采取执行措施后，仍不能对受害人给予足额赔偿的

6.《安全生产法》规定，生产经营单位有（   ）行为，责令限期改正，可以处 10 万元以下的罚款；逾期未改正的，责令停产停业整顿，并处 10 万元以上 20 万元以下的罚款，对其直接负责的主管人员和其他直接责任人员处 2 万元以上 5 万元以下的罚款；构成犯罪的，依照刑法有关规定追究刑事责任。

A. 未对安全设备进行经常性维护、保养和定期检测的

B. 对重大危险源未登记建档，或者未进行评估、监控，或者未制定应急预案的

C. 未为从业人员提供符合国家标准或者行业标准的劳动防护用品的

D. 生产、经营、运输、储存、使用危险物品或者处置废弃危险物品，未建立专门安全管理制度、未采取可靠的安全措施的

E. 进行爆破、吊装以及国务院安全生产监督管理部门会同国务院有关部门规定的其他危险作业，未安排专门人员进行现场安全管理的

7. 依据《安全生产法》的规定，从业人员获得安全保障、工伤保险和民事赔偿权利的依据包括（   ）。

A. 生产经营单位与从业人员订立的劳动合同，应当载明有关保障从业人员劳动安全、防止职业危害的事项，以及依法为从业人员办理工伤保险的事项

B. 生产安全事故受到损害的从业人员，除依法享有工伤保险外，依照有关民事法律尚有获得赔偿的权利的，有权向本级人民政府卫生行政部门提出赔偿要求

C. 生产经营单位必须依法参加工伤保险，与从业人员共同缴纳保险费

D. 生产经营单位不得以任何形式与从业人员订立协议，免除或者减轻其对从业人员因生产安全事故伤亡依法应承担的责任

E. 生产经营单位与从业人员订立协议，免除或者减轻其对从业人员因生产安全事故伤亡依法应承担的责任的，该协议无效

章节练习答案

一、单项选择题

1. B   2. C   3. A   4. D   5. C   6. C   7. A   8. B   9. D   10. D

11. A   12. B

二、多项选择题

1. BCD   2. AB   3. ACDE   4. DE   5. ABC   6. BDE   7. ADE

第三章

安 全 生 产 单 行 法 律

大纲要求

1.《矿山安全法》：分析矿山建设、开采的安全保障和矿山企业安全管理等方面的有关法律问题，判断违法行为及应负的法律责任。

2.《消防法》：掌握消防工作的基本规定，分析火灾预防、消防组织建设和灭火救援等方面的有关法律问题，判断违法行为及应负的法律责任。

3.《道路交通安全法》：掌握道路交通安全的基本规定，分析车辆和驾驶人、道路通行条件、道路通行规定和道路交通事故处理等方面的有关法律问题。判断违法行为及应负的法律责任。

4.《突发事件应对法》：掌握突发事件应对的基本规定，分析突发事件的预防与应急准备、监测与预警、应急处置与救援、事后恢复与重建等方面的有关法律问题，判断违法行为及应负的法律责任。

考点汇总与分值解析

考点	分值　　　　　　年份	2012年	2013年	2014年	2015年	2017年
矿山安全法	矿山建设的安全保障的规定	1				
	矿山开采的安全保障的规定				1	
	矿山企业的安全管理的规定			1		
消防法	火灾预防的规定				2	
	消防组织的规定	1	2	2	1	
	灭火救援的规定	1	1	1	1	
道路交通安全法	机动车通行规定		1			
	非机动车通行规定			1		
	高速公路的特别规定	1			1	
突发事件应对法	预防与应急准备			1	1	
	监测与预警	1	2	1	1	
	应急处置与救援			1		1

考点一　矿山建设的安全保障的规定（表3-1）

表3-1　　　　　　　　　　　　矿山建设的安全保障的规定

项　　目	内　　容
矿山建设工程安全设施"三同时"	《矿山安全法》规定，矿山建设工程的安全设施必须和主体工程同时设计、同时施工、同时投入生产和使用
矿山建设工程安全设施的设计和竣工验收	《矿山安全法》规定，矿山建设工程的设计文件，必须符合矿山安全规程和行业技术规范，并按照国家规定经管理矿山企业的主管部门批准；不符合矿山安全规程和行业技术规范的，不得批准
矿井安全出口和运输通信设施	《矿山安全法》规定，每个矿井必须有两个以上能行人的安全出口，出口之间的直线水平距离必须符合矿山安全规程和行业技术规范。 矿山必须有与外界相通的、符合安全要求的运输和通信设施

【2012年真题】根据《矿山安全法》对矿山建设的安全保障规定，下列对矿井安全出口和运输通信设施的安全保障要求中，不属于强制要求的是（　　）。

A. 每个矿井必须有3个以上能行人的安全出口

B. 矿井通信设计可以有所不同但必须与外界相通

C. 安全出口之间的距离必须符合相关的技术规范

D. 矿山运输设施必须能够保证正常运行并预防事故

【答案】A

【解析】《矿山安全法》规定，每个矿井必须有两个以上能行人的安全出口，出口之间的直线水平距离必须符合矿山安全规程和行业技术规范。矿山运输设施是保证矿山开采的运送传输设施，保证其正常运行对于正常生产和预防事故必不可少。由于各类矿山的运输通信设施有所不同，法律对此的最低要求是矿山必须有与外界相通的、符合安全要求的运输和通信设施。

考点二　矿山开采的安全保障的规定（表3-2）

表3-2　　　　　　　　　　　　矿山开采的安全保障的规定

项　　目	内　　容
矿山开采的基本要求	《矿山安全法》规定，矿山开采必须具备保障安全生产的条件，执行开采不同矿种的矿山安全规程和行业技术规范
矿用特殊设备、器材、护品、仪器的安全保障	（1）矿山使用的有特殊安全要求的设备、器材、防护用品和安全检测仪器，必须符合国家安全标准或者行业安全标准；不符合国家安全标准或者行业安全标准的，不得使用。 （2）矿山企业必须对机电设备及其防护装置、安全检测仪器定期检查、维修，保证使用安全
开采作业的安全保障	（1）矿山企业必须对作业场所中的有毒有害物质和井下空气含氧量进行检测，保证符合安全要求。 （2）矿山企业必须对下列危害安全的事故隐患采取预防措施：冒顶、片帮、边坡滑落和地表塌陷；瓦斯爆炸、煤尘爆炸；冲击地压、瓦斯突出、井喷；地面和井下的火灾、水害；爆破器材和爆破作业发生的危害；粉尘、有毒有害气体、放射性物质和其他有害物质引起的危害；其他危害。 （3）矿山企业对使用机械、电气设备，排土场、矸石山、尾矿库和矿山闭坑后可能引起的危害，应当采取预防措施

【2015年真题】矿山开采风险高、生产复杂，需要满足相关的安全标准和条件。依据《矿山安全法》的规定，下列关于矿山安全保障的说法，正确的是(　　)。

A. 矿山设计保留的矿柱、岩柱，经风险评估后可进行适度开采

B. 矿山企业必须对井下温度和湿度进行检测

C. 矿山企业使用的有特殊安全要求的设备、器材和个人防护用品，必须符合国内外安全标准

D. 矿山企业必须对机电设备及其防护装置、安全检测仪器，定期检查、维修，保证使用安全

【答案】D

【解析】《矿山安全法》规定，矿山设计规定保留的矿柱、岩柱，在规定的期限内，应当予以保护，不得开采或者毁坏。故选项A错误。《矿山安全法》规定，矿山企业必须对作业场所中的有毒有害物质和井下空气含氧量进行检测，保证符合安全要求。《矿山安全法》并没有明确规定必须对井下温度和湿度进行检测。故选项B错误。矿用特殊设备、器材、护品、仪器的安全保障规定见表3-2的相关内容。

考点三　矿山企业的安全管理的规定（表3-3）

表3-3　　　　　　　　　　　矿山企业的安全管理的规定

项　目	内　容
安全生产责任制	《矿山安全法》规定，矿山企业必须建立健全安全生产责任制。矿长对本企业的安全生产工作负责
矿山安全的内部监督	《矿山安全法》规定，矿长应当定期向职工代表大会或者职工大会报告安全生产工作，发挥职工代表大会的监督作用。 《矿山安全法》规定，矿山企业职工有权对危害安全的行为，提出批评、检举和控告。 《矿山安全法》规定，矿山企业工会依法维护职工生产安全的合法权益，组织职工对矿山安全工作进行监督。矿山企业工会发现企业行政方面违章指挥、强令工人冒险作业或者生产过程中发现明显重大事故隐患和职业危害，有权提出解决的建议；发现危及职工生命安全的情况时，有权向矿山企业行政方面建议组织职工撤离危险现场，矿山企业行政方面必须及时做出处理决定
安全培训	《矿山安全法》规定，矿山企业必须对职工进行安全教育、培训；未经安全教育、培训的，不得上岗作业。 《矿山安全法》规定，矿长必须经过考核，具备安全专业知识，具有领导安全生产和处理矿山事故的能力。矿山企业安全工作人员必须具备必要的安全专业知识和矿山安全工作经验
未成年人和女工的保护	《矿山安全法》规定，矿山企业不得录用未成年人从事矿山井下劳动。矿山企业对女职工按照国家规定实行特殊劳动保护，不得分配女职工从事矿山井下劳动
安全技术措施专项费用	《矿山安全法》规定，矿山企业必须从矿产品销售额中按照国家规定提取安全技术措施专项费用。安全技术措施专项费用必须全部用于改善矿山安全生产条件，不得挪作他用

【2014年真题】某矿山工会人员发现作业场所存在火灾隐患，可能危及职工生命安全。依据《矿山安全法》的规定，矿山工会有权采取的措施是(　　)。

A. 立即决定停工

B. 告知职工拒绝作业

C. 直接采取排除火灾隐患的处理措施

D. 向矿山企业行政方面建议组织职工撤离危险现场

【答案】D

【解析】 矿山企业工会的权利见**表 3 - 3**的相关内容。

考点四　火灾预防的规定（表 3 - 4）

表 3 - 4	火灾预防的规定
项　　目	内　　容
建设工程的消防安全	《消防法》对消防设计文件的备案和抽查做出了规定，要求按照国家工程建设消防技术标准需要进行消防设计的建设工程，除另有规定外，建设单位应当自依法取得施工许可之日起 7 个工作日内，将消防设计文件报公安机关消防机构备案，公安机关消防机构应当进行抽查
公众聚集场所和大型群众性活动的消防安全	《消防法》规定，公众聚集场所在投入使用、营业前，建设单位或者使用单位应当向场所所在地的县级以上地方人民政府公安机关消防机构申请消防安全检查。未经消防安全检查或者经检查不符合消防安全要求的，不得投入使用、营业
有关单位的消防安全职责	《消防法》规定了机关、团体、企业、事业等单位的消防安全职责，主要包括： (1) 落实消防安全责任制，制订本单位的消防安全制度、消防安全操作规程，制订灭火和应急疏散预案。 (2) 按照国家标准、行业标准配置消防设施、器材，设置消防安全标志，并定期组织检验、维修，确保完好有效。 (3) 对建筑消防设施每年至少进行 1 次全面检测，确保完好有效，检测记录应当完整准确，存档备查。 (4) 保障疏散通道、安全出口、消防车通道畅通，保证防火防烟分区、防火间距符合消防技术标准。 (5) 组织防火检查，及时消除火灾隐患。 (6) 组织进行有针对性的消防演练。 (7) 法律、法规规定的其他消防安全职责
消防安全重点单位的安全管理	《消防法》规定了重点消防单位的确定方法及其应当履行的职责，要求县级以上地方人民政府公安机关消防机构应当将发生火灾可能性较大以及发生火灾可能造成重大的人身伤亡或者财产损失的单位，确定为本行政区域内的消防安全重点单位，并由公安机关报本级人民政府备案。消防安全重点单位除应当履行一般单位消防安全管理职责外，还应当履行下列消防安全职责： (1) 确定消防安全管理人，组织实施本单位的消防安全管理工作。 (2) 建立消防档案，确定消防安全重点部位，设置防火标志，实行严格管理。 (3) 实行每日防火巡查，并建立巡查记录。 (4) 对职工进行岗前消防安全培训，定期组织消防安全培训和消防演练

【2015 年真题】 依据《消防法》的规定，下列关于消防安全重点单位的消防安全职责的说法，正确的有(　　　)。

A. 确定消防安全管理人，组织实施本单位的消防安全管理工作

B. 建立消防档案，确定消防安全重点部位

C. 设置防火标志，实行严格管理

D. 实行每周防火巡查，并建立巡查记录

E. 对职工进行岗前消防安全培训，定期组织消防安全培训和消防演练

【答案】ABCE

【解析】消防安全重点单位的职责见表3-4的相关内容。

考点五　消防组织、灭火救援及监督检查的规定（表3-5）

表3-5　　　　　　　　　　消防组织、灭火救援及监督检查的规定

项　　目	内　　容
消防组织的规定	《消防法》对地方人民政府建立消防队提出了具体要求，县级以上地方人民政府应当按照国家规定建立公安消防队、专职消防队，并按照国家标准配备消防装备，承担火灾扑救工作。乡镇人民政府应当根据当地经济发展和消防工作的需要，建立专职消防队、志愿消防队，承担火灾扑救工作。《消防法》明确规定了需要设立专职消防队的单位及其职责，下列单位应当建立单位专职消防队，承担本单位的火灾扑救工作： (1) 大型核设施单位、大型发电厂、民用机场、主要港口。 (2) 生产、储存易燃易爆危险品的大型企业。 (3) 储备可燃的重要物资的大型仓库、基地。 (4) 前三项规定以外的火灾危险性较大、距离公安消防队较远的其他大型企业。 (5) 距离公安消防队较远、被列为全国重点文物保护单位的古建筑群的管理单位
灭火救援的规定	《消防法》明确了地方政府建立火灾应急预案和应急反应机制的要求，县级以上地方人民政府应当组织有关部门针对本行政区域内的火灾特点制订应急预案，建立应急反应和处置机制，为火灾扑救和应急救援工作提供人员、装备等保障。 《消防法》规定了公民的消防义务，任何人发现火灾都应当立即报警。任何单位、个人都应当无偿为报警提供便利，不得阻拦报警。严禁谎报火警。人员密集场所发生火灾，该场所的现场工作人员应当立即组织、引导在场人员疏散。任何单位发生火灾，必须立即组织力量扑救。邻近单位应当给予支援。消防队接到火警，必须立即赶赴火灾现场，救助遇险人员，排除险情，扑灭火灾。 《消防法》明确了火灾现场扑救的组织指挥，规定公安机关消防机构统一组织和指挥火灾现场扑救，应当优先保障遇险人员的生命安全
监督检查的规定	公安机关消防机构在消防监督检查中发现火灾隐患的，应当通知有关单位或者个人立即采取措施消除隐患；不及时消除隐患可能严重威胁公共安全的，公安机关消防机构应当依照规定对危险部位或者场所采取临时查封措施

1.【2015年真题】依据《消防法》的规定，下列关于灭火救援的说法，正确的是(　　)。

A. 乡镇人民政府应当组织有关部门针对本行政区域内的火灾特点制订应急预案，提供装备等保障

B. 单位、个人为火灾报警提供便利的，应获得适当报酬

C. 任何单位发生火灾，必须立即组织力量扑救，邻近单位应当给予支援

D. 公安机关消防机构统一组织和指挥火灾现场扑救，应当优先保障国家财产安全

【答案】C

【解析】灭火救援的规定见表3-5的相关内容。

2.【2015年真题】依据《消防法》的规定，下列单位中，应当建立单位专职消防队，

承担本单位的火灾扑救工作的是(　　)。

A. 某大型购物中心　　　　　　　　B. 某大型民用机场

C. 某大型钢材仓库　　　　　　　　D. 某省级重点文物保护单位

【答案】B

【解析】需要设立专职消防队的单位见表3-5的相关内容。该考点于2012年也以单项选择题的形式进行了考核。

3.【2014年真题】某购物中心在营业期间顾客熙熙攘攘、人员密集，突然发生重大火灾。依据《消防法》的规定，该购物中心现场工作人员应采取的正确行为是(　　)。

A. 立即组织在场的所有人员参与扑救火灾　　B. 统一指挥公安消防队扑救火灾

C. 立即组织、引导在场人员疏散　　D. 立即组织员工接通消防水源

【答案】C

【解析】灭火救援的规定见表3-5的相关内容。

4.【2014年真题】为了预防和减少火灾危害，加强应急救援工作，维护公共安全，依据《消防法》的规定，下列单位中，应当建立专职消防队，承担本单位火灾扑救工作的有(　　)。

A. 生产黑火药的大型企业　　　　　B. 大型建筑施工企业

C. 储存黑火药的大型仓库　　　　　D. 大型火力发电厂

E. 从事金矿开采的大型企业

【答案】ACD

【解析】《消防法》需要设立专职消防队的单位见表3-5的相关内容。该考点为高频考点，2011年、2013年也均以多项选择题的形式进行了考核。

5.【2013年真题】依据《消防法》的规定，商场营业期间发生严重火灾时，下列灭火救援的做法，错误的是(　　)。

A. 商场组织火灾现场扑救时，优先抢救贵重物品

B. 商场员工立即组织、引导在场人员疏散撤离

C. 消防队接到报警后立即赶赴现场、救助遇险人员，实施扑救

D. 医疗单位及时赶赴现场，实施伤员救治

【答案】A

【解析】灭火救援的规定见表3-5的相关内容。

6.【2013年真题】依据《消防法》的规定，下列单位中，应当建立专职消防队的有(　　)。

A. 大型核设施单位　　　　　　　　B. 大型体育场所

C. 主要港口　　　　　　　　　　　D. 储备可燃的重要物资的大型仓库

E. 生产、储存易燃易爆危险品的大型企业

【答案】ACDE

【解析】《消防法》明确规定了需要设立专职消防队的单位及其职责，下列单位应当建立单位专职消防队，承担本单位的火灾扑救工作：①大型核设施单位、大型发电厂、民用机场、主要港口。②生产、储存易燃易爆危险品的大型企业。③储备可燃的重要物资的大型仓库、基地。④前三项规定以外的火灾危险性较大、距离公安消防队较远的其他大型企业。

⑤距离公安消防队较远、被列为全国重点文物保护单位的古建筑群的管理单位。

7.【2012年真题】根据《消防法》,生产经营单位发生火灾后,负责统一组织和指挥火灾现场扑救的单位是( )。

A. 火灾发生单位上级部门　　　　　　B. 火灾发生单位消防部门

C. 公安机关消防机构　　　　　　　　D. 人民政府安全监管部门

【答案】C

【解析】《消防法》明确了火灾现场扑救的组织指挥,规定公安机关消防机构统一组织和指挥火灾现场扑救,应当优先保障遇险人员的生命安全。

考点六　机动车通行规定（表3-6）

表3-6　　　　　　　　　　　　机动车通行规定

项　　目	内　　容
同车道行驶	同车道行驶的机动车,后车应当与前车保持足以采取紧急制动措施的安全距离。有下列情形之一的,不得超车: (1) 前车正在左转弯、掉头、超车的。 (2) 与对面来车有会车可能的。 (3) 前车为执行紧急任务的警车、消防车、救护车、工程救险车的。 (4) 行经铁路道口、交叉路口、窄桥、弯道、陡坡、隧道、人行横道、市区交通流量大的路段等没有超车条件的
交叉路口行驶	机动车通过交叉路口,应当按照交通信号灯、交通标志、交通标线或者交通警察的指挥通过;通过没有交通信号灯、交通标志、交通标线或者交通警察指挥的交叉路口时,应当减速慢行,并让行人和优先通行的车辆先行
机动车载物行驶	机动车载运爆炸物品、易燃易爆化学物品以及剧毒、放射性等危险物品,应当经公安机关批准后,按指定的时间、路线、速度行驶,悬挂警示标志并采取必要的安全措施
机动车载人行驶	机动车载人不得超过核定的人数,客运机动车不得违反规定载货。 禁止货运机动车载客
拖拉机行驶	(1) 高速公路、大中城市中心城区内的道路,禁止拖拉机通行。 (2) 在允许拖拉机通行的道路上,拖拉机可以从事货运,但是不得用于载人

【2013年真题】依据《道路交通安全法》的规定,下列关于车辆通行的说法,正确的是( )。

A. 机动车通过没有交通信号灯的交叉路口时,应当减速慢行,并让行人先行

B. 机动车载运爆炸物品应当按最短路线、指定的时间和速度行驶

C. 电动自行车在非机动车道内行驶时,最高时速不得超过30km

D. 铰接式客车驶入高速公路,最高时速不得超过120km

【答案】A

【解析】交叉路口行驶及机动车载物行驶的规定见表3-6的相关内容。选项C、D的解析参见表3-7的相关内容。

考点七　非机动车通行及高速公路的特别规定（表3-7）

表3-7　　　　　　　　　　　　非机动车通行及高速公路的特别规定

项　目	内　容
非机动车通行规定	残疾人机动轮椅车、电动自行车在非机动车道内行驶时，最高时速不得超过15km
高速公路的特别规定	行人、非机动车、拖拉机、轮式专用机械车、铰接式客车、全挂拖斗车以及其他设计最高时速低于70km的机动车，不得进入高速公路。高速公路限速标志标明的最高时速不得超过120km。任何单位、个人不得在高速公路上拦截检查行驶的车辆，公安机关的人民警察依法执行紧急公务除外

1.【2015年真题】依据《道路交通安全法》的规定，拖拉机、轮式专用机械车、铰接式客车、全挂拖斗车不得进入高速公路，其他机动车进入高速公路的设计最高时速不低于（　　）km。

A. 60　　　　　　　　B. 70　　　　　　　　C. 80　　　　　　　　D. 90

【答案】B

【解析】高速公路的特别规定见表3-7的相关内容。

2.【2014年真题】依据《道路交通安全法》的规定，残疾人机动轮椅车、电动自行车在非机动车道内行驶时，最高时速不得超过（　　）km。

A. 15　　　　　　　　B. 20　　　　　　　　C. 25　　　　　　　　D. 30

【答案】A

【解析】非机动车通行规定见表3-7的相关内容。该考点于2011年也进行了考核。

3.【2012年真题】根据《道路交通安全法》，高速公路限速标志标明的最高时速不得超过（　　）km。

A. 110　　　　　　　　B. 120　　　　　　　　C. 130　　　　　　　　D. 150

【答案】B

【解析】高速公路的特别规定见表3-7的相关内容。

考点八　预防与应急准备（表3-8）

表3-8　　　　　　　　　　　　预防与应急准备

项　目		内　容
建立健全应急预案体系	应急预案体系	国家突发事件应急预案分为两个层次：国家级应急预案和地方级应急预案。 应急预案的制订、修订程序由国务院规定。应急预案制订单位应当根据实际情况和形势的变化，适时修订应急预案
	应急预案的内容	《突发事件应对法》规定了应急预案的基本内容，要求应急预案应当根据《突发事件应对法》和其他有关法律、法规的规定，针对突发事件的性质、特点和可能造成的社会危害，具体规定突发事件应急管理工作的组织指挥体系与职责和突发事件的预防与预警机制、处置程序、应急保障措施以及事后恢复与重建措施等内容
单位预防与应对突发事件的义务		《突发事件应对法》规定，所有单位应当建立健全安全管理制度，定期检查本单位各项安全防范措施的落实情况，及时消除事故隐患；掌握并及时处理本单位存在的可能引发社会安全事件的问题，防止矛盾激化和事态扩大；对本单位可能发生的突发事件和采取安全防范措施的情况，应当按照规定及时向所在地人民政府或者人民政府有关部门报告

项　目	内　容
单位预防与应对突发事件的义务	《突发事件应对法》规定，矿山、建筑施工单位和易燃易爆物品、危险化学品、放射性物品等危险物品的生产、经营、储运、使用单位，应当制订具体应急预案，并对生产经营场所、有危险物品的建筑物、构筑物及周边环境开展隐患排查，及时采取措施消除隐患，防止发生突发事件
应急能力建设	《突发事件应对法》规定，县级以上人民政府应当整合应急资源，建立综合性或者专业性的应急救援队伍，对有关部门负责处置突发事件职责的工作人员定期培训，为专业应急救援人员购买人身意外伤害保险，配备必要的防护装备与器材，组织开展应急宣传普及和必要的演练，开展学校应急教育，为保障突发事件应对工作提供经费，建立应急通信保障，完善公用通信网，鼓励并发展保险事业，鼓励并扶持应急教学科研等内容

1. **【2015 年真题】** 依据《突发事件应对法》的规定，下列关于突发事件的预防与应急准备的说法，正确的是(　　)。

A. 乡镇人民政府应当建立应急救援物资、生活必需品和应急处置装备的储备制度

B. 学校应当把应急知识教育纳入教学内容，对学生进行相关知识教育

C. 国务院有关部门组织制定国家突发事件专项应急预案，并适时修订

D. 新闻媒体应当按照无偿与有偿相结合原则，积极开展突发事件预防与应急知识的宣传

【答案】 B

【解析】《突发事件应对法》规定，设区的市级以上人民政府和突发事件易发、多发地区的县级人民政府应当建立应急救援物资、生活必需品和应急处置装备的储备制度，故选项 A 错误。各级各类学校应当把应急知识教育纳入教学内容，对学生进行应急知识教育，培养学生的安全意识和自救与互救能力，故选项 B 正确。国务院制定国家突发事件总体应急预案，组织制定国家突发事件专项应急预案；国务院有关部门根据各自的职责和国务院相关应急预案，制定国家突发事件部门应急预案。故选项 C 错误。新闻媒体应当无偿开展突发事件预防与应急、自救与互救知识的公益宣传，故选项 D 错误。

2. **【2014 年真题】** 依据《突发事件应对法》的规定，下列关于突发事件的预防与应急准备的说法，正确的是(　　)。

A. 应急预案制订机关应当按照本机关规定的修订程序修订应急预案

B. 可能引发社会安全事件的矛盾纠纷均应由县级以上人民政府及其有关部门负责调解处理

C. 各单位都应当制订具体应急预案，并及时采取措施消除隐患，防止发生突发事件

D. 新闻媒体应当无偿开展突发事件预防与应急、自救与互救知识的公益宣传

【答案】 D

【解析】 突发事件的预防与应急准备见表 3-8 的相关内容。选项 A、B、C 说法过于绝对。新闻媒体应当无偿开展突发事件预防与应急、自救与互救知识的公益宣传。故选项 D 正确。

考点九 监测与预警（表3-9）

表3-9 监测与预警

项 目		内 容
突发事件信息的收集与报告		《突发事件应对法》规定了政府及有关部门、专业机构应当通过多种途径收集突发事件信息，县级人民政府应当在居民委员会、村民委员会和有关单位建立专职或者兼职信息报告员制度，公民、法人和其他组织也有报告突发事件信息的义务。 《突发事件应对法》规定了对收集到的信息应当及时汇总分析，对突发事件的可能性及其可能造成的影响进行评估，认为可能发生重大或者特别重大突发事件的，应当立即报告或者通报
突发事件预警	分类	国家将自然灾害、事故灾难和公共卫生事件预警分为一级、二级、三级和四级，分别用红色、橙色、黄色和蓝色标示，一级为最高级别
	措施	1. 三级、四级警报后的措施 县级以上地方各级人民政府应当采取如下五种措施：①启动应急预案；②责令有关部门、专业机构、监测网点和负有特定职责的人员收集、报告有关信息，向社会公布反映突发事件信息的渠道，加强监测、预报和预警；③组织对突发事件信息进行分析评估，预测事件的可能性与影响范围和强度，以及可能发生的突发事件的级别；④向社会公布预测的信息和分析评估的结果，并对信息的报道进行管理；⑤及时发布警告、宣传减灾常识和公布咨询电话。 2. 一级、二级警报后的措施 县级以上人民政府除采取三级和四级警报后的措施之外，还要采取如下八种措施：①责令应急救援队伍、负有特定职责的人员进入待命状态，并动员后备人员做好参加应急救援和处置工作的准备；②调集应急救援所需物资、设备、工具，准备应急设施和避难场所，并确保其处于良好状态，随时可以投入正常使用；③加强对重点单位、重要部位和重要基础设施的安全保卫，维护社会治安秩序；④采取必要措施，确保交通、通信、供水、排水、供电、供气、供热等公共设施的安全和正常运行；⑤及时向社会发布有关采取特定措施避免或者减轻危害的建议、劝告；⑥转移、疏散或者撤离易受突发事件危害的人员并予以妥善安置，转移重要财产；⑦关闭或者限制使用易受突发事件危害的场所，控制或者限制容易导致危害扩大的公共场所的活动；⑧法律、法规、规章规定的其他必要的防范性、保护性措施

1. 【2015年真题】依据《突发事件应对法》的规定，国家将自然灾害、事故灾难和公共卫生事件的预警级别，按照突发事件发生的紧急程度、发展势态和可能造成的危害程度分为一级、二级、三级和四级，标示的颜色分别是（　　）。

A. 红色、黄色、蓝色和绿色　　　　　　B. 红色、橙色、黄色和绿色

C. 红色、紫色、橙色和黄色　　　　　　D. 红色、橙色、黄色和蓝色

【答案】D

【解析】突发事件预警的分类见表3-9的相关内容。该考点于2013～2015年均以单项选择题的形式进行了连续性的考核。

2. 【2014年真题】依据《突发事件应对法》的规定，事故灾难的预警级别按照发生的紧急程度、发展态势和可能造成的危害程度分为一级、二级、三级、四级，其中四级标示的颜色是（　　）。

A. 蓝色　　　　　　B. 橙色　　　　　　C. 红色　　　　　　D. 黄色

【答案】A

【解析】国家将自然灾害、事故灾难和公共卫生事件预警分为一级、二级、三级和四级，分别用红色、橙色、黄色和蓝色标示，一级为最高级别。

3.【2013年真题】依据《突发事件应对法》的规定，下列关于突发事件预警级别的说法，正确的是（   ）。

A. 分为一级、二级和三级，分别用红、橙和黄色标示，一级为最高级别

B. 分为一级、二级和三级，分别用黄、橙和红色标示，三级为最高级别

C. 分为一级、二级、三级和四级，分别用红、橙、黄和蓝色标示，一级为最高级别

D. 分为一级、二级、三级和四级，分别用蓝、黄、橙和红色标示，四级为最高级别

【答案】C

【解析】国家将自然灾害、事故灾难和公共卫生事件预警分为一级、二级、三级和四级，分别用红色、橙色、黄色和蓝色标示，一级为最高级别。

4.【2013年真题】依据《突发事件应对法》的规定，下列有关应急监测与预警的说法中，正确的是（   ）。

A. 乡级人民政府应当在村民委员会建立专职信息报告员制度

B. 县级人民政府应当通过多种途径收集突发事件信息

C. 对即将发生的社会安全事件，市级人民政府不得越级上报

D. 预警级别的划分标准由省级人民政府负责制订

【答案】B

【解析】《突发事件应对法》规定了政府及有关部门、专业机构应当通过多种途径收集突发事件信息，县级人民政府应当在居民委员会、村民委员会和有关单位建立专职或者兼职信息报告员制度，公民、法人和其他组织也有报告突发事件信息的义务。故选项A错误，选项B正确。突发事件发生之后，发生地县级人民政府应当立即采取措施控制事态发展，组织开展应急救援处置工作，并立即向上一级人民政府报告，必要时可以越级上报。故选项C错误。《突发事件应对法》授权国务院或者国务院规定的部门制订预警级别划分标准。故选项D错误。

5.【2012年真题】某矿区由于长期私挖滥采，为现生产煤矿遗留下重大水害隐患。近日该地区局部有雷雨天气，地方政府为防范矿井水害事故发生，发布了三级警报。根据《突发事件应对法》，警报发布后，地方政府应当采取的措施是（   ）。

A. 责令有关部门、专业机构和负有特定职责的人员收集、报告有关信息

B. 责令矿山应急救援队伍、负有特定职责的人员进入待命状态

C. 加强对重点煤矿、重要部位和重要基础设施的安全保卫

D. 转移、疏散或者撤离易受雷雨危害的煤矿人员并予以妥善安置

【答案】A

【解析】突发事件三级、四级警报后应采取的措施见表3-9的相关内容。

考点十 应急处置与救援（表 3-10）

表 3-10 应 急 处 置 与 救 援

项　　目		内　　容
应急处置措施	自然灾害、事故灾难或者公共卫生事件发生后的应急处置措施	《突发事件应对法》规定了十项措施： (1) 救助性措施，主要是对公民人身的救助。 (2) 控制性措施，主要是针对场所的强制。 (3) 保障性措施，主要是针对生命线工程系统。 (4) 保护性措施，阻止事件蔓延传播。 (5) 调用急需的物资、设备、设施和工具。 (6) 组织公民参与救援。 (7) 保障生活必需品的供应。 (8) 稳定市场的经济性管制。 (9) 维护社会稳定和治安的措施。 (10) 防止次生事件和衍生事件的措施
	信息的发布与传播	新闻媒体应当严格遵守有关法律、法规，客观、公正地进行新闻报道
	应急救援	受到自然灾害危害或者发生事故灾难、公共卫生事件的单位，应当立即组织本单位应急救援队伍和工作人员营救受害人员，疏散、撤离、安置受到威胁的人员，控制危险源，标明危险区域，封锁危险场所，并采取其他防止危害扩大的必要措施，同时向所在地县级人民政府报告

1.【2017 年真题】 依据《突发事件应对法》的规定，下列关于突发事件的应急处置与救援的说法，正确的是（　　）。

A. 突发事件发生后，履行统一领导职责或者组织处置突发事件的安全监管部门应当针对其性质、特点和危害程度，立即组织有关部门，调动应急救援队伍和社会力量，采取应急处置措施

B. 突发事件发生后，应当视具体情况采取应急措施，不得为稳定市场而采取经济性处置措施

C. 人民政府应当尊重公众的知情权，按照规定统一、准确、及时发布有关突发事件事态发展和应急处置工作的信息

D. 受到自然灾害危害或者发生事故灾难、公共卫生事件的单位，应当立即组织本单位应急救援队伍和工作人员营救受害人员，采取必要措施，同时向所在地市级人民政府报告

【答案】 C

【解析】 处置措施的法定条件是突发事件发生，实施的主体是履行统一领导职责或者组织处置突发事件的人民政府；具体要求是应当针对突发事件的性质、特点和危害程度；途径是组织有关部门，调动应急救援队伍和社会力量。故 A 选项错误。B 选项中"不得为稳定市场而采取经济性处置措施"属于反向表述，故错误。D 选项的正确表述应为"同时向所在地县级人民政府报告"。故 D 选项错误。

2.【2014 年真题】 某公司丢失了一枚放射源，可能会危害公共安全。依据《突发事件应对法》的规定，下列关于该公司报告的做法，正确的是(　　)。

A. 及时向当地人民政府报告

41

B. 待确定捡拾者后报告给当地人民政府

C. 待确定伤害情况后报告给当地人民政府

D. 待确定放射源是否泄漏后报告给当地人民政府

【答案】A

【解析】应急救援报告的规定见表3-10的相关内容。

章节练习

一、单项选择题（每题1分。每题的备选项中，只有1个最符合题意）

1. 依据《矿山安全法》的规定，矿山企业中，应当具备安全专业知识，具有领导安全生产和处理矿山事故的能力，并必须经过考核合格的人员是（   ）。

A. 总工程师   B. 安全生产管理人员

C. 矿长   D. 特种作业人员

2. 《矿山安全法》规定，矿山企业必须从（   ）中按照国家规定提取安全技术措施专项费用。

A. 企业营业额   B. 矿产品销售额

C. 企业利润   D. 再生产投入

3. 依据《矿山安全法》，矿山企业工会发现危及职工生命安全的情况时，有权采取的措施是（   ）。

A. 立即做出停止作业的决定

B. 立即组织职工撤离危险现场

C. 向矿山企业行政方面建议组织职工撤离危险现场

D. 立即启动企业生产安全事故应急预案

4. 依据《消防法》的规定，消防安全重点单位应当实行（   ）防火巡查，并建立巡查记录。

A. 每日   B. 每周   C. 每旬   D. 每月

5. 《矿山安全法》规定，每个矿井的两个安全出口之间的（   ）必须符合矿山安全规程和行业技术规范。

A. 垂直高度   B. 标高差

C. 相互连接通道   D. 直线水平距离

6. 依据《消防法》，志愿消防队参加扑救外单位火灾所损耗的燃料、灭火剂和器材、装备等，由（   ）给予补偿。

A. 火灾发生地人民政府公安消防机构   B. 火灾发生地人民政府

C. 火灾发生单位   D. 火灾发生地专职消防队

7. 《消防法》规定，机关、团体、企业、事业等单位应当对建筑消防设施每（   ）至少进行1次全面检测，确保完好有效，检测记录应当完整准确，存档备查。

A. 季度   B. 半年   C. 1年   D. 2年

8. 依据《道路交通安全法》的规定，道路交通事故的损失是由非机动车驾驶员、行人故意碰撞机动车造成的，机动车一方（   ）赔偿责任。

A. 应当承担   B. 适当减免   C. 可以承担   D. 不承担

9.《道路交通安全法》规定，设计最高时速低于(   )km 的机动车，不得进入高速公路。

A. 70   B. 75   C. 80   D. 85

10.《突发事件应对法》规定，国家将自然灾害、事故灾难和公共卫生事件预警分为一级、二级、三级和四级，其中，(   )代表最高级别。

A. 橙色   B. 黄色   C. 红色   D. 蓝色

11. 依据《消防法》，餐馆的火灾自动报警、消火栓等设施应当每(   )全面检测 1 次。

A. 半年   B. 1 年   C. 2 年   D. 3 年

二、**多项选择题**（每题 2 分。每题的备选项中，有 2 个或 2 个以上符合题意，至少有 1 个错项。错选，本题不得分；少选，所选的每个选项得 0.5 分）

1. 下列关于矿山企业安全管理的表述中，不符合《矿山安全法》规定的有(   )。

A. 矿长对本企业的安全生产工作负责

B. 矿长应当定期向职工代表大会或者职工大会报告安全生产工作，发挥职工代表大会的监督作用

C. 矿山企业职工仅有权对危害安全的行为，提出检举

D. 矿山企业召开讨论有关安全生产的会议，无需工会代表参加

E. 矿山企业必须对职工进行安全教育、培训；未经安全教育、培训的，不得上岗作业

2.《矿山安全法》规定，县级以上各级人民政府劳动行政主管部门对矿山安全工作行使的监督职责包括(   )。

A. 参加矿山建设工程安全设施的设计审查和竣工验收

B. 检查矿山劳动条件和安全状况

C. 检查矿山企业职工安全教育、培训工作

D. 审查批准矿山建设工程安全设施的设计

E. 组织矿长和矿山企业安全工作人员的培训工作

3.《消防法》规定，违反本法规定，有(   )行为，责令停止施工、停止使用或者停产停业，并处 3 万元以上 30 万元以下罚款。

A. 建设单位要求建筑设计单位或者建筑施工企业降低消防技术标准设计、施工的

B. 消防设计经公安机关消防机构依法抽查不合格，不停止施工的

C. 工程监理单位与建设单位或者建筑施工企业串通，弄虚作假，降低消防施工质量的

D. 建设工程投入使用后经公安机关消防机构依法抽查不合格，不停止使用的

E. 公众聚集场所未经消防安全检查或者经检查不符合消防安全要求，擅自投入使用、营业的

4. 司机驾驶机动车上道路行驶。下列情形中，违反《道路交通安全法》的是(   )。

A. 没有正确悬挂机动车号牌   B. 没有随车携带驾驶证

C. 没有张贴检验合格标志   D. 没有随车携带机动车登记证

E. 没有随车携带机动车行驶证

5.《突发事件应对法》规定，三级、四级警报后，县级以上地方各级人民政府应当采取

的措施包括(　　)。

A. 启动应急预案

B. 向社会公布预测的信息和分析评估的结果，并对信息的报道进行管理

C. 转移、疏散或者撤离易受突发事件危害的人员并予以妥善安置，转移重要财产

D. 调集应急救援所需物资、设备、工具，准备应急设施和避难场所，并确保其处于良好状态、随时可以投入正常使用

E. 组织对突发事件信息进行分析评估，预测事件的可能性与影响范围和强度，以及可能发生的突发事件的级别

6. 依据《消防法》，下列单位中，应当设立专职消防队，承担本单位火灾扑救工作的有(　　)。

A. 民用机场　　　　　　　　　　B. 大学

C. 核电站　　　　　　　　　　　D. 主要港口

E. 国家重点文物保护单位

章节练习答案

一、单项选择题

1. C　　2. B　　3. C　　4. A　　5. D　　6. B　　7. C　　8. D　　9. A　　10. C

11. B

二、多项选择题

1. CD　　　2. ABC　　　3. BDE　　　4. ABCE　　　5. ABE　　　6. ACD

第四章

安全生产相关法律

大纲要求

1.《刑法》：分析安全生产犯罪应承担的刑事责任。

2.《行政处罚法》：判断安全生产活动中违反行政管理秩序的行为及应受到的行政处罚。

3.《行政许可法》：掌握行政许可的基本规定，分析行政许可的设定、实施机关和实施程序、监督检查等方面的有关法律问题，判断设定行政许可的条件和实施行政许可的合法性。

4.《职业病防治法》：掌握职业病防治的基本规定，分析职业病前期预防、劳动过程中的防护与管理、职业病病人保障等方面的有关法律问题，判断违法行为及应负的法律责任。

5.《劳动法》：分析劳动安全卫生、女职工和未成年工特殊保护、社会保险和福利、劳动安全卫生监督检查等方面的有关法律问题，判断违法行为及应负的法律责任。

6.《劳动合同法》：分析劳动合同制度中有关安全生产和职业病方面的有关法律问题，判断违法行为及应负的法律责任。

考点汇总与分值解析

考点	分值　　　　　　年份	2012年	2013年	2014年	2015年	2017年
刑法	重大责任事故罪	1			1	
	强令违章冒险作业罪			1	1	1
	重大劳动安全事故罪		1	1		1
	不报、谎报事故罪		1			
	重大责任事故罪和重大劳动安全事故罪的定罪标准		2	2		
	量刑情节的规定	2				
行政处罚法	行政处罚概述			1		
	行政处罚的设定		1	2		
	处罚的管辖和适用	1	2		2	
	行政处罚的决定			1	1	1
	行政处罚的执行	1	1		1	1
行政许可法	行政许可的设定			1		
	行政许可的实施程序				1	1

分值 考点	年份	2012 年	2013 年	2014 年	2015 年	2017 年
行政许可法	法律责任		1			
劳动法	女工保护	1	1	1		1
	未成年工保护				1	
职业病防治法	职业病的范围				1	
	职业病的前期预防	1	1	3		
	用人单位职业病管理	3	3	2	1	1
	职业病诊断与职业病病人保障	1	3	2		
劳动合同法	劳动者的权利与义务	1				
	用人单位的权利与义务		2	1	1	1
	用人单位违法行为的法律责任	1		1		

考点精编与真题回顾

考点一　生产经营单位及其有关人员犯罪及其刑事责任（表 4 - 1）

表 4 - 1　　　　　　　生产经营单位及其有关人员犯罪及其刑事责任

项　　目	内　　容
重大责任事故罪	《刑法》规定，在生产、作业中违反有关安全管理的规定，因而发生重大伤亡事故或者造成其他严重后果的，处 3 年以下有期徒刑或者拘役；情节特别恶劣的，处 3 年以上 7 年以下有期徒刑。 重大责任事故罪，是指在生产、作业中违反有关安全管理的规定，因而发生重大伤亡事故或者造成其他严重后果的行为
强令违章冒险作业罪	《刑法》规定，强令他人违章冒险作业，因而发生重大伤亡事故或者造成其他严重后果的，处 5 年以下有期徒刑或者拘役；情节特别恶劣的，处 5 年以上有期徒刑
重大劳动安全事故罪	《刑法》规定，安全生产设施或者安全生产条件不符合国家规定，因而发生重大伤亡事故或者造成其他严重后果的，对直接负责的主管人员和其他直接责任人员，处 3 年以下有期徒刑或者拘役；情节特别恶劣的，处 3 年以上 7 年以下有期徒刑。 重大劳动安全事故罪，是指安全生产设施或者安全生产条件不符合国家规定，因而发生重大伤亡事故或者造成其他严重后果的行为
大型群众性活动重大事故罪	《刑法》规定，举办大型群众性活动违反安全管理规定，因而发生重大伤亡事故或者造成其他严重后果的，对直接负责的主管人员和其他直接责任人员，处 3 年以下有期徒刑或者拘役；情节特别恶劣的，处 3 年以上 7 年以下有期徒刑
不报、谎报事故罪	《刑法》规定，在安全事故发生后，负有报告职责的人员不报或者谎报事故情况，贻误事故抢救，情节严重的，处 3 年以下有期徒刑或者拘役；情节特别严重的，处 3 年以上 7 年以下有期徒刑

1.【2017 年真题】某企业安全生产设施不符合国家规定，导致一起 15 人死亡的重大事故。依据《刑法》有关规定，该企业直接负责的主管人员涉嫌构成的罪名是（　　　）。

A. 重大劳动安全事故罪　　　　　　　　B. 重大责任事故罪

C. 以危险方法危害公共安全罪　　　　　　　D. 玩忽职守罪

【答案】A

【解析】《刑法》规定："安全生产设施或者安全生产条件不符合国家规定，因而发生重大伤亡事故或者造成其他严重后果的，对直接负责的主管人员和其他直接责任人员，处3年以下有期徒刑或者拘役；情节特别恶劣的，处3年以上7年以下有期徒刑。"

2.【2017年真题】某煤矿发生煤层着火，为保护采掘设备不受损害，总工程师刘某强令作业人员冒险进入巷道进行抢救，结果造成5人死亡。依据《刑法》有关规定，刘某的违法情节属特别恶劣，刘某应当被判处的刑罚是（　　　）。

　　A. 3年以下有期徒刑　　　　　　　　　　　B. 5年以下有期徒刑

　　C. 3年以上5年以下有期徒刑　　　　　　　D. 5年以上有期徒刑

【答案】D

【解析】《刑法》规定："强令他人违章冒险作业，因而发生重大伤亡事故或者造成其他严重后果的，处5年以下有期徒刑或者拘役；情节特别恶劣的，处5年以上有期徒刑。"

3.【2015年真题】某矿井井下工人在工作时发现矿井通风设备出现故障，遂向当班副矿长报告。副矿长因急于下班回家，未及时安排人员维修，导致瓦斯聚集发生爆炸，造成21人死亡、1人重伤。依据《刑法》的规定，副矿长的行为构成（　　　）。

　　A. 重大责任事故罪　　　　　　　　　　　B. 玩忽职守罪

　　C. 重大劳动安全事故罪　　　　　　　　　D. 危险物品肇事罪

【答案】A

【解析】重大责任事故罪的规定见表4-1的相关内容。该考点为高频考点，于2011年、2012年、2015年均以单项选择题的形式进行了考核。

4.【2015年真题】某技改煤矿生产矿长助理张某，在明知井下瓦斯传感器位置不当，不能准确检测瓦斯数据，安全生产存在重大隐患情况下，仍强行组织超过技改矿下井人数限制的大批工人下井作业，最终导致6人死亡的严重后果。依据《刑法》的有关规定，对张某应予判处（　　　）。

　　A. 3年以下有期徒刑　　　　　　　　　　　B. 3年以上7年以下有期徒刑

　　C. 5年以下有期徒刑　　　　　　　　　　　D. 5年以上有期徒刑

【答案】D

【解析】强令他人冒险作业罪的规定见表4-1的相关内容。该考点为高频考点，于2011年、2014年、2015年均以单项选择题的形式进行了考核。

5.【2014年真题】某化工企业因安全生产设施不符合国家规定，发生事故，造成6人死亡的严重后果。依据《刑法》的规定，直接负责的主管人员触犯的刑法罪名是（　　　）。

　　A. 重大责任事故罪　　　　　　　　　　　B. 重大劳动安全事故罪

　　C. 危险物品肇事罪　　　　　　　　　　　D. 消防责任事故罪

【答案】B

【解析】重大劳动安全事故罪的规定见表4-1的相关内容。

6.【2014年真题】依据《刑法》的规定，由于强令他人违章冒险作业而导致重大伤亡事故发生或者造成其他严重后果，情节特别恶劣的，应处有期徒刑（　　　）。

　　A. 10年以上　　　　　　　　　　　　　　B. 7年以上

C. 5 年以上　　　　　　　　　　　　　D. 3 年以上

【答案】C

【解析】《刑法》规定，强令他人违章冒险作业，因而发生重大伤亡事故或者造成其他严重后果的，处 5 年以下有期徒刑或者拘役；情节特别恶劣的，处 5 年以上有期徒刑。

7.【2013 年真题】陈某承包经营的电镀厂，未按照国家标准为电镀设备安装漏电保护装置，导致 2 名工人作业时触电死亡。依据《刑法》的规定，陈某的行为构成（　　　）。

A. 失职渎职罪　　　　　　　　　　　　B. 重大劳动安全事故罪

C. 强令违章冒险作业罪　　　　　　　　D. 玩忽职守罪

【答案】B

【解析】重大劳动安全事故罪，是指安全生产设施或者安全生产条件不符合国家规定，因而发生重大伤亡事故或者造成其他严重后果的行为。

8.【2013 年真题】某煤矿发生透水事故，当场死亡 5 人，主管安全生产的副总经理李某未向有关部门报告，贻误了事故抢险救援的时机，又导致 3 人死亡。依据《刑法》及相关规定，对李某的刑事处罚，下列说法正确的是（　　　）。

A. 应处 3 年以下有期徒刑　　　　　　　B. 应处 7 年以上有期徒刑

C. 应处 3 年以上 7 年以下有期徒刑　　　D. 应处以拘役

【答案】C

【解析】《刑法》规定，在安全事故发生后，负有报告职责的人员不报或者谎报事故情况，贻误事故抢救，情节严重的，处 3 年以下有期徒刑或者拘役；情节特别严重的，处 3 年以上 7 年以下有期徒刑。《最高人民法院、最高人民检察院关于办理危害矿山生产安全刑事案件具体应用法律若干问题的解释》规定，导致事故后果扩大，增加死亡 3 人以上，或者增加重伤 10 人以上，或者增加直接经济损失 300 万元以上的属于"情节特别严重"的情形。

考点二　行政处罚概述（表4-2）

表 4-2　　　　　　　　　　　　　行 政 处 罚 概 述

项　　目	内　　　容
特征	(1) 行政处罚由法定的国家机关和组织实施。 (2) 行政处罚的对象是实施了违法行为，应当给予处罚的行政相对人。 (3) 行政处罚是对违法行为人的制裁，具有惩戒性。 (4) 行政处罚必须在法律规定范围内实施。 (5) 行政处罚必须依照法定程序实施
种类	行政处罚的种类：人身自由罚、行为罚、财产罚、声誉罚。 《行政处罚法》规定，行政处罚的种类：警告；罚款；没收违法所得、没收非法财物；责令停产停业；暂扣或者吊销许可证、暂扣或者吊销执照；行政拘留；法律、行政法规规定的其他行政处罚
基本原则	(1) 处罚法定原则。 (2) 处罚公正、公开原则。 (3) 处罚与教育相结合原则。 (4) 权利保障原则。 (5) 一事不再罚原则
行政相对人的权利	陈述权、申辩权、复议权、诉讼权、索赔权

【2014年真题】根据不同的标准，行政处罚有不同的分类。下列行政处罚中属于行为罚的是（　　）。

A. 罚款

B. 销毁违禁物品

C. 责令停产停业

D. 没收违法所得

【答案】C

【解析】行为罚又称能力罚、资格罚，即以剥夺或限制人的资格为内容的处罚。如责令停产停业、吊销营业执照等。财产罚是使被处罚人的财产权利和利益受到损害的行政处罚。如罚款、没收违法所得、销毁违禁物品等。

考点三　处罚设定权的立法配置（表4-3）

表4-3   处罚设定权的立法配置

项　　目	内　　容
法律设定的行政处罚	《行政处罚法》规定，法律可以设定各种行政处罚。限制人身自由的行政处罚，只能由法律设定
行政法规设定的行政处罚	《行政处罚法》规定，行政法规可以设定除限制人身自由以外的行政处罚。法律对违法行为已经做出行政处罚规定，行政法规需要做出具体规定的，必须在法律规定的给予行政处罚的行为、种类和幅度的范围内规定
地方性法规设定的行政处罚	《行政处罚法》规定，地方性法规可以设定除限制人身自由、吊销企业营业执照以外的行政处罚。法律、行政法规对违法行为已经做出行政处罚规定，地方性法规需要做出具体规定的，必须在法律、行政法规规定的给予行政处罚的行为、种类和幅度的范围内规定
部门规章设定的行政处罚	国务院部、委员会制定的规章可以在法律、行政法规规定的给予行政处罚的行为、种类和幅度的范围内做出具体规定。尚未制定法律、行政法规的，前款规定的国务院部、委员会制定的规章对违反行政管理秩序的行为，可以设定警告或者一定数量罚款的行政处罚
地方政府规章设定的行政处罚	省、自治区、直辖市人民政府和省、自治区人民政府所在地的市人民政府以及国务院批准的较大的市人民政府制订的规章，可以在法律、法规规定的给予行政处罚的行为、种类和幅度的范围内做出具体规定。尚未制订法律、法规的，上述人民政府制订的规章对违反行政管理秩序的行为，可以设定警告或者一定数量罚款的行政处罚

1. 【2014年真题】依据《行政处罚法》的规定，下列关于行政处罚设定的说法，正确的有（　　）。

A. 限制人身自由的行政处罚，只能由法律设定

B. 行政法规可以设定除限制人身自由、吊销营业执照以外的行政处罚

C. 地方性法规可以设定除限制人身自由、吊销营业执照以外的行政处罚

D. 地方性法规必须在法律法规和规章规定的给予行政处罚的行为、种类和幅度范围内做出规定

E. 尚未制定法律、行政法规的，国务院部、委员会制定的规章对违反行政管理秩序的行为，可以设定警告或者一定数量罚款的行政处罚

【答案】ACE

【解析】行政处罚设定的规定见表4-3的相关内容。该考点于2013年以单项选择题的形式进行了考核。

2. 【2013年真题】根据《行政处罚法》的规定，下列关于行政处罚设定的说法，正确的是（　　）。

A. 行政法规可以设定除限制人身自由、吊销企业营业执照以外的行政处罚

B. 地方性法规可以设定除限制人身自由、没收违法所得以外的行政处罚

C. 国务院部、委发布的规章可以设定一定数量罚款或责令停产停业的行政处罚

D. 国务院批准的较大的市人民政府制定的规章可以设定警告或一定数量罚款的行政处罚

【答案】D

【解析】《行政处罚法》规定，行政法规可以设定除限制人身自由以外的行政处罚。地方性法规可以设定除限制人身自由、吊销企业营业执照以外的行政处罚。国务院各部委制定的规章可以在法律、行政法规规定给予行政处罚的行为、种类和幅度的范围内做出具体规定。尚未制定法律、行政法规的，国务院各部委制定的规章对违反行政管理秩序的行为，可以设定警告和一定数量罚款的行政处罚。省、自治区、直辖市人民政府和省、自治区人民政府所在地的市人民政府以及国务院批准的较大的市人民政府制定的规章，可以在法律、法规规定的给予行政处罚的行为、种类和幅度的范围内做出具体规定。尚未制定法律、法规的，上述人民政府制定的规章对违反行政管理秩序的行为，可以设定警告或者一定数量罚款的行政处罚。

考点四 处罚的管辖和适用（表4-4）

表4-4 处罚的管辖和适用

项　　目		内　　容
管辖		职能管辖、地域管辖、级别管辖、指定管辖
适用	应受处罚的构成要件	（1）必须已经实施了违法行为。 （2）违法行为属于违反行政法规范的性质，行政处罚只能针对违反行政法规范的行为。 （3）实施违法行为的人是具有责任能力的行政管理相对人。 （4）依法应当受到处罚。 《行政处罚法》规定，不满14岁的人有违法行为，不予行政处罚；精神病人在不能辨认或者不能控制自己行为时有违法行为的，不予行政处罚
	从轻或者减轻处罚	根据《行政处罚法》的规定，从轻或者减轻处罚适用以下情况： （1）已满14周岁不满18周岁的人有违法行为的。 （2）主动消除或者减轻违法行为危害后果的。 （3）受他人胁迫有违法行为的。 （4）配合行政机关查处违法行为有立功表现的。 （5）其他依法从轻或者减轻行政处罚的
	不予处罚的规定	《行政处罚法》规定，有下列情形的不予处罚： （1）不满14周岁的人有违法行为的。 （2）精神病人在不能辨认或者不能控制自己行为时有违法行为的。 （3）违法行为轻微并及时纠正，没有造成危害后果的
	行政处罚的追诉时效	《行政处罚法》规定，违法行为在2年内未被发现的，不再给予行政处罚。法律另有规定的除外。 前款规定的期限，从违法行为发生之日起计算；违法行为有连续或者继续状态的，从行为终了之日起计算
	适用上的其他问题	《行政处罚法》规定，违法行为构成犯罪，人民法院判处拘役或者有期徒刑时，行政机关已经给予当事人行政拘留的，应当依法折抵相应刑期。违法行为构成犯罪，人民法院判处罚金，行政机关已经给予当事人罚款的，应当折抵相应罚金

1.【2015年真题】依据《行政处罚法》的规定，下列情形中，可以从轻处罚的有(   )。

A. 不满14周岁的人有违法行为的 　　　B. 违法行为在2年后被发现的

C. 配合行政机关查处违法行为有立功表现的　D. 受他人胁迫有违法行为的

E. 违法行为轻微并及时纠正，未造成危害后果的

【答案】CD

【解析】可以从轻处罚的情形见表4-4的相关内容。选项A、B、E属于不予处罚的情形。

2.【2013年真题】依据《行政处罚法》的规定，下列关于行政处罚适用的说法，正确的是(   )。

A. 15周岁的张某有违法行为，不予行政处罚，责令监护人严加管教

B. 16周岁的王某有违法行为，应当在法定行政处罚幅度的最低限以下给予处罚

C. 间歇性精神病人李某在不能控制自己行为时的违法行为，不予行政处罚

D. 赵某实施违法行为后主动消除了危害后果，应当依法从轻或者减轻行政处罚

E. 钱某的违法行为构成犯罪，人民法院对其判处罚金，行政罚款应当折抵罚金

【答案】CDE

【解析】行政处罚适用的规定见表4-4的相关内容。

3.【2012年真题】根据《行政处罚法》，下列关于行政处罚适用的说法中，正确的是(   )。

A. 精神病人在不能辨认或者不能控制自己行为时有违法行为的，应当从轻行政处罚

B. 对当事人的同一个违法行为，可以给予2次以上罚款的行政处罚

C. 不满14周岁的人有违法行为的，不予行政处罚

D. 受他人胁迫有违法行为的，不予行政处罚

【答案】C

【解析】行政处罚适用的规定见表4-4的相关内容。

考点五　行政处罚的决定程序（表4-5）

表4-5　　　　　　　　　　　　　　　行政处罚的决定程序

项　目	内　容
简易程序	《行政处罚法》规定，违法事实确凿并有法定依据，对公民处以50元以下、对法人或者其他组织处以1000元以下罚款或者警告的行政处罚的，可以当场做出行政处罚决定
一般程序	根据《行政处罚法》的规定，一般程序包括：①立案；②调查取证；③审查调查结果；④制作行政处罚决定书。 　《行政处罚法》规定，行政机关在调查或者进行检查时，执法人员不得少于2人，并应当向当事人或者有关人员出示证件。 　根据《行政处罚法》的规定，对违法行为调查终结，行政机关负责人应当审查调查结果，酌情分别做出决定： 　(1) 确有应受行政处罚的违法行为的，根据情节轻重及具体情况，作出行政处罚决定。 　(2) 违法行为轻微，依法可以不予行政处罚的，不予行政处罚。 　(3) 违法事实不能成立的，不得给予行政处罚。 　(4) 违法行为已构成犯罪的，移送司法机关

项　目	内　容
听证程序	《行政处罚法》规定，行政机关做出责令停产停业、吊销许可证或者执照、较大数额罚款等行政处罚决定之前，应当告知当事人有要求举行听证的权利；当事人要求听证的，行政机关应当组织听证。当事人不承担行政机关组织听证的费用。听证依照以下程序组织： 　　(1) 当事人要求听证的，应当在行政机关告知后 3d 内提出。 　　(2) 行政机关应当在听证的 7d 前，通知当事人举行听证的时间、地点。 　　(3) 除涉及国家秘密、商业秘密或者个人隐私外，听证公开举行。 　　(4) 听证由行政机关指定的非本案调查人员主持；当事人认为主持人与本案有直接利害关系的，有权申请回避。 　　(5) 当事人可以亲自参加听证，也可以委托 1～2 人代理。 　　(6) 举行听证时，调查人员提出当事人违法的事实、证据和行政处罚建议；当事人进行申辩和质证。 　　(7) 听证应当制作笔录；笔录应当交当事人审核无误后签字或者盖章

1.【2017 年真题】依据《行政处罚法》的行政处罚决定程序，当调查终结，行政机关负责人应当审查调查结果，酌情做出决定，下列决定正确的是（　　）。

A. 违法行为轻微的，不得给予行政处罚

B. 确有应受行政处罚的违法行为的，从重作出行政处罚决定

C. 违法行为已构成犯罪的，应当予以行政处罚后移送司法机关

D. 违法事实不能成立的，不得给予行政处罚

【答案】D

【解析】根据《行政处罚法》规定，对违法行为调查终结，行政机关负责人应当审查调查结果，酌情分别做出决定：①确有应受行政处罚的违法行为的，根据情节轻重及具体情况，作出行政处罚决定。②违法行为轻微，依法可以不予行政处罚的，不予行政处罚。③违法事实不能成立的，不得给予行政处罚。④违法行为已构成犯罪的，移送司法机关。

2.【2015 年真题】某企业因存在重大违法行为，被行政机关责令停产停业。依据《行政处罚法》的规定，下列关于行政处罚听证的说法，正确的是（　　）。

A. 该企业要求听证的，应当在行政机关告知后 7d 内提出

B. 举行听证的费用应该由行政机关和该企业合理分担

C. 行政机关应当在听证的 7d 前，通知该企业举行听证的时间、地点

D. 听证一般不会向社会公开，经该企业申请且行政机关同意的可以公开

【答案】C

【解析】行政处罚听证程序的规定见表 4-5 的相关内容。

3.【2014 年真题】某煤矿安全监察机构对煤矿企业进行安全监察时，发现安全监控系统不完善，决定对该煤矿企业做出行政处罚。依据《行政处罚法》的规定，下列关于当场做出行政处罚的做法，正确的是（　　）。

A. 当场制作对该企业处 1000 元罚款的行政处罚决定书，宣读后，交付在场的企业负责人

B. 当场制作对该企业处 1500 元罚款的行政处罚决定书，宣读后，交付在场的企业负责人

C. 当场口头做出罚款 1000 元的行政处罚决定，10d 后补办书面决定书并送达给该企业

D. 当场口头做出罚款 1000 元的行政处罚决定，10d 后补办书面决定书并以挂号函件方式邮寄给该企业

【答案】A

【解析】简易程序的规定见表 4-5 的相关内容。

考点六 行政处罚的执行程序 (表 4-6)

表 4-6 行政处罚的执行程序

项 目	内 容
实行处罚机关与收缴罚款机构相分离	《行政处罚法》规定，做出罚款决定的行政机关应当与收缴罚款的机构分离。除依照《行政处罚法》第 47 条、第 48 条的规定当场收缴的罚款外，做出行政处罚决定的行政机关及其执法人员不得自行收缴罚款。 当事人应当自收到行政处罚决定书之日起 15d 内，到指定的银行缴纳罚款。银行应当收受罚款，并将罚款直接上缴国库。 依照《行政处罚法》第 33 条的规定，当场做出行政处罚决定，有下列情形之一的，执法人员可以当场收缴罚款： (1) 依法给予 20 元以下的罚款的。 (2) 不当场收缴事后难以执行的。 在边远、水上、交通不便地区，行政机关及其执法人员依照《行政处罚法》第 33 条、第 38 条的规定做出罚款决定后，当事人向指定的银行缴纳罚款确有困难，经当事人提出，行政机关及其执法人员可以当场收缴罚款。 行政机关及其执法人员当场收缴罚款的，必须向当事人出具省、自治区、直辖市财政部门统一制发的罚款收据；不出具财政部门统一制发的罚款收据的，当事人有权拒绝缴纳罚款。执法人员当场收缴的罚款，应当自收缴罚款之日起 2d 内，交至行政机关；在水上当场收缴的罚款，应当自抵岸之日起 2d 内交至行政机关；行政机关应当在 2d 内将罚款缴付指定的银行
严格实行收支两条线	《行政处罚法》规定，罚款、没收违法所得或者没收非法财物拍卖的款项，必须全部上缴国库，任何行政机关或者个人不得以任何形式截留、私分或者变相私分；财政部门不得以任何形式向做出行政处罚决定的行政机关返还罚款、没收的违法所得或者返还没收非法财物的拍卖款项
行政处罚的强制执行	《行政处罚法》规定，行政处罚依法做出后，当事人应当在行政处罚决定的期限内，予以履行。 当事人对行政处罚决定不服申请行政复议或者提起行政诉讼的，行政处罚不停止执行，法律另有规定的除外。 根据《行政处罚法》的规定实行强制执行有三种措施：①到期不缴纳罚款的，每日按罚款数额的 3‰加处罚款；②根据法律规定，将查封、扣押的财物拍卖或者将冻结的存款划拨抵缴罚款；③申请人民法院强制执行

1. 【2017 年真题】某行政机关给予某用人单位 2 元罚款。依据《行政处罚法》的规定，下列关于行政处罚执行的说法，正确的是 ( )。

A. 该单位对行政处罚决定不服申请行政复议的，行政处罚应当停止执行

B. 执法人员应当当场收缴罚款，并出具罚款收据

C. 该单位应当自收到行政处罚决定书之日起 15 日内，到指定的银行缴纳罚款

D. 该单位到期未缴纳罚款，行政机关可每日按罚款数额的 5% 加处罚款

【答案】C

【解析】当事人对行政处罚决定不服申请行政复议或者提起行政诉讼的，行政处罚不停止执行，法律另有规定的除外。故 A 选项错误。在行政处罚决定做出后，作出罚款决定的行政机关及其工作人员不能自行收缴罚款，而由当事人自收到处罚决定书之日起 15 日内到指定的银行缴纳罚款，银行将收缴的罚款直接上缴国库。但在以下情况下，可以当场收缴罚款：①依法给予 20 元以下罚款的；②不当场收缴事后难以执行的；③在边远、水上、交通不便地区，当事人向指定的银行缴纳罚款确有困难，经当事人提出，行政机关及其执法人员可以当场收缴罚款。到期不缴纳罚款的，每日按罚款数额的 3% 加处罚款。故 D 选项错误。

2. 【2015 年真题】依据《行政处罚法》的规定，下列关于行政处罚执行程序的说法，正确的是(   )。

A. 当事人对行政处罚决定不服申请行政复议或者提起行政诉讼的，行政处罚暂缓执行

B. 除法律规定可当场收缴罚款的情形外，做出行政处罚决定的行政机关及其执法人员不得自行收缴罚款

C. 当事人拒不履行法定义务的，行政机关只能申请法院强制执行

D. 行政机关及其执法人员当场收缴罚款的，必须向当事人出具本部门统一制发的罚款收据

【答案】B

【解析】行政处罚强制执行的规定见表 4 - 6 的相关内容。

3. 【2013 年真题】依据《行政处罚法》的规定，当事人逾期不履行行政处罚决定的，下列执行措施中，处罚机关可以采取的是(   )。

A. 到期不缴罚款的，每日按罚款额 3% 加处罚款

B. 将查封的财物作价充抵罚款

C. 自行将扣押的财物拍卖抵缴罚款

D. 自行或者申请人民法院强制执行

【答案】A

【解析】实施行政强制执行的措施见表 4 - 6 的相关内容。

4. 【2012 年真题】某市安全监管部门对一安全生产许可证过期但仍组织生产的企业实施行政处罚，该企业不服行政处罚决定，申请行政复议。根据《行政处罚法》，在行政复议期间，该项行政处罚(   )。

A. 暂停执行   B. 不停止执行

C. 延期执行   D. 中止执行

【答案】B

【解析】行政处罚强制执行的规定见表 4 - 6 的相关内容。

考点七 行政许可的特征、种类、原则及设定权限（表4-7）

表4-7 行政许可的特征、种类、原则及设定权限

项 目	内 容
特征	(1) 行政许可是一种行政行为。 (2) 行政许可是依据申请的行政行为。 (3) 行政许可是有限设禁和解禁的行政行为。 (4) 行政许可是授益性行政行为。 (5) 行政许可是要式行政行为
种类	(1)《行政许可法》将行政许可分为五类：一般许可（或称普通许可）、特许、认可、核准和登记。 (2) 行为许可与资格许可。 (3) 权利性许可与附义务许可。 (4) 长期许可、短期许可与临时许可
原则	(1) 许可法定原则。 (2) 许可公开、公平、公正原则。 (3) 许可便民、效率原则。 (4) 保障被许可人合法权利原则。 (5) 许可监督检查原则
设定权限	法律、法规、规章的设定权包括： (1) 法律可以根据需要设定任何一种形式的许可。 (2) 行政法规除有权对法律设定的许可作具体规定外，还可以根据需要，在不违反法律、不侵害公民法人合法权益情况下设定其他许可。 (3) 地方性法规除对法律法规设定的许可作具体规定外，有权在本辖区内结合地方特色和需要设定许可，但不得违反法律、行政法规，不得妨碍国家统一的管理权限和公民人身自由和财产权利。 (4) 规章有权根据需要就法定事项规定许可标准、许可条件、许可程序和其他内容，但不得与法律法规相抵触。规章以下规范性文件不得规定任何行政许可

【2014年真题】依据《行政许可法》的规定，下列关于设定行政许可的说法，正确的是（ ）。

A. 地方性法规在不与法律、行政法规抵触的情况下，可以设定任何种类的行政许可

B. 法律可以根据需要设定任何一种形式的行政许可

C. 规章可对法律、法规设定的行政许可做出具体规定，并可增设行政许可条件

D. 行政法规无权对法律设定的行政许可做出具体规定

【答案】B

【解析】行政许可的设定权限见表4-7的相关内容。

考点八 行政许可的实施程序（表4-8）

表4-8 行政许可的实施程序

项　目	内　容
行政许可的申请与受理	《行政许可法》规定，行政机关不得要求申请人提交与其申请事项的行政许可事项无关的技术资料和其他材料。 行政许可机关在对申请材料进行形式上审查后，可能会做出： （1）及时告知不受理。 （2）及时做出不予受理决定。 （3）允许当事人当场更正。 （4）告知申请人进行补正后提出申请。 （5）直接接受申请
行政许可的审查与决定	申请人提交的申请材料齐全、符合法定形式，行政机关能够当场做出决定的，应当当场做出书面的行政许可决定。 根据《行政许可法》的规定，行政许可决定的类型主要有两种形式，即准予行政许可的决定和不予许可的决定
行政许可的听证	（1）行政机关应当于举行听证的7d前将举证的时间、地点通知申请人，利害关系人，必要时予以公告。 （2）听证应当公开举行。 （3）行政机关应当指定审查该行政许可申请的工作人员以外的人员为听证主持人，申请人、利害关系人认为主持人与该行政许可事项有直接利害关系的，有权申请回避。 （4）举行听证时，审查该行政许可申请的工作人员应当提供审查意见的证据、理由，申请人、利害关系人可以提出证据，并进行申辩和质证。 （5）听证应当制作笔录，听证笔录应当交听证参加人确认无误后或者盖章。行政机关应当根据听证笔录，做出行政许可决定

1.【2017年真题】依据《行政许可法》的规定，下列关于行许可听证程序的说法，正确的是（　　）。

A. 行政机关可以于听证的 5 日前将举行听证的时间和地点通知申请人、利害关系人，必要时予以公告

B. 听证应当公开举行

C. 行政机关应当指定审查该行政许可申请的工作人员为听证主持人，申请人，利害关系人认为主持人与该行政许可事项有直接利害关系的，有权申请回避

D. 听证费用由申请人承担

【答案】B

【解析】行政机关应当于举行听证的 7 日前将举证的时间、地点通知申请人，利害关系人，必要时予以公告。故 A 选项错误。听证应当公开举行。故 B 选项正确。行政机关应当指定审查该行政许可申请的工作人员以外的人员为听证主持人，申请人、利害关系人认为主持人与该行政许可事项有直接利害关系的，有权请求回避。故 C 选项错误。申请人、利害关系人不承担行政机关组织听证的费用。故 D 选项错误。

2.【2015年真题】依据《行政许可法》的规定，下列关于行政机关对申请人行政许可申请做出处理的说法，正确的是(　　)。

A. 申请事项依法不需要取得行政许可的，应当在 5d 内告知申请人不受理

B. 申请事项依法不属于本行政机关职权范围的，应当在 3d 内转交有关行政机关处理

C. 申请材料存在可以当场更正的错误的，应当允许申请人当场更正

D. 申请材料不齐全或者不符合法定形式的，应当当场或者在 7d 内 1 次告知申请人需要补正的全部内容

【答案】C

【解析】《行政许可法》规定，行政机关对申请人提出的行政许可申请，应当根据下列情况分别做出处理：

(1) 申请事项依法不需要取得行政许可的，应当即时告知申请人不受理。

(2) 申请事项依法不属于本行政机关职权范围的，应当即时做出不予受理的决定，并告知申请人向有关行政机关申请。

(3) 申请材料存在可以当场更正的错误的，应当允许申请人当场更正。

(4) 申请材料不齐全或者不符合法定形式的，应当当场或者在 5d 内一次告知申请人需要补正的全部内容，逾期不告知的，自收到申请材料之日起即为受理。

(5) 申请事项属于本行政机关职权范围，申请材料齐全、符合法定形式，或者申请人按照本行政机关的要求提交全部补正申请材料的，应当受理行政许可申请。

考点九 行政相对人的法律责任（表 4-9）

表 4-9   行政相对人的法律责任

违法行为	法律责任
隐瞒有关情况或者提供虚假材料申请行政许可的	行政许可申请人隐瞒有关情况或者提供虚假材料申请行政许可的，行政机关不予受理或者不予行政许可，并给予警告；行政许可申请属于直接关系公共安全、人身健康、生命财产安全事项的，申请人在 1 年内不得再次申请该行政许可
以欺骗、贿赂等不正当手段取得行政许可的	被许可人以欺骗、贿赂等不正当手段取得行政许可的，行政机关应当依法给予行政处罚；取得的行政许可属于直接关系公共安全、人身健康、生命财产安全事项的，申请人在 3 年内不得再次申请该行政许可；构成犯罪的，依法追究刑事责任
应给以行政处罚或追究刑事责任的行为	被许可人有下列行为之一的，行政机关应当依法给予行政处罚；构成犯罪的，依法追究刑事责任： (1) 涂改、倒卖、出租、出借行政许可证件，或者以其他形式非法转让行政许可的。 (2) 超越行政许可范围进行活动的。 (3) 向负责监督检查的行政机关隐瞒有关情况、提供虚假材料或者拒绝提供反映其活动情况的真实材料的。 (4) 法律、法规、规章规定的其他违法行为
未经行政许可，擅自从事依法应当取得行政许可的活动的	公民、法人或者其他组织未经行政许可，擅自从事依法应当取得行政许可的活动的，行政机关应当依法采取措施予以制止，并依法给予行政处罚；构成犯罪的，依法追究刑事责任

【2013 年真题】依据《行政许可法》的规定，被许可人以欺骗贿赂等不正当手段取得行政许可的，行政机关除依法给予行政处罚外，如取得的行政许可属于直接关系公共安全、人身健康、生命财产安全事项的，则许可人(　　)年内不得再次申请该行政许可。

A. 3   B. 5   C. 7   D. 10

【答案】A

【解析】以欺骗、贿赂等不正当手段取得行政许可的法律责任见表 4-9 的相关内容。

考点十 女职工和未成年工的特殊保护（表4-10）

表4-10   女职工和未成年工的特殊保护

项　　目	内　　容
女职工保护	（1）禁止用人单位安排女工从事矿山井下、国家规定的第四级体力劳动强度的劳动和其他禁忌从事的劳动。 （2）禁止用人单位安排女职工在经期从事高处、低温、冷水作业和国家规定的第三级体力劳动强度的劳动。 （3）禁止用人单位安排女职工在怀孕期间从事国家规定的第三级体力劳动强度的劳动和孕期禁忌从事的活动。对怀孕7个月以上的职工，不得安排其延长工作时间和夜班劳动。 （4）禁止用人单位安排女职工在哺乳未满1周岁婴儿期间从事国家规定的第三级体力劳动强度的劳动和哺乳期禁忌从事的其他劳动，不得延长其工作时间和夜班劳动
未成年工保护	未成年工是指年满16周岁未满18周岁的劳动者。 （1）禁止用人单位安排未成年工从事矿山井下、有毒有害、国家规定的第四级体力劳动强度的劳动和其他禁忌从事的劳动。 （2）要求用人单位应当对未成年工定期进行健康检查

1.【2017年真题】 某女职工处于哺乳未满1周岁的婴儿期间，根据《劳动法》的规定，用人单位对该女职工工作的安排，正确的是（　　）。

A. 可以安排夜班劳动

B. 可以适当延长其工作时间

C. 安排国家规定的第二级体力劳动强度的劳动

D. 安排国家规定的第三级体力劳动强度的劳动

【答案】C

【解析】禁止用人单位安排女职工在哺乳未满1周岁婴儿期间从事国家规定的第三级体力劳动强度的劳动和哺乳期禁忌从事的其他劳动，不得延长其工作时间和夜班劳动。

2.【2015年真题】 某汽车制造公司从技校毕业生中招收了一批新员工，拟安排从事喷漆作业。依据《劳动法》的规定，该公司拟安排从事喷漆作业的新员工应至少年满（　　）周岁。

A. 16　　　　　　　B. 18　　　　　　　C. 20　　　　　　　D. 22

【答案】B

【解析】未成年工的年龄规定见表4-10的相关内容。

3.【2014年真题】 依据《劳动法》的规定，用人单位不得安排女职工在哺乳未满1周岁的婴儿期间从事的工作是（　　）。

A. 第一级体力劳动强度的劳动　　　　　　B. 夜班劳动

C. 电工　　　　　　　　　　　　　　　　D. 驾驶机动车

【答案】B

【解析】女职工特殊保护的规定见表4-10的相关内容。关于女职工特殊保护的规定为高频考点，考生应熟练掌握。

4.【2013年真题】 依据《劳动法》的规定，下列企业对女职工的工作安排，符合女职工特殊保护规定的是（　　）。

A. 某矿山企业临时安排女职工到井下工作1d

B. 某翻译公司安排已怀孕 3 个月的女职工本周每天加班 1h

C. 某医院安排女护士（孩子 5 个月大）值夜班

D. 某食品公司安排女职工在例假期间从事冷库搬运作业

【答案】B

【解析】女职工特殊保护的规定见表 4 - 10 的相关内容。该考点于 2011 年、2012 年也均以单项选择题的形式进行了考核。

5.【2012 年真题】根据《劳动法》，下列关于女职工特殊保护的说法中，正确的是（　　）。

A. 禁止安排女职工从事矿山井下、国家规定的第三级体力劳动强度的劳动和其他禁忌从事的劳动

B. 不得安排女职工在经期从事高处、低温、冷水作业和国家规定的第二级体力劳动的劳动

C. 不得安排女职工在怀孕期间从事国家规定的第三级体力劳动强度的劳动和孕期禁忌从事的劳动

D. 不得安排女职工在哺乳未满 1 周岁的婴儿期间从事国家规定的第二级体力劳动强度的劳动和哺乳期禁忌从事的其他劳动

【答案】C

【解析】女职工特殊保护的规定见表 4 - 10 的相关内容。

考点十一　职业病的范围及基本制度（表 4 - 11）

表 4 - 11　　　　　　　　　　　　职业病的范围及基本制度

项　目	内　容
职业病的范围	依据《职业病防治法》的规定，职业病是指企业、事业单位和个体经济组织（以下统称用人单位）的劳动者在职业活动中，因接触粉尘、放射性物质和其他有毒、有害物质等因素而引起的疾病。职业病的分类和目录由国务院卫生行政部门会同国务院劳动保障行政部门规定、调整并公布
职业病的基本制度	(1) 预防为主、防治结合。 (2) 劳动者依法享有职业卫生保护的权利。 (3) 实行用人单位职业病防治责任制。 (4) 依法参加工伤社会保险。 (5) 国家实行职业卫生监督制度。 (6) 加强社会监督

【2015 年真题】依据《职业病防治法》的规定，下列患病情形中，当事人所患疾病不属于职业病的是（　　）。

A. 某水泥生产企业的水泥包装工在工作中因长期接触粉尘而罹患水泥尘肺

B. 某高校实验室实验员因工作长期接触放射性物质而罹患放射性皮肤疾病

C. 某家庭作坊劳动者在制鞋活动中因接触有毒胶黏剂而罹患苯所致白血病

D. 某锅炉压力容器制造厂电焊工人因长期从事电弧焊作业而罹患腰颈椎疾病

【答案】D

【解析】职业病的概念见表 4 - 11 的相关内容。

考点十二　职业病的前期预防（表4-12）

表4-12　　　　　　　　　　　　　职业病的前期预防

项　　目	内　　容
工作场所的职业卫生要求	《职业病防治法》规定，产生职业病危害的用人单位的设立除应当符合法律、行政法规规定的设立条件外，其工作场所还应当符合下列职业卫生要求： （1）职业病危害因素的强度或者浓度符合国家职业卫生标准。 （2）有与职业病危害防护相适应的设施。 （3）生产布局合理，符合有害与无害作业分开的原则。 （4）有配套的更衣间、洗浴间、孕妇休息间等卫生设施。 （5）设备、工具、用具等设施符合保护劳动者生理、心理健康的要求。 （6）法律、行政法规和国务院卫生行政部门、安全生产监督管理部门关于保护劳动者健康的其他要求
职业病危害项目申报	《职业病防治法》规定，国家建立职业病危害项目申报制度。用人单位工作场所存在职业病目录所列职业病的危害因素的，应当及时、如实向所在地安全生产监督管理部门申报危害项目，接受监督
建设项目职业病危害预评价	《职业病防治法》规定，新建、扩建、改建建设项目和技术改造、技术引进项目（以下统称建设项目）可能产生职业病危害的，建设单位在可行性论证阶段应当进行职业病危害预评价。 　　医疗机构建设项目可能产生放射性职业病危害的，建设单位应当向卫生行政部门提交放射性职业病危害预评价报告。卫生行政部门应当自收到预评价报告之日起30日内，做出审核决定并书面通知建设单位。未提交预评价报告或者预评价报告未经卫生行政部门审核同意的，不得开工建设
职业病危害防护设施	建设项目的职业病防护设施所需费用应当纳入建设项目工程预算，并与主体工程同时设计，同时施工，同时投入生产和使用。 　　建设项目的职业病防护设施设计应当符合国家职业卫生标准和卫生要求；其中，医疗机构放射性职业病危害严重的建设项目的防护设施设计，应当经卫生行政部门审查同意后，方可施工。建设项目在竣工验收前，建设单位应当进行职业病危害控制效果评价

1. 【2014年真题】依据《职业病防治法》的规定，产生职业病危害的用人单位的设立，除应当符合法律、行政法规规定的设立条件外，其作业场所布局应遵循的原则是(　　)。

A. 生产作业与储存作业分开　　　　　　B. 加工作业与包装作业分开

C. 有害作业与无害作业分开　　　　　　D. 吊装作业与维修作业分开

【答案】C

【解析】工作场所的职业卫生要求见表4-12的相关内容。

2. 【2014年真题】依据《职业病防治法》的规定，新建煤化工项目的企业，应在项目的可行性论证阶段，针对尘毒危害的前期预防，向相关政府行政主管部门提交(　　)。

A. 职业病危害评价报告　　　　　　　　B. 职业病危害预评价报告

C. 职业病危害因素评估报告　　　　　　D. 职业病控制论证报告

【答案】B

【解析】新建、扩建、改建建设项目和技术改造、技术引进项目可能产生职业病危害的，建设单位在可行性论证阶段应当向卫生行政部门提交职业病危害预评价报告。

3. 【2014年真题】某汽车制造厂要进行整体搬迁，依据《职业病防治法》的规定，建设单位向安全监管部门提交职业病危害预评价报告的时间是(　　)。

A. 可行性论证阶段　　　　　　　　　　B. 初步设计阶段

C. 总体设计阶段   D. 试运行阶段

【答案】A

【解析】新建、扩建、改建建设项目和技术改造、技术引进项目可能产生职业病危害的，建设单位在可行性论证阶段应当向卫生行政部门提交职业病危害预评价报告。

4. 【2013 年真题】企业拟建设一个危险化学品仓库。根据《职业病防治法》的规定，受理其职业病危害项目申报的部门是(　　)。

A. 卫生部门   B. 安全监管部门

C. 劳动部门   D. 公安部门

【答案】B

【解析】职业病危害项目申报的规定见表 4 - 12 的相关内容。

5. 【2012 年真题】根据《职业病防治法》，建设项目竣工验收时，其职业病防护设施经安全监管部门验收合格后，方可投入生产和使用。在建设项目竣工验收前，建设单位应当进行（　　）。

A. 职业病危害预评价   B. 职业病危害现状评价

C. 职业病危害控制效果评价   D. 职业病危害条件论证

【答案】C

【解析】建设项目的职业病防护设施所需经费应当纳入建设工程预算，并与主体工程同时设计、同时施工、同时投入生产和使用。职业病危害严重的建设项目的防护设施设计，应当经卫生行政部门进行卫生审查，符合国家职业卫生标准和卫生要求的，方可施工。建设项目在竣工验收前，建设单位应当进行职业病危害控制效果评价。建设项目竣工验收时，其职业病防护设施经卫生行政部门验收合格后，方可投入正式生产和使用。

考点十三　用人单位职业病管理（表 4 - 13）

表 4 - 13   用人单位职业病管理

项　目	内　容
职业危害公告和警示	《职业病防治法》规定，产生职业病危害的用人单位，应当在醒目位置设置公告栏，公布有关职业病防治的规章制度、操作规程、职业病危害事故应急救援措施和工作场所职业病危害因素检测结果。 《职业病防治法》规定，对可能发生急性职业损伤的有毒、有害工作场所，用人单位应当设置报警装置，配置现场急救用品、冲洗设备、应急撤离通道和必要的泄险区。对放射工作场所和放射性同位素的运输、储存，用人单位必须配置防护设备和报警装置，保证接触放射线的工作人员佩戴个人剂量计
职业病危害因素的监测、检测、评价及治理	《职业病防治法》规定，用人单位应当实施由专人负责的职业病危害因素日常监测，并确保监测系统处于正常运行状态。用人单位应当按照国务院安全生产监督管理部门的规定，定期对工作场所进行职业病危害因素检测、评价。检测、评价结果存入用人单位职业卫生档案，定期向所在地安全生产监督管理部门报告并向劳动者公布。职业危害因素检测、评价由依法设立的取得国务院安全生产监督管理部门或者设区的市级以上地方人民政府安全生产监督管理部门按照职责分工给予资质认可的职业卫生技术服务机构进行。发现工作场所职业病危害因素不符合国家职业卫生标准和卫生要求时，用人单位应当立即采取相应治理措施，仍然达不到国家职业卫生标准和卫生要求的，必须停止存在职业病危害因素的作业；职业病危害因素经治理后，符合国家职业卫生标准和卫生要求的，方可重新作业

项　目	内　容
向用人单位提供可能产生职业危害的设备的规定要求	《职业病防治法》规定，向用人单位提供可能产生职业病危害的设备的，应当提供中文说明书，并在设备的醒目位置设置警示标识和中文警示说明
向用人单位提供可能产生职业危害的化学原料及放射性物质的物品的规定要求	《职业病防治法》规定，向用人单位提供可能产生职业病危害的化学品、放射性同位素和含有放射性物质的材料的，应当提供中文说明书。说明书应当载明产品特性、主要成分、存在的有害因素、可能产生的危害后果、安全使用注意事项、职业病防护以及应急救治措施等内容。产品包装应当有醒目的警示标识和中文警示说明。 国内首次使用或者首次进口与职业病危害有关的化学材料，使用单位或者进口单位按照国家规定经国务院有关部门批准后，应当向国务院卫生行政部门、安全生产监督管理部门报送该化学材料的毒性鉴定以及经有关部门登记注册或者批准进口的文件等资料
劳动合同的职业病危害内容	《职业病防治法》规定，用人单位与劳动者订立劳动合同时，应当将工作过程中可能产生的职业病危害及其后果、职业病防护措施和待遇等如实告诉劳动者，并在劳动合同中写明，不得隐瞒或者欺骗。劳动者在已订立劳动合同期间，因工作岗位或者工作内容变更，从事与所订立劳动合同中未告知的存在职业病危害的作业时，用人单位应当依照上述规定，向劳动者履行如实告知的义务，并协商变更原劳动合同相关条款
职业卫生培训要求	《职业病防治法》规定，用人单位的主要负责人和职业卫生管理人员应当接受职业卫生培训，遵守职业病防治法律、法规，依法组织本单位的职业病防治工作
职业健康检查制度	《职业病防治法》规定，对从事接触职业病危害的作业的劳动者，用人单位应当按照国务院安全生产监督管理部门、卫生行政部门的规定组织上岗前、在岗期间和离岗时的职业健康检查，并将检查结果如实告知劳动者。职业健康检查费用由用人单位承担。用人单位不得安排未经上岗前职业健康检查的劳动者从事接触职业病危害的作业；不得安排有职业禁忌的劳动者从事其所禁忌的作业；对在职业健康检查中发现有与所从事的职业相关的健康损害的劳动者，应当调离原工作岗位，并妥善安置；对未进行离岗前职业健康检查的劳动者不得解除或者终止与其订立的劳动合同
职业健康监护档案	《职业病防治法》规定，用人单位应当为劳动者建立职业健康监护档案，并按照规定的期限妥善保存。职业健康监护档案应当包括劳动者的职业史、职业病危害接触史、职业健康检查结果和职业病诊疗等有关个人健康资料
急性职业病危害事故	《职业病防治法》规定，发生或者可能发生急性职业病危害事故时，用人单位应当立即采取应急救援和控制措施，并及时报告所在地安全生产监督管理部门和有关部门。对遭受或者可能遭受急性职业病危害的劳动者，用人单位应当及时组织救治、进行健康检查和医学观察，所需费用由用人单位承担
劳动者享有的职业卫生保护权利	《职业病防治法》规定，劳动者享有下列职业卫生保护权利： （1）获得职业卫生教育、培训。 （2）获得职业健康检查、职业病诊疗、康复等职业病防治服务。 （3）了解工作场所产生或者可能产生的职业病危害因素、危害后果和应当采取的职业病防护措施。 （4）要求用人单位提供符合防治职业病要求的职业病防护设施和个人使用的职业病防护用品，改善工作条件。 （5）对违反职业病防治法律、法规以及危及生命健康的行为提出批评、检举和控告。 （6）拒绝违章指挥和强令进行没有职业病防护措施的作业。 （7）参与用人单位职业卫生工作的民主管理，对职业病防治工作提出意见和建议

1. 【2017年真题】张某为某汽车制造厂机械加工岗位工人,与该单位签订为期3年的劳动合同。工作1年后,该单位将其从机械加工岗位调到喷漆岗位工作。依据《职业病防治法》的规定,下列关于张某在劳动过程中职业病防护与管理的做法,正确的是( )。

A. 张某因该单位未事先告知喷漆岗位职业危害而不服从调动,用人单位因此解除与其签订的劳动合同

B. 张某因该单位喷漆岗位未配备职业病防护装置而不服从调动,用人单位因此解除与其签订的劳动合同

C. 张某因该单位未事先告知喷漆岗位职业病危害,拒绝从事新岗位工作

D. 张某到新岗位后,该单位保持原劳动合同,未协商变更相关条款

【答案】C

【解析】《职业病防治法》规定,用人单位与劳动者订立劳动合同时,应当将工作过程中可能产生的职业病危害及其后果、职业病防护措施和待遇等如实告诉劳动者,并在劳动合同中写明,不得隐瞒或者欺骗。劳动者在已订立劳动合同期间,因工作岗位或者工作内容变更,从事与所订立劳动合同中未告知的存在职业病危害的作业时,用人单位应当依照上述规定,向劳动者履行如实告知的义务,并协商变更原劳动合同相关条款。用人单位违反以上规定的,劳动者有权拒绝从事存在职业病危害的作业,用人单位不得因此解除劳动合同或者终止与劳动者所订立的劳动合同。

2. 【2015年真题】依据《职业病防治法》的规定,下列关于劳动过程中的防护与管理的说法,正确的是( )。

A. 用人单位应当每隔2年对工作场所进行职业病危害因素检测、评价,检测、评价结果存入用人单位职业卫生档案

B. 对可能发生急性职业损伤的有毒、有害工作场所,用人单位应当设置报警装置,配备现场急救用品、冲洗设备等

C. 职业病危害因素检测、评价由依法设立的县级以上安全监管部门认可的职业卫生技术服务机构进行

D. 发现工作场所职业病危害因素不符合国家职业卫生标准和卫生要求时,用人单位应当立即停止存在职业病危害因素的作业

【答案】B

【解析】用人单位应当按照国务院安全生产监督管理部门的规定,定期对工作场所进行职业病危害因素检测、评价。检测、评价结果存入用人单位职业卫生档案,定期向所在地安全生产监督管理部门报告并向劳动者公布。故选项A错误。《职业病防治法》规定,对可能发生急性职业损伤的有毒、有害工作场所,用人单位应当设置报警装置,配置现场急救用品、冲洗设备、应急撤离通道和必要的泄险区。故选项B正确。职业病危害因素检测、评价由依法设立的取得国务院安全生产监督管理部门或者设区的市级以上地方人民政府安全生产监督管理部门按照职责分工给予资质认可的职业卫生技术服务机构进行。故选项C错误。发现工作场所职业病危害因素不符合国家职业卫生标准和卫生要求时,用人单位应当立即采取相应治理措施,仍然达不到国家职业卫生标准和卫生要求的,必须停止存在职业病危害因素的作业。选项D表述过于绝对。

3. 【2014年真题】依据《职业病防治法》的规定,下列关于劳动者劳动过程中职业病

的防护与管理的说法,正确的有( )。

    A. 用人单位应当定期对工作场所进行职业病危害因素检测、评价。检测、评价结果存入用人单位职业卫生档案,定期向所在地安全监管部门报告并向劳动者公布

    B. 对从事接触职业病危害作业的劳动者,用人单位应当组织上岗前、在岗期间和离岗时的职业健康检查,并将检查结果书面告知劳动者

    C. 劳动者在已订立劳动合同期间因工作岗位或者工作内容变更,从事与所订立劳动合同中未告知的存在职业病危害的作业时,用人单位应当向劳动者履行如实告知的义务,原劳动合同相关条款可不予变更

    D. 职业健康检查应当由省级以上人民政府卫生行政部门批准的医疗卫生机构承担。职业健康检查费用由用人单位承担

    E. 劳动者离开用人单位时,有权索取本人职业健康监护档案复印件,用人单位应当如实、无偿提供,并在所提供的复印件上签章

【答案】ABDE

【解析】劳动者劳动过程中职业病的防护与管理的规定见表4-13的相关内容。选项C错在"原劳动合同相关条款可不予变更",正确表述为"并协商变更原劳动合同相关条款"。

4.【2013年真题】依据《职业病防治法》的规定,国内首次进口与职业病危害有关的化学材料,进口单位应当向有关部门报送该化学材料毒性鉴定以及登记注册或者批准进口的文件等资料。受理上述文件资料的有关部门是( )。

    A. 国务院卫生行政部门和公安部门

    B. 国务院安全监管部门和工业和信息化管理部门

    C. 国务院卫生行政部门和安全监管部门

    D. 国务院公安部门和安全监管部门

【答案】C

【解析】向用人单位提供可能产生职业危害的化学原料及放射性物质物品的规定见表4-13的相关内容。

5.【2013年真题】甲公司是一家有色金属冶炼企业,存在严重的事业病危害。依据《职业病防治法》的规定,该公司的下列职业健康管理做法中,正确的是( )。

    A. 将工作过程中可能产生的职业病危害及其后果、职业病防护措施和待遇等如实告知了劳动者,未在劳动合同中明确存在的职业病危害

    B. 在醒目位置设置了公告栏,公布有关职业病防治的规章制度、操作规程、职业病危害事故应急救援措施和工作场所职业病危害因素检测结果

    C. 为劳动者建立了包含相关信息的职业健康监护档案

    D. 对职业病防护设备设施等进行经常性的维护、检修,定期检测其性能和效果,确保其处于正常状态

    E. 在协商解除劳动合同时,为职工提供盖章的职业健康监护档案复印件并收取管理费

【答案】BCD

【解析】《职业病防治法》规定,用人单位与劳动者订立劳动合同时,应当将工作过程中可能产生的职业病危害及其后果、职业病防护措施和待遇等如实告诉劳动者,并在劳动合同

中写明，不得隐瞒或者欺骗。故选项 A 错误。选项 B、C、D 所涉及的职业健康管理规定见表 4 - 13 的相关内容。劳动者离开用人单位时，有权索取本人职业健康监护档案复印件，用人单位应当如实、无偿提供，并在所提供的复印件上签章。故选项 E 错误。

6.【2012 年真题】根据《职业病防治法》，供应商向用人单位提供可能产生职业病危害的设备，应当在设备的醒目位置设置警示标志、中文警示说明，并提供（   ）。

A. 卫生许可证书 　　　　　　　　B. 环境影响检测证书

C. 安全使用证书 　　　　　　　　D. 中文说明书

【答案】D

【解析】向用人单位提供可能产生职业危害的设备的规定见表 4 - 13 的相关内容。

7.【2012 年真题】根据《职业病防治法》，产生职业病危害的用人单位，应当在醒目位置设置公告栏，公布的相关内容包括（   ）。

A. 有关职业病防治的规章制度

B. 有关职业病防治的操作规程

C. 职业病危害的申报结果

D. 职业病危害事故应急救援措施

E. 工作场所职业病危害因素检测结果

【答案】ABDE

【解析】职业病危害公告的内容见表 4 - 13 的相关内容。

考点十四　职业病诊断与职业病病人保障（表 4 - 14）

表 4 - 14　　　　　　　　　　　　　　职业病诊断与职业病病人保障

项　　　目	内　　　容
职业病诊断	医疗卫生机构承担职业病诊断，应当经省、自治区、直辖市人民政府卫生行政部门批准。劳动者可以在用人单位所在地、本人户籍所在地或者经常居住地依法承担职业病诊断的卫生医疗机构进行职业病诊断。职业病诊断，应当综合分析病人的职业史、职业病危害接触史和工作场所职业病危害因素情况、临床表现以及辅助检查结果等因素
职业病病人保障	用人单位应当按照国家有关规定，安排职业病病人进行治疗、康复和定期检查。用人单位对不适宜继续从事原工作的职业病病人，应当调离原岗位，并妥善安置。用人单位对从事接触职业病危害的作业的劳动者，应当给予适当岗位津贴。职业病病人的诊疗、康复费用，伤残以及丧失劳动能力的职业病病人的社会保障，按照国家有关工伤保险的规定执行。职业病病人除依法享有工伤保险外，依照有关民事法律尚有获得赔偿的权利的，有权向用人单位提出赔偿要求。职业病病人变动工作单位，其依法享有的待遇不变。用人单位发生分立、合并、解散、破产等情形时，应当对从事接触职业病危害作业的劳动者进行健康检查，并按照国家有关规定妥善安置职业病病人

1.【2017 年真题】职业病病人依法享受国家规定的职业病待遇。依据《职业病防治法》的规定，下列关于职业病病人保障的说法中，正确的是（   ）。

A. 用人单位未依法参加工伤保险的，其职业病病人的医疗费用由用人单位承担

B. 职业病病人享有职业病待遇后，无权再提出赔偿要求

C. 因本人意愿到新单位工作后，职业病病人不再享有职业病相应待遇

D. 用人单位在条件允许下，应对不适宜继续从事原工作的职业病病人调换岗位

【答案】A

【解析】劳动者被诊断患有职业病，但用人单位没有依法参加工伤保险的，其医疗和生活保障由该用人单位承担。故 A 选项正确。职业病病人除依法享有工伤社会保险外，依照有关民事法律尚有获得赔偿的权利的，有权向用人单位提出赔偿要求。故 B 选项错误。职业病病人变动工作单位，其依法享有的待遇不变。故 C 选项错误。用人单位对不适宜继续从事原工作的职业病病人，应当调离原岗位，并妥善安置。故 D 选项错误。

2.【2014 年真题】某化工企业所在县级市有一家经省级人民政府卫生行政部门批准的职业卫生检测所。依据《职业病防治法》的规定，下列关于职业病诊断的说法，正确的是( )。

A. 企业可以委托该所对职工进行职业病诊断

B. 企业员工必须在该所进行职业病诊断

C. 该所进行职业病诊断时，须由 2 名以上具有职业病诊断资格的执业医师会诊

D. 该所发现企业存在职业病病人，应及时向省级卫生行政部门和民政部门报告

【答案】A

【解析】职业病诊断应当由省级以上人民政府卫生行政部门批准的医疗卫生机构承担。劳动者可以在用人单位所在地、本人户籍所在地或者经常居住地依法承担职业病诊断的卫生医疗机构进行职业病诊断。故选项 B 错误。承担职业病诊断的医疗卫生机构在进行职业病诊断时，应当组织 3 名以上取得职业病诊断资格的执业医师集体诊断。故选项 C 错误。用人单位和医疗卫生机构发现职业病病人或者疑似职业病病人时，应当及时向所在地卫生行政部门和安全生产监督管理部门报告。确诊为职业病的，用人单位还应当向所在地劳动保障行政部门报告。接到报告的部门应当依法做出处理。医疗卫生机构发现疑似职业病病人时，应当告知劳动者本人并及时通知用人单位。故选项 D 错误。

3.【2014 年真题】依据《职业病防治法》的规定，下列关于职业病病人保障的说法，错误的是( )。

A. 职业病病人变动工作岗位，其依法享有的待遇不变

B. 用人单位应当按照国家有关规定安排职业病病人进行治疗、康复和定期检查

C. 用人单位对从事接触职业病危害作业的劳动者，应当给予适当的岗位津贴

D. 用人单位对不适宜继续从事原工作的职业病病人，可给予当事人一次性补助后解除劳动合同

【答案】D

【解析】职业病病人保障的规定见表 4 - 14 的相关内容。《职业病防治法》规定，用人单位对不适宜继续从事原工作的职业病病人，应当调离原岗位，并妥善安置，并非选项 D 所述的解除合同。

4.【2013 年真题】依据《职业病防治法》的规定，职业病诊断除了应当综合分析病人的临床表现、辅助检查结果外，还应当分析的因素包括( )。

A. 身体条件、遗传病史和现场危害检测

B. 遗传病史、职业史和现场危害调查与评价

C. 职业史、职业病危害接触史和参加工作年限

D. 职业史、职业病危害接触史和工作场所职业病危害因素情况

【答案】D

【解析】职业病诊断应当综合分析的内容见表4-14的相关内容。

5. 【2013年真题】依据《职业病防治法》的规定，下列关于职业病病人享受国家规定的职业病待遇的说法，正确的是(　　)。

A. 职业病病人变动工作岗位的，其依法享受的职业病待遇随工作岗位改变

B. 职业病病人变动工作岗位的，其依法享受的职业病待遇不变

C. 职业病病人退休后，不再享受职业病待遇

D. 职业病病人单位分立为两个单位的，其依法享受的职业病待遇由社会承担

【答案】B

【解析】职业病待遇的规定见表4-14的相关内容。

6. 【2013年真题】依据《职业病防治法》的规定，下列关于职业病病人保障的说法，正确的是(　　)。

A. 用人单位未参加工伤保险，劳动者患职业病的，其医疗和生活保障由地方民政部门承担

B. 职业病病人的诊疗、康复费用，按照国家有关工资保险的规定执行

C. 各级政府民政部门应当保障职业病病人依法享受国家规定的职业病待遇

D. 职业病病人依法已享有工伤保险的，无权向用人单位提出民事赔偿要求

【答案】B

【解析】选项B、C、D涉及的职业病病人保障的规定见表4-14的相关内容。劳动者被诊断患有职业病，但用人单位没有依法参加工伤社会保险的，其医疗和生活保障由最后的用人单位承担；最后的用人单位有证据证明该职业病是先前用人单位的职业病危害造成的，由先前的用人单位承担。故选项A错误。

7. 【2012年真题】李某户籍在A市，居住在B市，在C市某水泥厂工作，因长期接触粉尘，需要进行职业病诊断。根据《职业病防治法》，下列关于职业病诊断的说法中，正确的是(　　)。

A. 李某可以在A市依法承担职业病诊断的卫生医疗机构进行职业病诊断

B. 李某到B市的医疗卫生机构进行职业病诊断时，该机构应组织2名取得职业病诊断资格的执业医师联合诊断

C. 李某必须在C市的职业病诊断机构进行职业病诊断

D. A、B、C三市的职业病诊断机构应由所在地设区的市人民政府卫生行政部门批准

【答案】A

【解析】医疗卫生机构承担职业病诊断，应当经省、自治区、直辖市人民政府卫生行政部门批准，故选项A正确，选项D错误。劳动者可以在用人单位所在地、本人户籍所在地或者经常居住地依法承担职业病诊断的医疗卫生机构进行职业病诊断，故选项C错误。职业病诊断机构在进行职业病诊断时，应当组织3名以上取得职业病诊断资格的执业医师进行集体诊断，故选项B错误。

考点十五 劳动者权利及用人单位的权利与义务（表4-15）

表4-15 劳动者权利及用人单位的权利与义务

项　　目		内　　容
劳动者的权利		《劳动合同法》规定，劳动者拒绝用人单位管理人员违章指挥、强令冒险作业的，不视为违反劳动合同。劳动者对危害生命安全和身体健康的劳动条件，有权对用人单位提出批评、检举和控告。 《劳动合同法》规定，用人单位有下列情形之一的，劳动者可以解除劳动合同： （1）未按照劳动合同约定提供劳动保护或者劳动条件的。 （2）未及时足额支付劳动报酬的。 （3）未依法为劳动者缴纳社会保险费的。 （4）用人单位的规章制度违反法律、法规的规定，损害劳动者权益的。 （5）因本法第26条第1款规定的情形致使劳动合同无效的。 （6）法律、行政法规规定劳动者可以解除劳动合同的其他情形。用人单位以暴力、威胁或者非法限制人身自由的手段强迫劳动者劳动的，或者用人单位违章指挥、强令冒险作业危及劳动者人身安全的，劳动者可以立即解除劳动合同，不需事先告知用人单位
用人单位的权利	约定试用期和服务期的权利	《劳动合同法》规定，劳动合同期限3个月以上不满1年的，试用期不得超过1个月；劳动合同期限1年以上不满3年的，试用期不得超过2个月；3年以上固定期限和无固定期限的劳动合同，试用期不得超过6个月
	依法约定服务期与竞业限制的权利	《劳动合同法》规定，用人单位为劳动者提供专项培训费用，对其进行专业技术培训的，可以与该劳动者订立协议，约定服务期。劳动者违反服务期约定的，应当按照约定向用人单位支付违约金。 《劳动合同法》规定，竞业限制的人员限于用人单位的高级管理人员、高级技术人员和其他负有保密义务的人员。竞业限制的范围、地域、期限由用人单位与劳动者约定，竞业限制的约定不得违反法律、法规的规定。在解除或者终止劳动合同后，负有保密义务的人员到与本单位生产或者经营同类产品、从事同类业务的有竞争关系的其他用人单位，或者自己开业生产或者经营同类产品、从事同类业务的竞业限制期限，不得超过2年
	依法解除劳动合同的权利	（1）《劳动合同法》规定，用人单位与劳动者协商一致，可以解除劳动合同。 （2）《劳动合同法》规定，劳动者提前30d以书面形式通知用人单位，可以解除劳动合同。劳动者在试用期内提前3d通知用人单位，可以解除劳动合同。 （3）《劳动合同法》规定，劳动者有下列情形之一的，用人单位可以解除劳动合同： 1）在试用期间被证明不符合录用条件的。 2）严重违反用人单位的规章制度的。 3）严重失职，营私舞弊，给用人单位造成重大损害的。 4）劳动者同时与其他用人单位建立劳动关系，对完成本单位的工作任务造成严重影响，或者经用人单位提出，拒不改正的。 5）因本法第26条第1款第1项规定的情形致使劳动合同无效的。 6）被依法追究刑事责任的。 （4）《劳动合同法》规定，有下列情形之一的，用人单位提前30d以书面形式通知劳动者本人或者额外支付劳动者1个月工资后，可以解除劳动合同： 1）劳动者患病或者非因工负伤，在规定的医疗期满后不能从事原工作，也不能从事由用人单位另行安排的工作的。 2）劳动者不能胜任工作，经过培训或者调整工作岗位，仍不能胜任工作的。 3）劳动合同订立时所依据的客观情况发生重大变化，致使劳动合同无法履行，经用人单位与劳动者协商，未能就变更劳动合同内容达成协议的
用人单位的义务		《劳动合同法》规定，劳动者有下列两种情形之一的，用人单位不得依照本法第40条、第41条的规定解除劳动合同，这两种情形均涉及职业病防治等方面的权利保护：

项　　目	内　　容
用人单位的义务	（1）从事接触职业病危害作业的劳动者未进行离岗前职业健康检查，或者疑似职业病病人在诊断或者医学观察期间的。 （2）在本单位患职业病或者因工负伤并被确认丧失或者部分丧失劳动能力的。 《职业病防治法》规定，对从事接触职业病危害作业的劳动者，用人单位应当按照国务院安全生产监督管理部门、卫生行政部门的规定组织上岗前、在岗期间和离岗时的职业健康检查，并将检查结果如实告知劳动者。对未进行离岗前职业健康检查的劳动者不得解除或者终止与其订立的劳动合同

1.【2017 年真题】某企业生产经营发生严重困难需要裁员，依据《劳动合同法》下列情形中，用人单位不得解除或终止与劳动者订立的劳动合同的是（　　）。

A. 劳动者患病后，在规定的医疗期满后不能从事原工作，也不能从事另行安排的工作的

B. 从事接触职业病危害作业的劳动者，离岗前未进行职业健康体检的

C. 劳动者经过培训或者调整工作岗位，仍不能胜任工作的

D. 劳动者在本单位患职业病，康复后未丧失劳动能力的

【答案】B

【解析】《劳动合同法》规定，劳动者有下列情形之一的，用人单位不得依照本法 40 条、第 41 条的规定解除劳动合同：①从事接触职业病危害作业的劳动者未进行离岗前职业健康检查，或者疑似职业病病人在诊断或者医学观察期间的；②在本单位患职业病或者因工负伤并被确认丧失或者部分丧失劳动能力的；③患病或者非因工负伤，在规定的医疗期内的；④女职工在孕期、产期、哺乳期的；⑤在本单位连续工作满 15 年，且距法定退休年龄不足 5 年的；⑥法律、行政法规规定的其他情形。

2.【2015 年真题】赵某与某公司签订了劳动合同，该公司为其提供专项培训费用进行专业技术培训，赵某取得电焊工特种作业资格证。该公司由于转产进行裁员，与赵某解除了劳动合同。依据《劳动合同法》的规定，下列关于赵某与该公司权利义务的说法，正确的是(　　)。

A. 赵某应向该公司返还为其支付的专业技术培训费

B. 该公司在解除与赵某的劳动合同前，应组织对赵某进行离岗前职业健康检查

C. 赵某离职后 3 年内不得到与该公司从事同类业务的有竞争关系的其他用人单位就业

D. 该公司可以直接单方解除与赵某的劳动合同

【答案】B

【解析】依法约定服务期与竞业限制的规定 4 - 15 的相关内容。《劳动合同法》规定，用人单位为劳动者提供专项培训费用，对其进行专业技术培训的，可以与该劳动者订立协议，约定服务期。劳动者违反服务期约定的，应当按照约定向用人单位支付违约金。本题中，解除劳动合同并非赵某违约，故选项 A 错误。在解除或者终止劳动合同后，负有保密义务的人员到与本单位生产或者经营同类产品、从事同类业务的有竞争关系的其他用人单位，或者自己开业生产或者经营同类产品、从事同类业务的竞业限制期限，不得超过 2 年。故选项 C 错误。用人单位提前 30d 以书面形式通知劳动者本人或者额外支付劳动者 1 个月工资后，可

以解除劳动合同。故选项 D 错误。

3.【2014 年真题】甲、乙、丙、丁均是某煤矿企业的员工，依据《劳动合同法》的规定，下列关于劳动合同解除的说法，正确的是( )。

A. 企业如果强令甲冒险作业并危及其人身安全，甲有权拒绝作业，但不能立即解除劳动合同

B. 乙非因工负伤，在规定的医疗期内，企业可以和乙解除劳动合同

C. 丙为疑似职业病病人，目前正在诊断期间，企业此时不能解除劳动合同

D. 丁经过企业培训后仍然不能胜任现在的工作，企业提前 10d 以书面形式通知丁后，可以解除劳动合同

【答案】C

【解析】《劳动合同法》规定，用人单位以暴力、威胁或者非法限制人身自由的手段强迫劳动者劳动的，或者用人单位违章指挥、强令冒险作业危及劳动者人身安全的，劳动者可以立即解除劳动合同，不需事先告知用人单位。故选项 A 错误。劳动者患病或者非因工负伤，在规定的医疗期内的，用人单位不得依照《劳动合同法》第 40 条、第 41 条的规定解除劳动合同。故选项 B 错误。从事接触职业病危害作业的劳动者未进行离岗前职业健康检查，或者疑似职业病病人在诊断或者医学观察期间的。用人单位不得依照《劳动合同法》第 40 条、第 41 条的规定解除劳动合同。故选项 C 正确。劳动者不能从事或者胜任工作的，或者劳动合同订立时依据的客观情况发生重大变化，致使劳动合同无法履行的，用人单位提前 30d 以书面形式通知劳动者本人或者额外支付劳动者 1 个月工资后，可以解除劳动合同。故选项 D 错误。

4.【2013 年真题】依据《劳动合同法》的规定，劳动者与用人单位签订劳动合同后，如果劳动者不能从事或者胜任工作，致使劳动合同无法履行的，用人单位额外支付劳动者最低( )个月工资后，可以解除劳动合同。

A. 5   B. 3   C. 2   D. 1

【答案】D

【解析】用人单位可以解除劳动合同的规定见表 4 - 15 的相关内容。

5.【2013 年真题】依据《劳动合同法》的规定，对于从事接触职业病危害作业的劳动者，下列情形中，用人单位不得解除或终止劳动合同的是( )。

A. 上岗前未进行职业健康检查   B. 在岗期间未进行职业健康检查

C. 离岗前未进行职业健康检查   D. 未进行身体健康综合评估检查

【答案】C

【解析】用人单位不得依照《劳动合同法》第 40 条、第 41 条的规定解除劳动合同的情形见表 4 - 15 的相关内容。

6.【2012 年真题】根据《劳动合同法》，下列关于劳动合同解除的说法中，正确的是( )。

A. 用人单位未按照劳动合同约定提供劳动保护或者劳动条件的，劳动者提前 3d 以书面形式通知用人单位，可以解除劳动合同

B. 用人单位的规章制度违反法律、法规的规定，损害劳动者权益的，劳动者在试用期内提前 30d 通知用人单位，可以解除劳动合同

C. 用人单位以暴力、威胁手段强迫劳动者劳动的，或者用人单位违章指挥、强令冒险作业危及劳动者人身安全的，劳动者可以立即解除劳动合同，不必事先告知用人单位

D. 劳动者非因工负伤，在规定的医疗期满后不能从事原工作，也不能从事由用人单位另行安排的工作的，用人单位提前 3d 以书面形式通知劳动者本人后，可以解除劳动合同

【答案】C

【解析】劳动者和用人单位依法解除劳动合同的权利见表 4-15 的相关内容。

考点十六 用人单位违法行为的法律责任（表 4-16）

表 4-16 用人单位违法行为的法律责任

违法行为	法律责任
用人单位的规章制度违法	《劳动合同法》规定，用人单位直接涉及劳动者切身利益的规章制度违反法律、法规规定的，由劳动行政部门责令改正，给予警告；给劳动者造成损害的，应当承担赔偿责任
用人单位订立劳动合同违法	《劳动合同法》规定，用人单位自用工之日起超过 1 个月不满 1 年未与劳动者订立书面劳动合同的，应当向劳动者每月支付 2 倍的工资。用人单位违反《劳动合同法》规定不与劳动者订立无固定期限的劳动合同的，自应当订立无固定期限劳动合同之日起向劳动者每月支付 2 倍的工资。 《劳动合同法》规定，用人单位违反本法规定与劳动者约定试用期的，由劳动行政部门责令改正；违法约定的试用期已经履行的，由用人单位以劳动者试用期满月工资为标准，按已经履行的超过法定试用期的期间向劳动者支付赔偿金

1.【2014 年真题】依据《劳动合同法》的规定，用人单位自用工之日起超过 1 个月不满 1 年未与劳动者订立书面劳动合同的，应当向劳动者每月支付（ ）倍的工资。

A. 1　　　　　　B. 2　　　　　　C. 3　　　　　　D. 5

【答案】B

【解析】用人单位订立劳动合同违法的法律责任见表 4-16 的相关内容。该考点于 2012 年也以单项选择题的形式进行了考核。

2.【2012 年真题】根据《劳动合同法》，用人单位自用工之日起超过 1 个月满 1 年未与劳动者订立书面劳动合同的，应当向劳动者每月支付（ ）。

A. 1 倍工资　　　B. 2 倍工资　　　C. 3 倍工资　　　D. 4 倍工资

【答案】B

【解析】《劳动合同法》规定，用人单位自用工之日起超过 1 个月不满 1 年未与劳动者订立书面劳动合同的，应当向劳动者每月支付 2 倍的工资。

章节练习

一、单项选择题（每题 1 分。每题的备选项中，只有 1 个最符合题意）

1. 某煤矿井下施工过程中，发现有透水征兆，因抢进度，违反煤矿防治水规定，没有进行探放水，导致发生 11 人死亡的重大事故。依据《刑法》，应以（ ）的罪名追究该煤矿主要负责人的责任。

A. 重大施工事故罪　　　　　　　　　　B. 重大劳动安全事故罪

C. 重大责任事故罪　　　　　　　　　　D. 强令违章冒险作业罪

2. 建筑公司总经理王某将列入工程概算的安全施工措施费用 50 万元挪作他用，工地因安全生产条件不符合国家规定而导致重大经济损失和人员伤亡，王某的行为涉嫌构成（　　）。

A. 强令违章冒险作业罪　　　　　　　　B. 重大劳动安全事故罪

C. 重大责任事故罪　　　　　　　　　　D. 大型群众性活动重大事故罪

3. 《行政处罚法》针对不同违反行政管理的行为，设定了多种行政处罚。下列处罚中，不属于行政处罚的是（　　）。

A. 没收违法所得　　　　　　　　　　　B. 没收非法财物

C. 暂扣或者吊销执照　　　　　　　　　D. 罚金

4. 依据《行政处罚法》的规定，吊销企业营业执照的行政处罚可以由（　　）设定。

A. 行政法规　　　　　　　　　　　　　B. 部门规章

C. 地方性法规　　　　　　　　　　　　D. 地方规章

5. 下列表述中，不符合行政处罚基本原则的是（　　）。

A. 从重处罚原则　　　　　　　　　　　B. 处罚公正、公开原则

C. 一事不再罚原则　　　　　　　　　　D. 处罚与教育相结合原则

6. 依据《行政处罚法》的规定，违法事实确凿并且有法定依据，对企业处以（　　）元以下的罚款，可以当场做出处罚决定。

A. 1000　　　　　　　B. 2000　　　　　　　C. 3000　　　　　　　D. 5000

7. 依据《行政处罚法》的规定，行政机关根据当事人的申请，决定举行听证的，听证的费用由（　　）承担。

A. 当事人　　　　　　　　　　　　　　B. 司法机关

C. 行政机关　　　　　　　　　　　　　D. 当事人与行政机关

8. 依据《行政处罚法》的规定，当事人到期不缴纳罚款的，可以每日按罚款数额的（　　）加处罚款。

A. 1%　　　　　　　　B. 2%　　　　　　　C. 3%　　　　　　　D. 5%

9. 关于行政处罚一般程序的表述中，正确的顺序是（　　）。

A. 调查取证→审查调查结果→制作行政处罚决定书

B. 立案→调查取证→制作行政处罚决定书

C. 调查取证→立案→审查调查结果→制作行政处罚决定书

D. 立案→调查取证→审查调查结果→制作行政处罚决定书

10. 《行政处罚法》规定，违法行为在（　　）内未被发现的，不再给予行政处罚。法律另有规定的除外。

A. 6 个月　　　　　　B. 1 年　　　　　　C. 18 个月　　　　　　D. 2 年

11. 关于行政处罚设定权的表述中，不正确的是（　　）。

A. 限制人身自由的行政处罚，只能由法律和行政法规设定

B. 省、自治区、直辖市人民政府和省、自治区人民政府所在地的市人民政府以及国务院批准的较大的市人民政府制订的规章，可以在法律、法规规定的给予行政处罚的

行为、种类和幅度的范围内做出具体规定

  C. 地方性法规可以设定除限制人身自由、吊销企业营业执照以外的行政处罚

  D. 国务院部、委员会制定的规章可以在法律、行政法规规定的给予行政处罚的行为、种类和幅度的范围内做出具体规定

12. 下列表述中，符合行政许可特征的是(　　)。

  A. 行政许可是依据职权的行政行为

  B. 行政许可是无限设禁和有限解禁的行政行为

  C. 行政许可是授益性行政行为

  D. 行政许可是不要式行政行为

13. 行政许可的原则不包括 (　　)。

  A. 许可约定原则   B. 许可公开、公平、公正原则

  C. 许可便民、效率原则   D. 许可监督检查原则

14. 关于行政许可实施程序的表述中，不符合《行政许可法》规定的是(　　)。

  A. 行政许可决定的类型主要有两种形式，即准予行政许可的决定和不予许可的决定

  B. 关于行政许可的听证应当公开举行

  C. 行政机关不得指定审查该行政许可申请的工作人员以外的人员为听证主持人

  D. 听证应当制作笔录，听证笔录应当交听证参加人确认无误后或者盖章

15. 下列关于女职工保护的表述中，符合《劳动法》规定的是(　　)。

  A. 禁止用人单位安排女职工从事国家规定的第三级体力劳动强度的劳动

  B. 禁止用人单位安排女职工从事高处、低温、冷水作业

  C. 禁止用人单位安排女职工在怀孕期间从事国家规定的第三级体力劳动强度的劳动和孕期禁忌从事的活动

  D. 对怀孕 5 个月以上的职工，不得安排其延长工作时间和夜班劳动

16.《劳动法》规定，(　　)监督检查人员执行公务，有权进入用人单位了解执行劳动法律、法规的情况，查阅必要的资料，并对劳动场所进行检查。

  A. 县级以上各级人民政府劳动行政部门

  B. 仅市级以上人民政府劳动行政部门

  C. 县级以上各级人民政府安全生产管理部门

  D. 仅市级以上人民政府安全生产管理部门

17.《职业病防治法》规定，建设项目的职业病防护设施设计应当符合国家职业卫生标准和卫生要求；其中，医疗机构放射性职业病危害严重的建设项目的防护设施设计，应当经(　　)审查同意后，方可施工。

  A. 安全生产监督管理部门   B. 建设行政主管部门

  C. 环境保护主管部门   D. 卫生行政部门

18.《职业病防治法》规定，医疗机构建设项目可能产生放射性职业病危害的，建设单位应当向卫生行政部门提交放射性职业病危害预评价报告。卫生行政部门应当自收到预评价报告之日起(　　)d内，做出审核决定并书面通知建设单位。

  A. 10   B. 15   C. 30   D. 45

19. 下列关于职业危害公告和警示的表述中，不符合《职业病防治法》规定的

是( )。

    A. 用人单位应公布有关职业病防治的规章制度、操作规程、职业病危害事故应急救援措施和防治职业病的成本投入

    B. 对可能发生急性职业损伤的有毒、有害工作场所，用人单位应当设置报警装置

    C. 对放射工作场所和放射性同位素的运输、储存，用人单位必须配置防护设备和报警装置，保证接触放射线的工作人员佩戴个人剂量计

    D. 用人单位应当实施由专人负责的职业病危害因素日常监测，并确保监测系统处于正常运行状态

20. 关于劳动合同职业病危害内容及职业卫生培训要求的表述中，符合《职业病防治法》规定的是( )。

    A. 用人单位与劳动者订立劳动合同时，应当将工作过程中可能产生的职业病危害及其后果、职业病防护措施和待遇等如实告诉劳动者，并在劳动合同中写明，不得隐瞒或者欺骗

    B. 劳动者在已订立劳动合同期间，因工作岗位，从事与所订立劳动合同中未告知的存在职业病危害的作业时，用人单位无需另行告知

    C. 劳动者在已订立劳动合同期间，因工作内容变更，从事与所订立劳动合同中未告知的存在职业病危害的作业时，用人单位应当向劳动者履行如实告知的义务，但无需变更原劳动合同相关条款

    D. 用人单位的主要负责人和职业人员应当接受职业卫生培训，遵守职业病防治法律、法规，依法组织本单位的职业病防治工作

21. 《职业病防治法》规定，对从事接触职业病危害的作业的劳动者，用人单位应当按照( )的规定组织上岗前、在岗期间和离岗时的职业健康检查，并将检查结果如实告知劳动者

    A. 国务院安全生产监督管理部门、建设行政主管部门

    B. 国务院安全生产监督管理部门、卫生行政部门

    C. 国务院卫生行政部门、环境保护主管部门

    D. 国务院建设行政主管部门、环境保护主管部门

22. 关于职业病病人保障的表述中，不符合《职业病防治法》规定的是( )。

    A. 用人单位应当按照国家有关规定，安排职业病病人进行治疗、康复和定期检查

    B. 用人单位对不适宜继续从事原工作的职业病病人，应当调离原岗位，并妥善安置

    C. 职业病病人除依法享有工伤保险外，依照有关民事法律尚有获得赔偿的权利的，有权向用人单位提出赔偿要求

    D. 用人单位发生解散、破产等情形时，无需再对从事接触职业病危害作业的劳动者进行健康检查

23. 甲用人单位于2016年1月20日与劳动者乙签订一份期限为10个月的劳动合同。根据《劳动合同法》的规定，乙的试用期不得超过( )个月。

    A. 1   B. 2   C. 3   D. 6

24. 劳动者可以立即解除劳动合同且无须事先告知用人单位的情形是( )。

    A. 用人单位未按照劳动合同约定提供劳动保护或者劳动条件

B. 用人单位以暴力、威胁或者非法限制人身自由的手段强迫劳动者劳动

C. 用人单位未及时足额支付劳动报酬

D. 用人单位制定的规章制度违反法律、法规的规定，损害劳动者的权益

25. 下列情形中，用人单位可以解除劳动合同的是(　　)。

A. 职工患病，在规定的医疗期内　　　　B. 女职工在孕期内

C. 女职工在哺乳期内　　　　　　　　　D. 在试用期间被证明不符合录用条件

26. 依据《劳动合同法》，劳动者拒绝用人单位管理人员违章指挥的，应当视为 (　　)。

A. 违反劳动合同，但不违反法律　　　　B. 违反劳动合同，也违反法律

C. 不违反劳动合同，也不违反法律　　　D. 不违反劳动合同，但违反法律

二、多项选择题 (每题 2 分。每题的备选项中，有 2 个或 2 个以上符合题意，至少有 1 个错项。错选，本题不得分；少选，所选的每个选项得 0.5 分)

1. 根据《行政处罚法》的规定，实行强制执行的措施有(　　)。

A. 申请人民法院强制执行

B. 申请人民法院或仲裁机构强制执行

C. 根据法律规定，将查封、扣押的财物拍卖抵缴罚款

D. 根据法律规定，将冻结的存款划拨抵缴罚款

E. 到期不缴纳罚款的，每日按罚款数额的 5％加处罚款

2. 下列关于行政处罚执行程序的表述中，不符合《行政处罚法》规定的是(　　)。

A. 执法人员当场收缴的罚款，应当自收缴罚款之日起 2d 内，交至行政机关

B. 当事人对行政处罚决定不服申请行政复议或者提起行政诉讼的，行政处罚不停止执行，法律另有规定的除外

C. 罚款、没收违法所得或者没收非法财物拍卖的款项，必须全部上缴国库

D. 当事人应当自收到行政处罚决定书之日起 7d 内，到指定的银行缴纳罚款

E. 做出罚款决定的行政机关应当与收缴罚款的机构为同一机构

3. 《行政许可法》规定，被许可人有(　　)行为，行政机关应当依法给予行政处罚；构成犯罪的，依法追究刑事责任。

A. 超越行政许可范围进行活动的

B. 涂改、倒卖、出租、出借行政许可证件的

C. 非法转让行政许可的

D. 针对同一行为多次申请行政许可的

E. 向负责监督检查的行政机关隐瞒有关情况、提供虚假材料或者拒绝提供反映其活动情况的真实材料的

4. 依据《劳动法》，禁止用人单位安排未成年工从事的劳动有(　　)。

A. 矿山井下劳动

B. 有毒有害劳动

C. 低温作业劳动

D. 国家规定的第三级体力劳动强度的劳动

E. 国家规定的第四级体力劳动强度的劳动

5. 为了保证行政处罚活动的合法、适当，规范行政处罚实施机关及其工作人员的行政

执法活动，防止行政违法和滥用行政处罚权，《行政处罚法》赋予行政相对人的权利有（   ）。

A. 陈述申辩权   B. 仲裁权

C. 复议权   D. 诉讼权

E. 索赔权

6.《职业病防治法》规定，国内首次使用或者首次进口与职业病危害有关的化学材料，使用单位或者进口单位按照国家规定经国务院有关部门批准后，应当向（   ）报送该化学材料的毒性鉴定以及经有关部门登记注册或者批准进口的文件等资料。

A. 国务院环境保护主管部门   B. 国务院建设行政主管部门

C. 国务院卫生行政部门   D. 安全生产监督管理部门

E. 所在地省级人民政府卫生行政部门

7.《劳动合同法》规定，用人单位有（   ）情形，劳动者可以解除劳动合同。

A. 未及时足额支付劳动报酬的

B. 未依法为劳动者缴纳社会保险费的

C. 未按照劳动合同约定提供劳动保护或者劳动条件的

D. 违反推荐性规定的

E. 用人单位的规章制度违反法律、法规的规定，损害劳动者权益的

章节练习答案

一、单项选择题

1. C   2. B   3. D   4. A   5. A   6. A   7. C   8. C   9. D   10. D

11. A   12. C   13. A   14. C   15. C   16. A   17. D   18. C   19. A   20. A

21. B   22. D   23. A   24. B   25. D   26. C

二、多项选择题

1. ACD   2. DE   3. ABCE   4. ABE   5. ACDE   6. CD   7. ABCE

第五章

安 全 生 产 行 政 法 规

大纲要求

1.《安全生产许可证条例》。掌握安全生产许可的基本规定，分析企业取得安全生产许可证应具备的条件、应遵守的程序和安全生产许可监督管理等方面的有关法律问题，判断违法行为及应负的法律责任。

2.《煤矿安全监察条例》。掌握煤矿安全监察的基本规定，分析煤矿安全监察和煤矿事故调查处理方面有关法律问题，判断违法行为及应负的法律责任。

3.《国务院关于预防煤矿生产安全事故的特别规定》。判断煤矿的重大安全生产隐患和行为，分析煤矿停产整顿、关闭的有关法律问题，判断违法行为及应负的法律责任。

4.《建设工程安全生产管理条例》。掌握建设工程安全生产管理的基本规定，分析建设工程建设、勘察、设计、施工及工程监理等方面的有关法律问题，判断违法行为及应负的法律责任。

5.《危险化学品安全管理条例》。掌握危险化学品安全管理的基本规定，分析危险化学品生产、储存、使用、经营和运输以及登记与事故应急救援等方面的有关法律问题，判断违法行为及应负的法律责任。

6.《烟花爆竹安全管理条例》。掌握烟花爆竹安全管理的基本规定，分析烟花爆竹生产、经营、运输和烟花爆竹燃放等方面的有关法律问题，判断违法行为及应负的法律责任。

7.《民用爆炸物品安全管理条例》。掌握民用爆炸物品安全管理的基本规定，分析民用爆炸物品生产、销售、购买、运输、储存以及爆破作业等方面的有关法律问题，判断违法行为及应负的法律责任。

8.《特种设备安全监察条例》。掌握特种设备安全监察的基本规定，分析特种设备生产、使用、检验检测和安全监督检查等方面的有关法律问题，判断违法行为及应负的法律责任。

9.《使用有毒物品作业场所劳动保护条例》。分析使用有毒物品作业场所职业卫生预防和职业健康监护方面的有关法律问题，判断违法行为及应负的法律责任。

10.《国务院关于特大安全事故行政责任追究的规定》。界定特大安全事故的种类，分析特大安全事故的防范、发生的有关法律问题，判断违法行为及应负的行政责任和刑事责任。

11.《生产安全事故报告和调查处理条例》。分析生产安全事故报告、调查和处理等方面的有关法律问题，判断违法行为及应负的法律责任。

12.《工伤保险条例》。掌握工伤保险的基本规定，分析工伤保险费缴纳、工伤认定、劳动能力鉴定和给予工伤人员工伤保险待遇等方面的有关法律问题，判断违法行为及应负的法律责任。

考点	分值 \ 年份	2012年	2013年	2014年	2015年	2017年
安全生产许可证条例	取得安全生产许可证的条件和程序	1	1	1	1	1
	安全生产许可监督管理的规定	1	1			
煤矿安全监察条例	煤矿安全监察的主要内容	1			1	1
国务院关于预防煤矿生产安全事故的特别规定	停产整顿的规定	1	2	2	1	1
	关闭煤矿的要求	2			2	
建设工程安全生产管理条例	建设单位的安全责任			1	1	1
	工程监理单位的安全责任	1	1	1		
	施工单位的安全责任		1			1
危险化学品安全管理条例	危险化学品安全管理的基本规定	1			2	
	危险化学品生产、储存安全管理的规定	2	2		1	
	危险化学品使用的安全管理规定		1	2	1	
	危险化学品经营的安全管理规定	1	4	2		
	危险化学品运输的安全管理规定	3	1	3	2	
	危险化学品登记与事故应急救援	1				
烟花爆竹安全管理条例	烟花爆竹生产安全的规定		1		1	1
	烟花爆竹经营安全的规定			1		
	烟花爆竹运输安全的规定	1				
	烟花爆竹燃放安全的规定		2	2		
民用爆炸物品安全管理条例	民用爆炸物品销售、购买的安全管理规定	1	2	1	1	
	爆破作业的安全管理规定		1	1		
	民用爆炸物品储存的安全管理规定	1				
	民用爆炸物品安全管理违法行为应负的法律责任	1				
特种设备安全监察条例	特种设备安全监察的基本规定	1	2	3		
	特种设备生产的安全规定				1	
	特种设备检验检测的规定				1	
	特种设备使用的安全规定				1	1
	特种设备安全违法行为应负的法律责任	2				
使用有毒物品作业场所劳动保护条例	作业场所的预防措施	1		1		
	劳动过程的防护		1		1	
	职业健康监护	2		2		

分值 考点	年份	2012 年	2013 年	2014 年	2015 年	2017 年
国务院关于特大安全事故行政责任追究的规定	发生特大事故的责任追究规定	1		1		
生产安全事故报告和调查处理条例	事故报告和调查处理的基本规定	1	2	2	2	
	生产安全事故报告的规定		3	1	2	
	生产安全事故调查的规定	1	1			
	生产安全事故报告和调查处理违法行为应负的法律责任	2		1		
工伤保险条例	工伤范围		2	2		
	工伤认定	2			2	
	劳动能力鉴定	1	2	1	2	
	工伤保险待遇的规定	1	1	1	1	1
	工伤保险违法行为应负的法律责任		1			

考点精编与真题回顾

考点一 取得安全生产许可证的条件和程序（表 5 - 1）

表 5 - 1 取得安全生产许可证的条件和程序

项 目	内 容
条件	《安全生产许可证条例》规定，企业取得安全生产许可证，应当具备下列安全生产条件： （1）建立、健全安全生产责任制，制定完备的安全生产规章制度和操作规程。 （2）安全投入符合安全生产要求。 （3）设置安全生产管理机构，配备专职安全生产管理人员。 （4）主要负责人和安全生产管理人员经考核合格。 （5）特种作业人员经有关业务主管部门考核合格，取得特种作业操作资格证书。 （6）从业人员经安全生产教育和培训合格。 （7）依法参加工伤保险，为从业人员缴纳保险费。 （8）厂房、作业场所和安全设施、设备、工艺符合有关安全生产法律、法规、标准和规程的要求。 （9）有职业危害防治措施，并为从业人员配备符合国家标准或者行业标准的劳动防护用品。 （10）依法进行安全评价。 （11）有重大危险源检测、评估、监控措施和应急预案。 （12）有生产安全事故应急救援预案、应急救援组织或者应急救援人员，配备必要的应急救援器材、设备。 （13）法律、法规规定的其他条件

项　目		内　容
程序	企业应当依法提出申请	《安全生产许可证条例》对已经进行生产的企业，规定应当在本条例施行之日起1年内依法向安全生产许可证颁发管理机关申请办理安全生产许可证。 根据《安全生产许可证条例》的规定，安全生产监督管理部门负责非煤矿矿山企业和危险化学品、烟花爆竹生产企业安全生产许可证的颁发和管理，煤矿安全监察机构负责煤矿企业安全生产许可证的颁发和管理。 《安全生产许可证条例》规定，省、自治区、直辖市人民政府建设主管部门负责建筑施工企业安全生产许可证的颁发和管理，并接受国务院建设主管部门的指导和监督。 《安全生产许可证条例》规定，省、自治区、直辖市人民政府民用爆炸物品行业主管部门负责民用爆炸物品生产企业安全生产许可证的颁发和管理，并接受国务院民用爆炸物品行业主管部门的指导和监督
	受理申请及审查	审查工作分为：形式审查；实质性审查
	决定	《安全生产许可证条例》规定，安全生产许可证颁发管理机关应当自收到申请之日起45日内审查完毕
	期限与延续	安全生产许可证有效期为3年，不设年检。 《安全生产许可证条例》规定，安全生产许可证的有效期为3年。安全生产许可证有效期满需要延期的，企业应当于期满前3个月内向原安全生产许可证颁发管理机关办理延期手续。企业在安全生产许可证有效期内，严格遵守有关安全生产的法律法规，未发生死亡事故的，安全生产许可证有效期届满时，经原安全生产许可证颁发管理机关同意，不再审查，安全生产许可证有效期延期3年

1.【2017年真题】某铁矿石生产企业近日通过试生产，需向本省安全生产许可证颁发机关申请取得非煤矿山安全生产许可证，依据《安全生产许可证条例》的规定，下列说法正确的是（　　）。

A. 该企业需配备专职或兼职安全生产管理人员

B. 该企业主要负责人和安全生产管理人员须取得安全资格证书

C. 该企业须具有职业危害防治措施

D. 该企业须为从业人员投保人身意外伤害保险

【答案】C

【解析】《安全生产许可证条例》规定，企业取得安全生产许可证，应当具备下列安全生产条件：①建立、健全安全生产责任制，制定完备的安全生产规章制度和操作规程；②安全投入符合安全生产要求；③设置安全生产管理机构，配备专职安全生产管理人员；④主要负责人和安全生产管理人员经考核合格；⑤特种作业人员经有关业务主管部门考核合格，取得特种作业操作资格证书；⑥从业人员经安全生产教育和培训合格；⑦依法参加工伤保险，为从业人员缴纳保险费；⑧厂房、作业场所和安全设施、设备、工艺符合有关安全生产法律、法规、标准和规程的要求；⑨有职业危害防治措施，并为从业人员配备符合国家标准或者行业标准的劳动防护用品；⑩依法进行安全评价；⑪有重大危险源检测、评估、监控措施和应急预案；⑫有生产安全事故应急救援预案、应急救援组织或者应急救援人员，配备必要的应急救援器材、设备；⑬法律、法规规定的其他条件。

2. 【2015年真题】某危化品生产企业的安全生产许可证在有效期内，严格遵守安全生产的法律法规，未发生死亡事故。依据《安全生产许可证条例》规定，下列关于其安全生产许可证有效期届满延期的说法，正确的是(   )。

A. 应当在有效期满前提出延期的申请，经同意可免审延续1年

B. 应当在有效期满前提出延期的申请，经同意可免审延续2年

C. 应当在有效期满前提出延期的申请，经同意可免审延续3年

D. 应当在有效期满前提出延期的申请，经同意可免审延续5年

【答案】C

【解析】安全生产许可证有效期届满延期的规定见表5-1的相关内容。该考点于2011年也进行了考核。

3. 【2014年真题】某非煤矿山企业拟申请安全生产许可证，企业负责人为此咨询了律师。依据《安全生产许可证条例》的规定，下列关于安全生产许可证申请的说法，正确的是(   )。

A. 安全生产许可证的有效期是3年，并且不需要年检

B. 由矿产资源管理部门负责安全生产许可证的颁发

C. 安全生产许可证颁发机关自收到企业申请资料之日起，应当在30d内完成审查发证工作

D. 安全生产许可证可以在企业试生产期间提出申请

【答案】A

【解析】安全生产监督管理部门负责非煤矿矿山企业和危险化学品、烟花爆竹生产企业安全生产许可证的颁发和管理，故选项B错误。《安全生产许可证条例》规定，安全生产许可证颁发管理机关应当自收到申请之日起45d内审查完毕，故选项C错误。企业进行生产前，应当依照《安全生产许可证条例》的规定向安全生产许可证颁发管理机关申请领取安全生产许可证，并提供《安全生产许可证条例》第6条规定的相关文件、资料。故选项D排除。该考点于2011年也进行了考核。

4. 【2013年真题】某危险化学品生产经营企业于2010年6月10日向省安全监管部门申请办理安全生产许可证，省安全监管部门于2010年7月15日向该企业颁发了安全生产许可证。依据《安全生产许可证条例》的规定，该企业申请办理安全生产许可证延期手续合适的日期是(   )。

A. 2013年3月10日

B. 2015年3月10日

C. 2013年4月15日

D. 2015年4月15日

【答案】C

【解析】安全生产许可证的有效期及延续的规定见表5-1的相关内容。安全生产许可证自批准之日起生效。故选项C正确。该考点于2012年也进行了考核。

考点二　煤矿安全监察的主要内容（表5-2）

表5-2　　　　　　　　　　　　　　煤矿安全监察的主要内容

项　　目	内　　容
煤矿安全生产责任制	煤矿安全监察机构发现煤矿未依法建立安全生产责任制的，有权责令限期改正

项 目	内 容
煤矿安全生产组织保障	(1) 设置安全生产机构或者配备安全生产人员。 (2) 矿长安全任职资格。 (3) 特种作业人员持证上岗。 (4) 职工岗前教育培训
安全技术措施费的提取和使用	煤矿安全监察机构对煤矿安全技术措施专项费用的提取和使用情况进行监督，对未依法提取或者使用的，应当责令限期改正
安全设施设计审查	煤矿建设工程安全设施设计必须经煤矿安全监察机构审查同意；未经审查同意的，不得施工。煤矿安全监察机构审查煤矿建设工程安全设施设计，应当自收到申请审查的设计资料之日起 30d 内审查完毕，签署同意或者不同意的意见，并书面答复
安全设施验收和安全条件审查	煤矿建设工程竣工后或者投产前，应当经煤矿安全监察机构对其安全设施和条件进行验收；未经验收或者验收不合格的，不得投入生产。煤矿安全监察机构对煤矿建设工程安全设施和条件进行验收，应当自收到申请验收文件之日起 30d 内验收完毕，签署合格或者不合格的意见，并书面答复
作业现场检查和复查	煤矿安全监察机构发现煤矿矿井通风、防火、防水、防瓦斯、防毒、防尘等安全设施和条件不符合国家安全标准、行业安全标准、煤矿安全规程和行业技术规范要求的，应当责令立即停止作业或者责令限期达到要求。 煤矿安全监察人员发现煤矿矿长或者其他主管人员违章指挥工人或者强令工人违章、冒险作业，或者发现工人违章作业的，应当立即纠正或者责令立即停止作业
专用设备监督检查	煤矿安全监察机构发现煤矿矿井使用的设备、器材、仪器、仪表、防护用品不符合国家安全标准或者行业安全标准的，应当责令立即停止使用
事故预防和应急计划	煤矿安全监察机构应当监督煤矿制定事故预防和应急计划，并检查煤矿制定的发现和消除事故隐患的措施及其落实情况

1.【2017 年真题】依据《煤矿安全监察条例》，下列关于煤矿建设工程安全设施安全监察的说法，正确的是（   ）。

A. 煤矿建设工程安全设施设计必须经煤矿安全监察机构和国土资源管理部门联合审查同意方能施工

B. 审查机构审查煤矿建设工程安全设施设计，应当自收到申请资料之日起 60 日内审查完毕

C. 煤矿建设工程安全设施设计审查完毕，审查机构要签署同意或者不同意的意见，并书面回复

D. 煤矿建设工程竣工后，应当经煤炭行业管理部门对其安全设施进行验收后方能投入生产

【答案】C

【解析】煤矿建设工程设计必须符合煤矿安全规程和行业技术规范的要求。煤矿建设工程安全设施设计必须经煤矿安全监察机构审查同意；未经审查同意的，不得施工。故 A 选项错误。煤矿安全监察机构审查煤矿建设工程安全设施设计，应当自收到申请审查的设计资料之日起 30 日内审查完毕，签署同意或者不同意的意见，并书面答复。故 B 选项错误。煤

矿建设工程竣工后或者投产前，应当经煤矿安全监察机构对其安全设施和条件进行验收；未经验收或者验收不合格的，不得投入生产。故 D 选项错误。煤矿安全监察机构对煤矿建设工程安全设施和条件进行验收，应当自收到申请验收文件之日起 30 日内验收完毕，签署合格或者不合格的意见，并书面答复。故 C 选项正确。

2. 【2015 年真题】依据《煤矿安全监察条例》的规定，下列关于煤矿安全监察执法检查的说法，正确的是(   )。

A. 煤矿安全监察机构发现煤矿未依法建立安全生产责任制的，有权责令停业整顿

B. 煤矿安全监察机构发现煤矿未设置安全生产管理机构或者配备安全生产管理人员的，应当责令停业整顿

C. 煤矿建设工程安全设施设计必须经煤矿安全监察机构审查同意，未经审查同意的，不得施工

D. 煤矿安全监察机构审查煤矿建设工程安全设施设计，应当自收到申请审查的设计资料之日起 45 日内审查完毕

【答案】C

【解析】《煤矿安全监察条例》规定，煤矿安全监察机构发现煤矿未依法建立安全生产责任制的，有权责令限期改正；煤矿安全监察机构发现煤矿未设置安全生产机构或者配备安全生产人员的，应当责令限期改正。选项 A、B 均以"责令停业整顿"为陷阱替换"责令限期改正"，故选项 A、B 错误。选项 D 中的时限为陷阱。煤矿安全监察机构审查煤矿建设工程安全设施设计，应当自收到申请审查的设计资料之日起 30d 内审查完毕，签署同意或者不同意的意见，并书面答复，故选项 D 错误。

3. 【2012 年真题】根据《煤矿安全监察条例》，下列关于煤矿安全监察内容的说法中，正确的是(   )。

A. 煤矿安全监察机构发现煤矿进行独眼井开采的，应当责令立即停止作业或者责令限期改正

B. 煤矿安全监察机构对煤矿建设工程安全设施和条件进行验收，应当自收到申请验收文件之日起 60d 内验收完毕

C. 煤矿安全监察机构依照本条例的规定责令煤矿限期解决事故隐患、限期改正影响煤矿安全的违法行为或者限期使安全设施和条件达到要求，不得在限期内进行复查和签署复查意见

D. 煤矿安全监察机构及其煤矿安全监察人员履行安全监察职责，发出安全监察指令，应当采用书面通知形式，紧急情况下需要采取紧急处理措施，来不及书面通知的，应当随后补充书面通知

【答案】D

【解析】煤矿安全监察验收时限的相关规定参见表 5-2 的相关内容。煤矿安全监察机构发现煤矿进行独眼井开采的，应当责令关闭，故选项 A 错误。煤矿安全监察机构依照《煤矿安全监察条例》的规定责令煤矿限期解决事故隐患、限期改正影响煤矿安全的违法行为或者限期使安全设施和条件达到要求的，应当在限期届满时及时对煤矿执行情况进行复查并签署复查意见，故选项 C 错误。

考点三　停产整顿的规定（表5-3）

表5-3　　　　　　　　　　　　　　　　停产整顿的规定

项　目	内　容
停产整顿期间的监督检查	《国务院关于预防煤矿生产安全事故的特别规定》关于煤矿停产整顿期间的监督检查，采取了下列两项措施： （1）暂扣证照。 （2）采取有效措施进行监督检查
停产整顿后的整改复查　复产验收	《国务院关于预防煤矿生产安全事故的特别规定》规定，被责令停产整顿的煤矿应当制定整改方案，落实整改措施和安全技术规定；整改结束后要求恢复生产的，应当由县级以上地方人民政府负责煤矿安全生产监督管理的部门自收到恢复生产申请之日起60d内组织验收完毕
经验收后依法做出处理决定	《国务院关于预防煤矿生产安全事故的特别规定》规定了三种处理措施： （1）验收合格的，经组织验收的地方人民政府负责煤矿安全生产监督管理的部门的主要负责人签字，并经有关煤矿安全监察机构审核同意，报请有关地方人民政府主要负责人签字批准，颁发证照的部门发还证照，煤矿方可恢复生产。 （2）经验收不合格的，由有关人民政府予以关闭。 （3）被责令停产整顿的煤矿擅自从事生产的，县级以上地方人民政府负责煤矿安全生产监督管理的部门、煤矿安全监察机构应当提请有关地方人民政府予以关闭，没收违法所得，并处违法所得1倍以上5倍以下的罚款；构成犯罪的，依法追究刑事责任
在法定期限内多次发现有重大隐患仍然生产的，予以关闭	《国务院关于预防煤矿生产安全事故的特别规定》对在短期内屡次发现存在重大安全生产隐患的，对3个月内2次或者2次以上发现有重大安全生产隐患，仍然进行生产的煤矿，县级以上地方人民政府负责煤矿安全生产监督管理的部门、煤矿安全监察机构应当提请有关地方人民政府关闭该煤矿，并由颁发证照的部门立即吊销矿长资格证和矿长安全资格证，该煤矿的法定代表人和矿长5年内不得再担任任何煤矿的法定代表人或者矿长

1.【2017年真题】依据《国务院关于预防煤矿生产安全事故的特别规定》，被责令停产整顿的煤矿，整改结束后要求恢复生产的，应当由县级以上地方人民政府负责煤矿安全监管的部门自收到恢复生产申请之日起，在规定期限内组织验收完毕，验收的期限是（　　）。

A. 60日内　　　　　　B. 80日内　　　　　　C. 90日内　　　　　　D. 120日内

【答案】A

【解析】《国务院关于预防煤矿生产安全事故的特别规定》规定，被责令停产整顿的煤矿应当制定整改方案，落实整改措施和安全技术规定；整改结束后要求恢复生产的，应当由县级以上地方人民政府负责煤矿安全生产监督管理的部门自收到恢复生产申请之日起60日内组织验收完毕。

2.【2015年真题】某煤矿因存在通风系统不合理、采区工作面数量严重超规定要求的重大安全隐患，被当地煤矿安全监察机构责令停产整顿。依据《国务院关于预防煤矿生产安全事故的特别规定》，下列关于煤矿安全监察内容的说法，正确的是（　　）。

A. 煤矿安全监管部门自收到复产申请之日起应在45d内组织验收完毕

B. 该煤矿擅自从事生产，煤矿安全监察机构应提请有关地方人民政府予以关闭

C. 验收合格后，经煤矿安全监察机构主要负责人审核同意，即可恢复生产

D. 因存在重大安全隐患该煤矿被关闭，该矿长3年内不得担任任何煤矿的矿长

【答案】B

【解析】复产验收及经验收后依法做出处理决定的规定见表5-3的相关内容。

3. 【2014 年真题】依据《国务院关于预防煤矿生产安全事故的特别规定》，下列关于煤矿停产整顿的说法，正确的是(　　)。

A. 高瓦斯矿井未建立瓦斯抽放系统和监控系统，仍然进行生产的，由县级以上地方人民政府有关部门责令停产整顿，并处 50 万元以下的罚款

B. 对 1 个月内 2 次以上发现有重大安全生产隐患，仍然进行生产的煤矿，由县级以上地方人民政府有关部门责令立即停产整顿

C. 被责令停产整顿的煤矿擅自从事生产的，由县级以上地方人民政府有关部门予以关闭

D. 对被责令停产整顿的煤矿，在停产整顿期间，由有关地方人民政府采取有效措施进行监督检查

【答案】D

【解析】《国务院关于预防煤矿生产安全事故的特别规定》规定，高瓦斯矿井未建立瓦斯抽放系统和监控系统，或者瓦斯监控系统不能正常运行的应当立即停止生产，排除隐患。仍然进行生产的，由县级以上地方人民政府负责煤矿安全生产监督管理的部门或者煤矿安全监察机构责令停产整顿，提出整顿的内容、时间等具体要求，处 50 万元以上 200 万元以下的罚款；对煤矿企业负责人处 3 万元以上 15 万元以下的罚款。故选项 A 错误。《国务院关于预防煤矿生产安全事故的特别规定》对在短期内屡次发现存在重大安全生产隐患的，规定对 3 个月内 2 次或者 2 次以上发现有重大安全生产隐患，仍然进行生产的煤矿，县级以上地方人民政府负责煤矿安全生产监督管理的部门、煤矿安全监察机构应当提请有关地方人民政府关闭该煤矿。选项 B 涉及的后果应是关闭。被责令停产整顿的煤矿擅自从事生产的，县级以上地方人民政府负责煤矿安全监督管理的部门、煤矿安全监察机构应当提请有关地方人民政府予以关闭，没收违法所得，并处违法所得 1 倍以上 5 倍以下的罚款；构成犯罪的，依法追究刑事责任。考生应牢记县级以上地方人民政府负责煤矿安全监督管理的部门、煤矿安全监察机构仅应当提请有关地方人民政府予以关闭，而并非拥有关闭决定权。故选项 C 错误。

4. 【2014 年真题】依据《国务院关于预防煤矿生产安全事故的特别规定》，对(　　)2 次或者 2 次以上发现有重大安全生产隐患，仍然进行生产的煤矿，有关部门应当提请有关地方人民政府关闭该煤矿。

A. 6 个月内　　　　　B. 5 个月内　　　　　C. 4 个月内　　　　　D. 3 个月内

【答案】D

【解析】在法定期限内多次发现有重大隐患仍然生产的，予以关闭的规定见表 5 - 3 的相关内容。

5. 【2013 年真题】依据《国务院关于预防煤矿生产安全事故的特别规定》，被责令停产整顿的煤矿应当制订整改方案，落实整改措施和安全技术规定；整改结束后要求恢复生产的，应向县级以上地方人民政府负责煤矿安全监管部门提出申请，受理申请的部门应当自收到恢复生产申请之日起(　　)d 内组织验收完毕。

A. 15　　　　　　B. 30　　　　　　C. 60　　　　　　D. 90

【答案】C

【解析】复产验收的规定见表 5 - 3 的相关内容。

6. 【2013 年真题】依据《国务院关于预防煤矿生产安全事故的特别规定》，被责令停产

整顿的煤矿经整改合格后，最终经(　　)签字批准可恢复生产。

　　A. 煤矿企业主要负责人　　　　　　　　　B. 地方政府主要负责人

　　C. 地方负责煤矿安全监管部门主要负责人　　D. 地方煤矿安全监察机构主要负责人

【答案】B

【解析】煤矿企业停产整顿后验收合格的规定见表 5 - 3 的相关内容。

　　7.【2012 年真题】根据《国务院关于预防煤矿生产安全事故的特别规定》，在短期内多次发现存在重大安全隐患仍然进行生产的煤矿，应依法予以关闭，并由颁发证照的部门立即吊销矿长资格证书和矿长安全资格证书，该煤矿的法定代表人和矿长不得再担任任何煤矿的法定代表人和矿长的期限是(　　)。

　　A. 2 年　　　　　　B. 3 年　　　　　　C. 5 年　　　　　　D. 终身

【答案】C

【解析】在法定期限内多次发现有重大隐患仍然生产的法律责任见表 5 - 3 的相关内容。

　　考点四　非法煤矿的关闭 (表 5 - 4)

表 5 - 4　　　　　　　　　　　　　　非法煤矿的关闭

项　　目	内　　容
应予关闭的非法煤矿	《国务院关于预防煤矿生产安全事故的特别规定》不仅界定了非法煤矿，而且还明确了应予关闭的非法煤矿的 4 种情形： (1) 无证照或者证照不全擅自生产的。 (2) 在 3 个月内 2 次或者 2 次以上发现有重大安全生产隐患的。 (3) 停产整顿期间擅自从事生产的。 (4) 经整顿验收不合格的
关闭煤矿的具体要求	《国务院关于预防煤矿生产安全事故的特别规定》提出了关闭煤矿应当达到的 5 项要求： (1) 吊销相关证照。 (2) 停止供应并处理火工用品。 (3) 停止供电，拆除矿井生产设备、供电、通信线路。 (4) 封闭、填实矿井井筒，平整井口场地，恢复地貌。 (5) 妥善遣散从业人员

　　1.【2015 年真题】依据《关于预防煤矿生产安全事故的特别规定》，煤矿若存在下列情形，有关执法部门应当提请政府对其予以关闭的有(　　)。

　　A. 2 个月内 2 次或 2 次以上未依法对井下作业人员进行安全生产教育和培训的

　　B. 3 个月内 2 次或 2 次以上发现有重大安全生产隐患仍然进行生产的

　　C. 无证照或者证照不全擅自从事生产的

　　D. 停产整顿后，验收仍不合格的

　　E. 被责令停产整顿，擅自从事生产的

【答案】BCDE

【解析】应予关闭的非法煤矿见表 5 - 4 的相关内容。

　　2.【2012 年真题】根据《国务院关于预防煤矿生产安全事故的特别规定》，关闭煤矿应当达到的要求有(　　)。

　　A. 吊销相关证照，停止供应并处理火工用品

　　B. 销毁煤矿的生产设计图纸及水文地质资料

C. 停止供电，拆除矿井生产设备、供电、通信线路

D. 封闭、填实矿井井筒，平整井口场地，恢复地貌

E. 妥善遣散从业人员

【答案】ACDE

【解析】关闭煤矿的具体要求见表5-4的相关内容。

考点五　建设单位的安全责任（表5-5）

表5-5　　　　　　　　　　　　　　建设单位的安全责任

项　　目	内　　容
建设单位应当如实向施工单位提供有关施工资料	《建设工程安全生产管理条例》规定，建设单位应当向施工单位提供施工现场及毗邻区域内供水、排水、供电、供气、供热、通信、广播电视等地下观测资料，相邻建筑物和构筑物、地下工程的有关资料，并保证资料的真实、准确、完整
建设单位不得向有关单位提出非法要求，不得压缩合同工期	《建设工程安全生产管理条例》规定，建设单位不得对勘察、设计、施工、工程监理等单位提出不符合建设工程安全生产法律、法规和强制性标准规定的要求，不得要求压缩合同的工期
必须保证必要的安全投入	《建设工程安全生产管理条例》规定，建设单位在编制工程概算时，应当确定建设工程安全作业环境及安全施工所需要费用。 《安全生产法》规定，生产经营单位应当具备的安全生产条件所必需的资金投入，由生产经营单位的决策机构、主要负责人或者个人经营的投资人予以保证，并对由于安全生产所必需的资金投入不足导致的后果承担责任
不得明示或者暗示施工单位购买不符合安全要求的设备、设施、器材和用具	《建设工程安全生产管理条例》规定，建设单位不得明示或者暗示施工单位购买、租赁、使用不符合安全施工要求的安全防护用具、机械设备、施工机具及配件、消防设施和器材
开工前报送有关安全施工措施的资料	依照《建设工程安全生产管理条例》的规定，建设单位在申请领取施工许可证时，应当提供建设工程有关安全施工措施的资料。依法批准开工报告的建设工程，建设单位应当自开工报告批准之日起15d内，将保证安全施工的措施报送建设工程所在地的县级以上人民政府建设行政主管部门或者其他有关部门备案
关于拆除工程的特殊规定	建设单位应当在拆除工程施工15d前，将下列资料报送建设工程所在地县级以上人民政府建设行政主管部门或者其他有关部门备案： （1）施工单位资质等级证明。 （2）拟拆除建筑物、构筑物及可能危及毗邻建筑的说明。 （3）拆除施工组织方案。 （4）堆放、清除废弃物的措施

1. 【2017年真题】依据《建设工程安全生产管理条例》的规定，下列关于建设单位安全责任的说法，正确的是（　　）。

A. 建设单位必须设立安全生产管理机构，配备专职安全生产管理人员

B. 建设单位可视工程需要压缩合同约定的工期

C. 建设单位应当在拆除工程施工30日前，将有关资料报建设行政主管部门备案

D. 建设单位在编制工程概算时，应当确定建设工程安全作业环境及安全施工措施所需费用

【答案】D

【解析】A选项中所述内容并非建设工程安全生产管理条例的强制性规定，较容易排除。

建设单位不得要求压缩合同的工期。故 B 选项错误。C 选项中的正确表述应为"在拆除工程施工 15 日前"。

2. 【2015 年真题】依据《建设工程安全生产管理条例》的规定，下列关于建设工程相关单位安全责任的说法，正确的是(　　)。

A. 建设工程的合理工期应由施工单位和监理单位双方协商一致确定

B. 建设单位在编制工程概算时，应当确定建设工程的安全作业环境和安全施工所需费用

C. 工程设计单位应向施工单位提供施工现场内供水、排水、供电、通信等地下管线资料

D. 建设单位应当在开工报告批准之日起 30d 内，将安全施工保证措施报送有关主管部门备案

【答案】B

【解析】建设工程相关单位的安全责任参见表 5-5 的相关内容。

3. 【2014 年真题】建设单位是建筑工程的投资主体，在建筑活动中居于主导地位，依据《建设工程安全生产管理条例》的规定，下列关于建设单位安全责任的说法，正确的是(　　)。

A. 建设单位可以根据市场需求压缩合同约定的工期

B. 建设单位应当自开工报告批准之日起 10d 内，将保证安全施工的措施报送所在地建设行政主管部门或有关部门备案

C. 建设单位应当在拆除工程施工 10d 前，将有关资料报送所在地建设行政主管部门或有关部门备案

D. 建设单位应当根据工程需要向施工企业提供施工现场相邻建筑物的相关资料

【答案】D

【解析】建设单位的安全责任见表 5-5 的相关内容。

考点六　勘察、设计及工程监理等单位的安全责任（表 5-6）

表 5-6　　　　　　　　　　勘察、设计及工程监理等单位的安全责任

项　目	内　容
勘察单位的安全责任	(1) 勘察单位的注册资本、专业技术人员、技术装备和业绩应当符合规定。 (2) 勘察必须满足工程强制性标准的要求。 (3) 勘察单位提供的勘察文件应当真实、准确，满足安全生产的要求。 (4) 勘察单位应当严格执行操作规程、采取措施保证各类管线、设施和周边建筑物、构筑物的安全
设计单位的安全责任	(1) 取得相应的等级资质证书，在许可范围内承揽设计业务。 (2) 必须依法和标准进行设计，保证设计质量和施工安全。 (3) 应当考虑施工安全和防护需要，对涉及施工安全的重点部位和环节，在设计文件中注明，并对防范生产安全事故提出指导意见。 (4) 采用新结构、新材料、新工艺的建设工程以及特殊结构的工程，设计单位应当提出保障施工作业人员安全和预防生产安全事故的措施建议。 (5) 设计单位和注册建筑师等注册执业人员应当对其设计负责

项　目	内　容
工程监理单位 的安全责任	（1）工程监理单位应当审查施工组织设计中的安全技术措施或者专项施工方案是否符合工程建设强制性标准。 （2）工程监理单位在实施监理过程中，发现事故隐患的，应当要求施工单位整改；情节严重的，应当要求施工单位停止施工，并及时报告建设单位。施工单位拒不整改或者不停止施工的，工程监理单位应当及时向有关主管部门报告。 （3）工程监理单位和监理工程师应当按照法律、法规和工程建设强制性标准实施监理，对建设工程安全生产承担监理职责

1. 【2014 年真题】依据《建设工程安全生产管理条例》的规定，监理单位对施工组织设计进行强制性标准符合性审查，下列属于审查内容的是(　　)。

A. 安全管理方案 　　　　　　　　　B. 安全技术措施

C. 安全培训计划 　　　　　　　　　D. 安全投入计划

【答案】B

【解析】工程监理单位的安全责任见表 5-6 的相关内容。

2. 【2013 年真题】依据《建设工程安全生产管理条例》的规定，施工组织设计中的安全技术或者专项施工方案应当符合工程建设强制性标准，负责符合性审查的单位是(　　)。

A. 建设单位 　　　　　　　　　　　B. 设计单位

C. 监理单位 　　　　　　　　　　　D. 施工单位

【答案】C

【解析】工程监理单位的安全责任见表 5-6 的相关内容。该考点于 2012 年也进行了考核。

考点七　施工单位的安全责任（表 5-7）

表 5-7　　　　　　　　　　　施工单位的安全责任

项　目	内　容
总承包单位与分包 单位的安全管理	实行施工总承包的，施工现场由总承包单位全面统一负责。 《建筑法》规定，施工总承包的，建筑工程主体结构的施工必须由总承包单位自行完成。 《建设工程安全生产管理条例》规定，总承包单位和分包单位对分包工程的安全生产承担连带责任。分包单位应当服从总承包单位的安全生产管理，分包单位不服从管理导致生产安全事故的，由分包单位承担主要责任
特种作业人员 的资格管理	《建设工程安全生产管理条例》规定，垂直运输机械作业人员、安装拆卸工、爆破作业人员、起重信号工、登高架设作业人员等特种作业人员，必须按照国家有关规定经过专门的安全作业培训，并取得特种作业操作资格证书后，方可上岗作业
人身意外伤害保险	《建设工程安全生产管理条例》规定，施工单位应当为施工现场从事危险作业的人员办理意外伤害保险。意外伤害保险费由施工单位支付。实行施工总承包的，由总承包单位支付意外伤害保险费。意外伤害保险期限自建设工程开工之日起至竣工验收合格止

1. 【2017 年真题】依据《建筑工程安全生产管理条例》的规定，下列关于施工单位安全责任的说法，正确的是（　　）。

A. 施工单位应当配备专职或兼职安全生产管理人员
B. 施工单位未设置安全生产管理机构，未配备安全生产管理人员的，应委托第三方负责现场安全管理
C. 施工总承包单位和分包单位对分包工程的安全生产负连带责任
D. 施工总承包单位可以将建设工程主体结构的施工项目进行分包

【答案】C

【解析】施工单位应当设立安全生产管理机构，配备专职安全生产管理人员。故 A 选项错误。违反《建设工程安全生产管理条例》的规定，施工单位有下列行为之一的，责令限期改正；逾期未改正的，责令停业整顿，依照《安全生产法》的有关规定处以罚款；造成重大安全事故，构成犯罪的，对直接责任人员，依照刑法有关规定追究刑事责任：①未设立安全生产管理机构、配备专职安全生产管理人员或者分部分项工程施工时无专职安全生产管理人员现场监督的；②施工单位的主要负责人、项目负责人、专职安全生产管理人员、作业人员或者特种作业人员，未经安全教育培训或者经考核不合格即从事相关工作的；③未在施工现场的危险部位设置明显的安全警示标志，或者未按照国家有关规定在施工现场设置消防通道、消防水源、配备消防设施和灭火器材的；④未向作业人员提供安全防护用具和安全防护服装的；⑤未按照规定在施工起重机械和整体提升脚手架、模板等自升式架设设施验收合格后登记的；⑥使用国家明令淘汰、禁止使用的危及施工安全的工艺、设备、材料的。故 B 选项错误。施工总承包的，建筑工程主体结构的施工必须由总承包单位自行完成。故 D 选项错误。

2. 【2015 年真题】依据《建设工程安全生产管理条例》的规定，实行施工总承包的建设工程，支付意外伤害保险费的单位是（　　）。

A. 总承包单位
B. 施工单位
C. 总承包单位与施工单位
D. 施工单位与监理单位

【答案】A

【解析】人身意外伤害保险费的支付主体见表 5－7 的相关规定。

3. 【2013 年真题】甲公司采取施工总承包方式将一建设工程发包给乙公司，乙公司又将该工程中的液氨罐区安装工程分包给丙公司，将供水工程分包给丁公司。依照《建设工程安全生产管理条例》的规定，对该建设工程施工现场安全生产负总责的单位是（　　）。

A. 甲公司　　　　　　　　　　　　B. 乙公司
C. 丙公司　　　　　　　　　　　　D. 丁公司

【答案】B

【解析】实行施工总承包的，施工现场由总承包单位全面统一负责，包括工程质量、建设工期、造价控制、施工组织等，由此，施工现场的安全生产也应当由施工总承包单位负责。根据《建筑法》的规定，施工总承包的，建筑工程主体结构的施工必须由总承包单位自行完成。

考点八 危险化学品安全管理的基本规定（表5-8）

表5-8   危险化学品安全管理的基本规定

项 目	内 容
危险化学品的范围	《危险化学品安全管理条例》规定，本条例所称危险化学品，是指具有毒害、腐蚀、爆炸、燃烧、助燃等性质，对人体、设施、环境具有危害的剧毒化学品和其他化学品。危险化学品目录，由国务院安全生产监督管理部门会同国务院工业和信息化、公安、环境保护、卫生、质量监督检验检疫、交通运输、铁路、民用航空、农业主管部门，根据化学品危险特性的鉴别和分类标准确定、公布，并适时调整
《危险化学品安全管理条例》的适用范围	《危险化学品安全管理条例》规定，危险化学品生产、储存、使用、经营和运输的安全管理，适用本条例。废弃危险化学品的处置，依照有关环境保护的法律、行政法规和国家有关规定执行
危险化学品安全监督管理部门的监督检查权	依据《危险化学品安全管理条例》的规定，负有危险化学品安全监督管理职责的部门依法进行监督检查，可以采取下列5项措施： （1）进入危险化学品作业场所实施现场检查，向有关单位和人员了解情况，查阅、复制有关文件、资料。 （2）发现危险化学品事故隐患，责令立即消除或者限期消除。 （3）对不符合法律、行政法规、规章规定或者国家标准、行业标准要求的设施、设备、装置、器材、运输工具，责令立即停止使用。 （4）经本部门主要负责人批准，查封违法生产、储存、使用、经营危险化学品的场所，扣押违法生产、储存、使用、经营、运输的危险化学品以及用于违法生产、使用、运输危险化学品的原材料、设备、运输工具。 （5）发现影响危险化学品安全的违法行为，当场予以纠正或者责令限期改正。 监督检查人员不得少于2人，并应当出示执法证件

1. 【2017年真题】依据《危险化学品安全管理条例》的规定，下列关于负有安全监管职责的部门进行监督检查的做法，正确的是（   ）。

A. 发现危险化学品事故隐患，责令立即停产整顿

B. 发现器材不符合规定要求，责令立即停止使用

C. 发现违法运输危险化学品的运输工具，立即予以没收

D. 发现影响危险化学品安全的违法行为，当场予以罚款

【答案】B

【解析】《危险化学品安全管理条例》规定，负有危险化学品安全监督管理职责的部门依法进行监督检查，可以采取下列措施：①进入危险化学品作业场所实施现场检查，向有关单位和人员了解情况，查阅、复制有关文件、资料；②发现危险化学品事故隐患，责令立即消除或者限期消除；③对不符合法律、行政法规、规章规定或者国家标准、行业标准要求的设施、设备、装置、器材、运输工具，责令立即停止使用；④经本部门主要负责人批准，查封违法生产、储存、使用、经营危险化学品的场所，扣押违法生产、储存、使用、经营、运输的危险化学品以及用于违法生产、使用、运输危险化学品的原材料、设备、运输工具；⑤发现影响危险化学品安全的违法行为，当场予以纠正或者责令限期改正。负有危险化学品安全监督管理职责的部门依法进行监督检查，监督检查人员不得少于2人，并应当出示执法证件；有关单位和个人对依法进行的监督检查应当予以配合，不得拒绝、阻碍。

2. 【2015年真题】依据《危险化学品安全管理条例》的规定，下列关于安全监管部门

执法人员进行危险化学品监督检查的说法，正确的是(　)。

A. 经所在地人民政府批准，查封违法生产、储存、使用、经营危险化学品的场所，扣押违法生产、储存、使用、经营、运输的危险化学品

B. 开展现场危险化学品监督检查工作，监督检查人员不得少于3人，并应当出示执法证件

C. 对不符合法律、行政法规、规章规定或者国家标准、行业标准要求的设施、设备、装置、器材、运输工具，监督检查人员立即扣押或查封

D. 监督检查人员发现影响危险化学品安全的违法行为，当场予以纠正或者责令限期改正

【答案】D

【解析】危险化学品安全监督管理部门的监督检查权见表5-8的相关内容。

3.【2012年真题】《危险化学品安全管理条例》规定的危险化学品安全管理环节是(　)。

A. 生产、储存、经营、运输、废弃　　　　B. 生产、储存、使用、经营、运输

C. 生产、使用、经营、运输、废弃　　　　D. 生产、储存、使用、运输、废弃

【答案】B

【解析】《危险化学品安全管理条例》规定，危险化学品生产、储存、使用、经营和运输的安全管理，适用本条例。

考点九　危险化学品生产、储存安全管理的规定（表5-9）

表5-9　　　　　　　　　　　　　危险化学品生产、储存安全管理的规定

项　　目	内　　容
新建、改建、扩建生产、储存建设项目的安全条件审查	《危险化学品安全管理条例》规定，建设单位应当对建设项目进行安全条件论证，委托具备国家规定的资质条件的机构对建设项目进行安全评价，并将安全条件论证和安全评价的情况报告报建设项目所在地设区的市级以上人民政府安全生产监督管理部门；安全生产监督管理部门应当自收到报告之日起45日内做出审查决定，并书面通知建设单位
生产、储存危险化学品单位管道的安全标志及检查	《危险化学品安全管理条例》规定，进行可能危及危险化学品管道安全的施工作业，施工单位应当在开工的7日前书面通知管道所属单位，并与管道所属单位共同制订应急预案，采取相应的安全防护措施。管道所属单位应当指派专门人员到现场进行管道安全保护指导
危险化学品包装物、容器的安全管理	《危险化学品安全管理条例》规定，对重复使用的危险化学品包装物、容器，使用单位在重复使用前应当进行检查；发现存在安全隐患的，应当维修或者更换。使用单位应当对检查情况做出记录，记录的保存期限不得少于2年
生产、储存危险化学品的安全评价	依据《危险化学品安全管理条例》的规定，生产、储存危险化学品的企业，应当委托具备国家规定的资质条件的机构，对本企业的安全生产条件每3年进行1次安全评价，提出安全评价报告。安全评价报告的内容应当包括对安全生产条件存在的问题进行整改的方案
生产、储存剧毒化学品和易制爆危险化学品的专项管理	生产、储存剧毒化学品、易制爆危险化学品的单位，应当设置治安保卫机构，配备专职治安保卫人员
危险化学品仓库的安全管理	（1）剧毒化学品以及储存数量构成重大危险源的其他危险化学品，应当在专用仓库内单独存放，并实行双人收发、双人保管制度。 （2）储存危险化学品的单位应当建立危险化学品出入库核查、登记制度
危险化学品单位转产、停产、停业或者解散的安全管理	依据《危险化学品安全管理条例》的规定，生产、储存危险化学品的单位转产、停产、停业或者解散的，应当采取有效措施，及时、妥善处置其危险化学品生产装置、储存设施以及库存的危险化学品，不得丢弃危险化学品；处置方案应当报所在地县级人民政府安全生产监督管理部门、工业和信息化主管部门、环境保护主管部门和公安机关备案

1. 【2017年真题】依据《危险化学品安全管理条例》的规定，下列有关危险化学品生产、储存安全规定的说法，正确的是（   ）。

A. 建设单位负责对改建的储存危险化学品的建设项目进行安全条件审查

B. 安全监管部门应当对生产危险化学品的建设项目进行安全条件论证

C. 储存剧毒化学品的单位，应当设置治安保卫机构

D. 生产危险化学品的单位转产时，应当妥善处置其危险化学品生产装置，处置方案应当报所在地省级安全监管等部门

【答案】C

【解析】建设单位应当对建设项目进行安全条件论证，委托具备国家规定的资质条件的机构对建设项目进行安全评价，并将安全条件论证和安全评价的情况报告报建设项目所在地设区的市级以上人民政府安全生产监督管理部门；安全生产监督管理部门应当自收到报告之日起45日内做出审查决定，并书面通知建设单位。故A、B选项错误。生产、储存剧毒化学品、易制爆危险化学品的单位，应当设置治安保卫机构，配备专职治安保卫人员。故C选项正确。生产、储存危险化学品的单位转产、停产、停业或者解散的，应当采取有效措施，及时、妥善处置其危险化学品生产装置、储存设施以及库存的危险化学品，不得丢弃危险化学品；处置方案应当报所在地县级人民政府安全生产监督管理部门、工业和信息化主管部门、环境保护主管部门和公安机关备案。故D选项错误。

2. 【2015年真题】依据《危险化学品安全管理条例》的规定，下列关于危险化学品生产、储存安全管理的说法，正确的是(   )。

A. 建设单位应当将危险化学品生产建设项目的安全条件论证和安全评价的情况报告，报建设项目所在地县级以上人民政府安全监管部门审查

B. 进行可能危及危险化学品管道安全的施工作业，施工单位应当在开工的15d前书面通知管道所属单位

C. 危险化学品生产企业进行生产前，应当依照《安全生产许可证条例》的规定，取得危险化学品安全生产许可证

D. 剧毒化学品以及储存数量构成重大危险源的其他危险化学品，应当在仓库内与其他物品隔开存放，并实行专人保管制度

【答案】C

【解析】危险化学品生产、储存安全管理的规定见表5-9的相关内容。

3. 【2013年真题】依据《危险化学品安全管理条例》的规定，下列单位中，应当设置治安保卫机构、配备专职治安保卫人员的是(   )。

A. 危险化学品生产单位   B. 危险化学品储存单位

C. 剧毒化学品生产单位   D. 易制爆化学品生产单位

E. 易制爆化学品储存单位

【答案】CDE

【解析】生产、储存剧毒化学品、易制爆危险化学品的单位，应当设置治安保卫机构，配备专职治安保卫人员。

4. 【2012年真题】某石化厂因经营不善决定停业。根据《危险化学品安全管理条例》，

该石化厂应当采取有效措施，及时、妥善处置其危险化学品生产装置、储存设施以及库存的危险化学品，处置方案应报所在地县级人民政府有关部门备案，备案的单位有(   )。

A. 工业和信息化主管部门   B. 安全监管部门

C. 环境保护主管部门   D. 卫生行政主管部门

E. 公安机关

【答案】ABCE

【解析】危险化学品单位停产、停业的安全管理规定见表5-9的相关内容。

考点十　危险化学品使用的安全管理规定（表5-10）

表5-10   危险化学品使用的安全管理规定

项　　　目		内　　　容
安全使用许可证	危险化学品安全使用许可证的取得	依据《危险化学品安全管理条例》的规定，使用危险化学品从事生产并且使用量达到规定数量的化工企业（属于危险化学品生产企业的除外），应当依照本条例的规定取得危险化学品安全使用许可证
	安全条件	依据《危险化学品安全管理条例》的规定，申请危险化学品安全使用许可证的化工企业，除应当符合本条例第28条的规定外，还应当具备下列条件： (1) 有与所使用的危险化学品相适应的专业技术人员。 (2) 有安全管理机构和专职安全管理人员。 (3) 有符合国家规定的危险化学品事故应急预案和必要的应急救援器材、设备。 (4) 依法进行了安全评价
	申办程序	依据《危险化学品安全管理条例》的规定，使用危险化学品的单位，申请危险化学品安全使用许可证的化工企业，应当向所在地设区的市级人民政府安全生产监督管理部门提出申请，并提交其符合申办规定条件的证明材料。设区的市级人民政府安全生产监督管理部门应当依法进行审查，自收到证明材料之日起45d内做出批准或者不予批准的决定。予以批准的，颁发危险化学品安全使用许可证；不予批准的，书面通知申请人并说明理由
安全使用许可证的信息共享		依据《危险化学品安全管理条例》的规定，安全生产监督管理部门应当将其颁发危险化学品安全使用许可证的情况及时向同级环境保护主管部门和公安机关通报

1. 【2017年真题】依据《危险化学品安全管理条例》的规定，下列关于化工企业申请危险化学品安全使用许可证的说法，正确的是（   ）。

A. 审查部门应当是所在地县级人民政府安全监管部门

B. 审查部门应当自收到证明材料之日起45日内做出批准或不予批准的决定

C. 审查部门不予批准的，可以口头或书面通知申请人，并说明理由

D. 审查部门应当将颁发危险化学品安全使用许可证的情况向工商管理部门通报

【答案】B

【解析】申请危险化学品安全使用许可证的化工企业，应当向所在地设区的市级人民政府安全生产监督管理部门提出申请，并提交其符合《危险化学品安全管理条例》第30条规定条件的证明材料。故A选项错误。设区的市级人民政府安全生产监督管理部门应当依法

进行审查，自收到证明材料之日起 45 日内做出批准或者不予批准的决定。故 B 选项正确。予以批准的，颁发危险化学品安全使用许可证；不予批准的，书面通知申请人并说明理由。故 C 选项错误。安全生产监督管理部门应当将其颁发危险化学品安全使用许可证的情况及时向同级环境保护主管部门和公安机关通报。故 D 选项错误。

2.【2015 年真题】依据《危险化学品安全管理条例》的规定，下列关于危险化学品使用安全管理的说法，正确的是(   )。
  A. 使用危险化学品从事生产的化工企业，均需取得危险化学品安全使用许可证
  B. 申请危险化学品安全使用许可证的化工企业，应当有安全管理机构和专职安全管理人员
  C. 申请危险化学品安全使用许可证的化工企业，应当向所在地县级人民政府安全监管部门提出申请
  D. 安全监管部门应当将其颁发危险化学品安全使用许可证的情况，及时向同级工商行政管理机关和公安机关通报
【答案】B
【解析】危险化学品使用的安全管理规定见表 5 - 10 的相关内容。

3.【2014 年真题】依据《危险化学品安全管理条例》的规定，申请危险化学品安全使用许可证的化工企业，应当具备的条件有(   )。
  A. 主要负责人经安全监管部门培训考核合格取得安全使用资格证书
  B. 有与所使用的危险化学品相适应的专业技术人员
  C. 有安全管理机构和专职安全管理人员
  D. 有符合国家规定的危险化学品事故应急预案和必要的应急救援器材、设备
  E. 依法进行了安全评价
【答案】BCDE
【解析】申请危险化学品安全使用许可证的化工企业应具备的条件见表 5 - 10 的相关内容。

4.【2013 年真题】依据《危险化学品安全管理条例》的规定，下列关于危险化学品安全使用许可的说法，正确的是(   )。
  A. 危险化学品生产企业使用危险化学品不需要取得安全使用许可证
  B. 化工企业危险化学品使用量达到规定的数量均需取得安全使用许可证
  C. 危险化学品安全使用许可证应当向所在地省级安全监管部门申请办理
  D. 安全监管部门自收到申请之日起 60d 内做出是否批准安全使用许可的决定
【答案】A
【解析】危险化学品安全使用许可证的相关规定见表 5 - 10 的相关内容。

考点十一　危险化学品经营的安全管理规定（表 5 - 11）

表 5 - 11　　　　　　　　　　危险化学品经营的安全管理规定

项　　目	内　　容
经营许可证	《危险化学品安全管理条例》规定，依法设立的危险化学品生产企业在其厂区范围内销售本企业生产的危险化学品，不需要取得危险化学品经营许可。

项　　目	内　　容
经营许可证	依照《中华人民共和国港口法》的规定取得港口经营许可证的港口经营人，在港区内从事危险化学品仓储经营，不需要取得危险化学品经营许可。 设区的市级人民政府安全生产监督管理部门或者县级人民政府安全生产监督管理部门应当依法进行审查，并对申请人的经营场所、储存设施进行现场核查，自收到证明材料之日起30d内做出批准或者不予批准的决定
剧毒化学品购买许可证	依据《危险化学品安全管理条例》的规定，申请取得剧毒化学品购买许可证，申请人应当向所在地县级人民政府公安机关提交下列材料： (1) 营业执照或者法人证书（登记证书）的复印件。 (2) 拟购买的剧毒化学品品种、数量的说明。 (3) 购买剧毒化学品用途的说明。 (4) 经办人的身份证明
销售剧毒化学品、易制爆危险化学品的安全规定	(1) 禁止向个人销售剧毒化学品（属于剧毒化学品的农药除外）和易制爆危险化学品。 (2) 危险化学品生产企业、经营企业销售剧毒化学品、易制爆危险化学品，应当如实记录购买单位的名称、地址、经办人的姓名、身份证号码以及所购买的剧毒化学品、易制爆危险化学品的品种、数量、用途。销售记录以及经办人的身份证明复印件、相关许可证件复印件或者证明文件的保存期限不得少于1年。 (3) 剧毒化学品、易制爆危险化学品的销售企业、购买单位应当在销售、购买后5日内，将所销售、购买的剧毒化学品、易制爆危险化学品的品种、数量以及流向信息报所在地县级人民政府公安机关备案，并输入计算机系统

1.【2014年真题】某企业是位于 A 省 B 市 C 区港口内的一家危险化学品仓储经营企业，已经取得了港口经营许可证。依据《危险化学品安全管理条例》的规定，下列关于该企业申请危险化学品经营许可证的说法，正确的是(　　)。

A. 需要向 B 市的港口行政管理部门申请危险化学品经营许可证

B. 需要向 C 区的港口行政管理部门申请危险化学品经营许可证

C. 需要向 A 省的安全监督部门申请危险化学品经营许可证

D. 不需要申请危险化学品经营许可证

【答案】D

【解析】危险化学品经营许可证的规定见表 5 - 11 的相关内容。

2.【2014年真题】依据《危险化学品安全管理条例》的规定，剧毒化学品、易制爆危险化学品的销售企业、购买单位，应当在销售、购买后(　　)d 内，将其销售、购买的剧毒化学品、易制爆危险化学品的品种、数量以及流向信息报所在地县级人民政府公安机关备案。

A. 5　　　　　　　　B. 7　　　　　　　　C. 10　　　　　　　　D. 15

【答案】A

【解析】销售剧毒化学品、易制爆危险化学品的安全规定见表 5 - 11 的相关内容。

3.【2013年真题】依据《危险化学品安全管理条例》的规定，下列化学品中，禁止向个人销售的是(　　)。

A. 易自燃化学品　　　　　　　　B. 强腐蚀性化学品

C. 属于剧毒化学品的农药　　　　D. 易制爆化学品

【答案】D

【解析】销售剧毒化学品、易制爆危险化学品的安全规定见表5-11的相关内容。

4. 【2013年真题】依据《危险化学品安全管理条例》的规定，剧毒化学品经营企业销售剧毒化学品时应当登记，销售记录至少应当保存( )年。

A. 1   B. 2   C. 3   D. 5

【答案】A

【解析】销售剧毒化学品、易制爆危险化学品的安全规定见表5-11的相关内容。

5. 【2013年真题】依据《危险化学品安全管理条例》的规定，危险化学品的生产、经营企业销售剧毒化学品、易制爆危险化学品，应当如实记录购买单位的名称、地址、经办人姓名、身份证号码以及所购买剧毒化学品、易制爆化学品的( )等相关信息。

A. 品种   B. 数量   C. 颜色   D. 形态

E. 用途

【答案】ABE

【解析】销售剧毒化学品、易制爆危险化学品的安全规定见表5-11的相关内容。

6. 【2012年真题】根据《危险化学品安全管理条例》，从事剧毒化学品经营的企业，应取得危险化学品经营许可证。负责接受剧毒化学品经营企业申请，并颁发危险化学品经营许可证的行政机关是( )。

A. 县级安全监管部门   B. 县级公安机关

C. 设区的市级安全监管部门   D. 设区的市级公安机关

【答案】C

【解析】根据《危险化学品安全管理条例》的规定，从事剧毒化学品、易制爆危险化学品经营的企业，应当向所在地设区的市级人民政府安全生产监督管理部门提出申请，从事其他危险化学品经营的企业，应当向所在地县级人民政府安全生产监督管理部门提出申请（有储存设施的，应当向所在地设区的市级人民政府安全生产监督管理部门提出申请）。设区的市级人民政府安全生产监督管理部门或者县级人民政府安全生产监督管理部门应当依法进行审查，并对申请人的经营场所、储存设施进行现场核查，自收到证明材料之日起30d内做出批准或者不予批准的决定。予以批准的，颁发危险化学品经营许可证。

考点十二　危险化学品运输的安全管理规定（表5-12）

表5-12　　　　　　　　　　危险化学品运输的安全管理规定

项　　目	内　　容
道路、水路运输的资质和资格	依据《危险化学品安全管理条例》的规定，从事危险化学品道路运输、水路运输的，应当分别依照有关道路运输、水路运输的法律、行政法规的规定，取得危险货物道路运输许可、危险货物水路运输许可，并向工商行政管理部门办理登记手续。 危险化学品道路运输企业、水路运输企业应当配备专职安全管理人员。 依据《危险化学品安全管理条例》的规定，危险化学品道路运输企业、水路运输企业的驾驶人员、船员、装卸管理人员、押运人员、申报人员、集装箱装箱现场检查员应当经交通运输主管部门考核合格，取得从业资格

项　目	内　容
道路运输途中的安全管理	（1）运输危险化学品，应当根据危险化学品的危险特性采取相应的安全防护措施，并配备必要的防护用品和应急救援器材。 （2）运输危险化学品的驾驶人员、船员、装卸管理人员、押运人员、申报人员、集装箱装箱现场检查员，应当了解所运输的危险化学品的危险特性及其包装物、容器的使用要求和出现危险情况时的应急处置方法。 （3）通过道路运输危险化学品的，托运人应当委托依法取得危险货物道路运输许可的企业承运。 （4）通过道路运输危险化学品的，应当按照运输车辆的核定载质量装载危险化学品，不得超载。 （5）危险化学品运输车辆应当符合国家标准要求的安全技术条件，并按照国家有关规定定期进行安全技术检验。 （6）通过道路运输危险化学品的，应当配备押运人员，并保证所运输的危险化学品处于押运人员的监控之下。 （7）未经公安机关批准，运输危险化学品的车辆不得进入危险化学品运输车辆限制通行的区域
剧毒化学品道路运输通行证	依据《危险化学品安全管理条例》的规定，通过道路运输剧毒化学品的，托运人应当向运输始发地或者目的地县级人民政府公安机关申请剧毒化学品道路运输通行证
内河运输剧毒化学品和其他危险化学品的禁止规定	依据《危险化学品安全管理条例》的规定，禁止通过内河封闭水域运输剧毒化学品以及国家规定禁止通过内河运输的其他危险化学品。 禁止通过内河运输的剧毒化学品以及其他危险化学品的范围，由国务院交通运输主管部门会同国务院环境保护主管部门、工业和信息化主管部门、安全生产监督管理部门，根据危险化学品的危险特性、危险化学品对人体和水环境的危害程度以及消除危害后果的难易程度等因素规定并公布
水路运输的安全管理	（1）海事管理机构应当根据危险化学品的种类和危险特性，确定船舶运输危险化学品的相关安全运输条件。 （2）通过内河运输危险化学品，应当由依法取得危险货物水路运输许可的水路运输企业承运，其他单位和个人不得承运。托运人应当委托依法取得危险货物水路运输许可的水路运输企业承运，不得委托其他单位和个人承运。 （3）通过内河运输危险化学品的船舶的所有人或者经营人未取得船舶污染损害责任保险证书或者财务担保证明的

1. 【2015年真题】依据《危险化学品安全管理条例》的规定，下列关于危险化学品运输安全管理的说法，正确的有（　　）。

A. 从事危险化学品道路运输、水路运输的，应当取得危险货物道路运输许可、危险货物水路运输许可，并向工商行政管理部门办理登记手续

B. 危险化学品道路运输企业、水路运输企业应当配备专职或兼职安全管理人员

C. 危险化学品道路运输企业、水路运输企业的驾驶人员、船员、装卸管理人员、押运人员、申报人员、集装箱装箱现场检查员应当经交通运输主管部门考核合格，取得从业资格

D. 运输危险化学品，应当根据危险化学品的危险特性采取相应的安全防护措施，并配备必要的防护用品和应急救援器材

E. 通过道路运输剧毒化学品的，托运人应当向运输始发地或者目的地县级人民政府交通运输主管部门申请剧毒化学品道路运输通行证

【答案】ACD

【解析】从事危险化学品道路运输、水路运输的，应当分别依照有关道路运输、水路运输的法律、行政法规的规定，取得危险货物道路运输许可、危险货物水路运输许可，并向工商行政管理部门办理登记手续，故选项 A 正确。危险化学品道路运输企业、水路运输企业应当配备专职安全管理人员，故选项 B 错误。危险化学品道路运输企业、水路运输企业的驾驶人员、船员、装卸管理人员、押运人员、申报人员、集装箱装箱现场检查员应当经交通运输主管部门考核合格，取得从业资格，故选项 C 正确。运输危险化学品，应当根据危险化学品的危险特性采取相应的安全防护措施，并配备必要的防护用品和应急救援器材，故选项 D 正确。通过道路运输剧毒化学品的，托运人应当向运输始发地或者目的地县级人民政府公安机关申请剧毒化学品道路运输通行证，故选项 E 错误。

2.【2014 年真题】依据《危险化学品安全管理条例》的规定，下列关于剧毒化学品运输管理的说法，正确的是(   )。

A. 可以通过内河封闭水域运输剧毒化学品

B. 禁止通过内河运输剧毒化学品

C. 安全监管部门负责审批剧毒化学品道路运输通行证

D. 海事管理机构负责确定剧毒化学品船舶运输的安全运输条件

【答案】D

【解析】《危险化学品安全管理条例》规定，通过道路运输剧毒化学品的，托运人应当向运输始发地或者目的地县级人民政府公安机关申请剧毒化学品道路运输通行证，故选项 C 错误。禁止通过内河封闭水域运输剧毒化学品以及国家规定禁止通过内河运输的其他危险化学品，故选项 A、B 错误。海事管理机构应当根据危险化学品的种类和危险特性，确定船舶运输危险化学品的相关安全运输条件，故选项 D 正确。

3.【2014 年真题】依据《危险化学品安全管理条例》的规定，下列关于危险化学品道路运输安全的说法，正确的有(   )。

A. 应当采取相应的安全防护措施，并配备必要的防护用品和应急救援器材

B. 应当按照运输车辆的核定载质量装载危险化学品

C. 危险化学品运输企业必须取得危险化学品道路运输通行证

D. 应当配备随车押运人员并取得相应资格

E. 运输车辆应当定期进行安全技术检验

【答案】ABDE

【解析】《危险化学品安全管理条例》规定，运输危险化学品，应当根据危险化学品的危险特性采取相应的安全防护措施，并配备必要的防护用品和应急救援器材，故选项 A 正确。《危险化学品安全管理条例》规定，通过道路运输危险化学品的，应当按照运输车辆的核定载质量装载危险化学品，不得超载，故选项 B 正确。《危险化学品安全管理条例》规定，危险化学品运输车辆应当符合国家标准要求的安全技术条件，并按照国家有关规定定期进行安全技术检验，故选项 E 正确。《危险化学品安全管理条例》规定，通过道路运输危险化学品的，应当配备押运人员，并保证所运输的危险化学品处于押运人员的监控之下，故选项 D 正确。《危险化学品安全管理条例》规定，通过道路运输剧毒化学品的，托运人应当向运输始发地或者目的地县级人民政府公安机关申请剧毒化学品道路运输通行证，并未明确规定危

险化学品运输企业必须取得危险化学品道路运输通行证，选项 C 内容与《危险化学品安全管理条例》的规定不符。该考点于 2012 年也进行了考核。

4.【2013 年真题】依据《危险化学品安全管理条例》的规定，企业通过道路运输剧毒化学品，应该申请剧毒化学品道路运输通行证。受理通行证申请的部门是(   )。

A. 运输始发地的县级安全监管部门   B. 运输始发地的县级公安部门

C. 运输目的地的设区的市级安全监管部门   D. 运输目的地的设区的市级公安部门

【答案】B

【解析】剧毒化学品道路运输通行证法申请规定见表 5 - 12 的相关内容。

5.【2012 年真题】根据《危险化学品安全管理条例》，下列关于危险化学品运输规定的说法中，正确的是 (   )。

A. 危险化学品禁止通过内河水域运输

B. 载运危险化学品的船舶在内河航行，必须申请引航

C. 通过道路运输危险化学品的，应当配备押运人员，并保证所运输的危险品处于押运人员的监控之下

D. 危险化学品道路运输企业、水路运输企业应当配备专职或兼职安全管理人员

【答案】C

【解析】《危险化学品安全管理条例》规定，危险化学品道路运输企业、水路运输企业应当配备专职安全管理人员。通过道路运输危险化学品的，应当配备押运人员，并保证所运输的危险化学品处于押运人员的监控之下。通过内河运输危险化学品，应当由依法取得危险货物水路运输许可的水路运输企业承运，其他单位和个人不得承运。托运人应当委托依法取得危险货物水路运输许可的水路运输企业承运，不得委托其他单位和个人承运。

6.【2012 年真题】某化学品仓储运输有限公司，从事危险化学品的仓储和道路运输业务。根据《危险化学品安全管理条例》，该公司应当经交通运输主管部门考核合格，取得从业资格的人员有(   )。

A. 装卸管理人员   B. 押运人员

C. 驾驶人员   D. 现场检查员

E. 主要负责人

【答案】ABCD

【解析】道路、水路运输人员从业资格的规定见表 5 - 12 的相关内容。

考点十三 危险化学品登记与事故应急救援（表 5 - 13）

表 5 - 13   危险化学品登记与事故应急救援

项　　目	内　　容
危险化学品登记管理	《危险化学品安全管理条例》规定，危险化学品生产企业、进口企业，应当向国务院安全生产监督管理部门负责危险化学品登记的机构（以下简称危险化学品登记机构）办理危险化学品登记
危险化学品事故应急预案	《危险化学品安全管理条例》规定，危险化学品单位应当将其危险化学品事故应急预案报所在地设区的市级人民政府安全生产监督管理部门备案

项　目	内　容
危险化学品事故应急救援	依据《危险化学品安全管理条例》的规定，发生危险化学品事故，事故单位主要负责人应当立即按照本单位危险化学品应急预案组织救援，并向当地安全生产监督管理部门和环境保护、公安、卫生主管部门报告；道路运输、水路运输过程中发生危险化学品事故的，驾驶人员、船员或者押运人员还应当向事故发生地交通运输主管部门报告

【2012 年真题】甲市下辖 4 区 3 县，其中的乙县有一炼油厂，该厂根据自身的特点制订了火灾爆炸事故应急预案。根据《危险化学品安全管理条例》，该炼油厂火灾爆炸事故应急预案的上报备案单位是(　　　)。

A. 乙县安全监管部门　　　　　　　　B. 乙县公安消防机构

C. 甲市安全监管部门　　　　　　　　D. 甲市公安消防机构

【答案】C

【解析】危险化学品事故应急预案备案的规定见表 5-13 的相关内容。

考点十四　烟花爆竹生产安全的规定（表 5-14）

表 5-14　　　　　　　　　　　烟花爆竹生产安全的规定

项　目	内　容
烟花爆竹安全生产许可证	依据《烟花爆竹安全管理条例》的规定，生产烟花爆竹的企业，应当在投入生产前向所在地设区的市人民政府安全生产监督管理部门提出安全审查申请，并提交能够证明符合本条例第 8 条规定条件的有关材料。设区的市人民政府安全生产监督管理部门应当自收到材料之日起 20d 内提出安全审查初步意见，报省、自治区、直辖市人民政府安全生产监督管理部门审查。省、自治区、直辖市人民政府安全生产监督管理部门应当自受理申请之日起 45d 内进行安全审查，对符合条件的，核发《烟花爆竹安全生产许可证》；对不符合条件的，应当说明理由。 生产烟花爆竹的企业为扩大生产能力进行基本建设或者技术改造的，应当依照《烟花爆竹安全管理条例》的规定申请办理安全生产许可证。 生产烟花爆竹的企业，持《烟花爆竹安全生产许可证》到工商行政管理部门办理登记手续后，方可从事烟花爆竹生产活动
从业人员的安全资格	依据《烟花爆竹安全管理条例》的要求，生产烟花爆竹的企业，应当对生产作业人员进行安全生产知识教育，对从事药物混合、造粒、筛选、装药、筑药、压药、切引、搬运等危险工序的作业人员进行专业技术培训。从事危险工序的作业人员经设区的市人民政府安全生产监督管理部门考核合格，方可上岗作业
安全管理	《烟花爆竹安全管理条例》规定，生产烟花爆竹使用的原料，应当符合国家标准的规定。生产烟花爆竹使用的原料，国家标准有用量限制的，不得超过规定的用量。不得使用国家标准规定禁止使用或者禁忌配伍的物质生产烟花爆竹。 《烟花爆竹安全管理条例》规定，生产烟花爆竹的企业，应当按照国家标准的规定，在烟花爆竹产品上标注燃放说明，并在烟花爆竹包装物上印制易燃易爆危险物品警示标志。 《烟花爆竹安全管理条例》规定，生产烟花爆竹的企业，应当对黑火药、烟火药、引火线的保管采取必要的安全技术措施，建立购买、领用、销售登记制度，防止黑火药、烟火药、引火线丢失。黑火药、烟火药、引火线丢失的，企业应当立即向当地安全生产监督管理部门和公安部门报告

1.【2017年真题】依据《烟花爆竹安全管理条例》的规定，下列关于烟花爆竹生产安全的说法，正确的是（   ）。

A. 生产烟花爆竹的企业应当到公安机关办理登记手续，方可从事生产

B. 生产烟花爆竹的企业进行技术改造，应当依法办理安全生产许可证

C. 生产烟花爆竹使用的原料超过规定的用量，必须报有关部门批准

D. 生产花爆竹的企业应当在烟花爆竹上印制易燃易爆危险品警示标志

【答案】B

【解析】生产烟花爆竹的企业为扩大生产能力进行基本建设或者技术改造的，应当依照本条例的规定申请办理安全生产许可证。故 B 选项正确。生产烟花爆竹的企业，持《烟花爆竹安全生产许可证》到工商行政管理部门办理登记手续后，方可从事烟花爆竹生产活动。故 A 选项错误。生产烟花爆竹使用的原料，国家标准有用量限制的，不得超过规定的用量。故 C 选项错误。生产烟花爆竹的企业，应当按照国家标准的规定，在烟花爆竹产品上标注燃放说明，并在烟花爆竹包装物上印制易燃易爆危险物品警示标志。故 D 选项错误。

2.【2015年真题】依据《烟花爆竹安全管理条例》的规定，下列关于烟花爆竹生产企业安全管理的说法，正确的是(   )。

A. 企业应当配备专职或兼职安全生产管理人员

B. 企业办理《烟花爆竹安全生产许可证》，应当经所在地县级安全监管部门审查，所在地设区的市级安全监管部门核发

C. 企业从事搬运工序作业的人员应进行专业培训并经企业考核合格，方可上岗作业

D. 企业生产烟花爆竹所使用的引火线丢失，应当立即向当地安全监管部门和公安部门报告

【答案】D

【解析】有安全生产管理机构和专职安全生产管理人员是生产烟花爆竹企业应具备的条件之一，故选项 A 错误。依据《烟花爆竹安全管理条例》的规定，生产烟花爆竹的企业，应当在投入生产前向所在地设区的市人民政府安全生产监督管理部门提出安全审查申请，并提交能够证明符合规定条件的有关材料。设区的市人民政府安全生产监督管理部门应当自收到材料之日起 20d 内提出安全审查初步意见，报省、自治区、直辖市人民政府安全生产监督管理部门审查。故选项 B 错误。依据《烟花爆竹安全管理条例》的要求，生产烟花爆竹的企业，应当对生产作业人员进行安全生产知识教育，对从事药物混合、造粒、筛选、装药、筑药、压药、切引、搬运等危险工序的作业人员进行专业技术培训。从事危险工序的作业人员经设区的市人民政府安全生产监督管理部门考核合格，方可上岗作业。故选项 C 错误。黑火药、烟火药、引火线丢失的，企业应当立即向当地安全生产监督管理部门和公安部门报告。故选项 D 正确。

3.【2013年真题】烟花爆竹生产企业危险工序的作业人员应当接受专业技术培训，并经设区的市人民政府安全监管部门考核合格，方可上岗作业。依据《烟花爆竹安全管理条例》的规定，下列各组烟花爆竹生产工序中，各工序都属于危险工序的是(   )。

A. 卷筒、切筒、装药、造粒　　　　　B. 搬运、造粒、切引、装药

C. 造粒、切引、包装、检验　　　　　D. 切引、包装、检验、运输

【答案】B

【解析】烟花爆竹生产从业人员的安全资格见表 5-14 的相关内容。

考点十五　烟花爆竹经营与运输安全的规定（表5-15）

表5-15　　　　　　　　　　　　　　烟花爆竹经营与运输安全的规定

项　目	内　容
烟花爆竹经营安全许可证	申请从事烟花爆竹批发的企业，应当向所在地设区的市人民政府安全生产监督管理部门提出申请，并提供能够证明符合《烟花爆竹安全管理条例》第17条规定条件的有关材料。受理申请的安全生产监督管理部门应当自受理申请之日起30d内对提交的有关材料和经营场所进行审查，对符合条件的，核发《烟花爆竹经营（批发）许可证》；对不符合条件的，应当说明理由。 　　申请从事烟花爆竹零售的经营者，应当向所在地县级人民政府安全生产监督管理部门提出申请，并提供能够证明符合《烟花爆竹安全管理条例》第18条规定条件的有关材料。受理申请的安全生产监督管理部门应当自受理申请之日起20d内对提交的有关材料和经营场所进行审查，对符合条件的，核发《烟花爆竹经营（零售）许可证》；对不符合条件的，应当说明理由
烟花爆竹道路运输许可证	依据《烟花爆竹安全管理条例》的规定，经由道路运输烟花爆竹的，托运人应当向运达地县级人民政府公安部门提出申请，并提交相关的证明材料
道路运输烟花爆竹的要求	托运人将烟花爆竹运达目的地后，收货人应当在3d内将《烟花爆竹道路运输许可证》交回发证机关核销

1. 【2014年真题】甲是A市B县的烟花爆竹零售经营者，需要办理烟花爆竹经营（零售）许可证。依据《烟花爆竹安全管理条例》的规定，下列关于甲申请经营许可证的说法，正确的是(　　)。

A. 应向A市安全监管部门提出申请　　　　B. 应向A市公安机关提出申请

C. 应向B县安全监管部门提出申请　　　　D. 应向B县公安机关提出申请

【答案】C

【解析】烟花爆竹经营安全许可证的申请规定见表5-15的相关内容。

2. 【2013年真题】依据《烟花爆竹安全管理条例》的规定，从事道路运输烟花爆竹的托运人将烟花爆竹运达目的地后，收货人应于(　　)d内将烟花爆竹道路运输许可证交回发证机关核销。

A. 2　　　　　　　B. 3　　　　　　　C. 5　　　　　　　D. 10

【答案】B

【解析】道路运输烟花爆竹的要求见表5-15的相关内容。

3. 【2012年真题】根据《烟花爆竹安全管理条例》，经由道路运输烟花爆竹的，负责受理并核发烟花爆竹道路运输许可证的行政机关是(　　)。

A. 托运地县级公安机关　　　　　　　　　B. 托运地设区的市级公安机关

C. 运达地县级公安机关　　　　　　　　　D. 运达地设区的市级公安机关

【答案】C

【解析】根据《烟花爆竹安全管理条例》的规定，经由道路运输烟花爆竹的，托运人应当向运达地县级人民政府公安部门提出申请，并提交证明材料。受理道路运输烟花爆竹申请的公安部门应当自受理申请之日起3d内对托运人提交的有关材料进行审查，对符合条件的，核发烟花爆竹道路运输许可证。该考点于2011年也进行了考核。

考点十六　烟花爆竹燃放安全的规定（表5-16）

表5-16　　　　　　　　　　　　　　烟花爆竹燃放安全的规定

项　目	内　容
一般要求	《烟花爆竹安全管理条例》规定，禁止在下列地点燃放烟花爆竹： (1) 文物保护单位。 (2) 车站、码头、飞机场等交通枢纽以及铁路线路安全保护区内。 (3) 易燃易爆物品生产、储存单位。 (4) 输变电设施安全保护区内。 (5) 医疗机构、幼儿园、中小学校、敬老院。 (6) 山林、草原等重点防火区。 (7) 县级以上地方人民政府规定的禁止燃放烟花爆竹的其他地点。 未成年人的监护人应当对未成年人进行安全燃放烟花爆竹的教育
焰火晚会等大型 焰火燃放活动的许可	依据《烟花爆竹安全管理条例》的规定，举办焰火晚会以及其他大型焰火燃放活动，应当按照举办的时间、地点、环境、活动性质、规模以及燃放烟花爆竹的种类、规格和数量，确定危险等级，实行分级管理。 申请举办焰火晚会以及其他大型焰火燃放活动，主办单位应当按照分级管理的规定，向有关人民政府公安部门提出申请，并提交有关材料：举办焰火晚会以及其他大型焰火燃放活动的时间、地点、环境、活动性质、规模；燃放烟花爆竹的种类、规格、数量；燃放作业方案；燃放作业单位、作业人员符合行业标准规定条件的证明等

1. 【2014年真题】依据《烟花爆竹安全管理条例》的规定，下列禁止燃放烟花爆竹的场所有(　　)。

A. 文物保护单位　　　　　　　　　　B. 医疗机构

C. 中小学校　　　　　　　　　　　　D. 水上公园

E. 飞机场

【答案】ABCE

【解析】禁止燃放烟花爆竹的场所见表5-16的相关内容。

2. 【2013年真题】依据《烟花爆竹安全管理条例》的规定，下列关于烟花爆竹燃放活动安全管理的说法中，正确的有(　　)。

A. 禁止未成年人燃放烟花爆竹

B. 主办大型焰火燃放活动应当向当地公安部门申请批准

C. 主办大型焰火燃放活动应当向当地安全监管部门申请批准

D. 在中小学校燃放烟花爆竹必须获得教育行政部门的批准

E. 大型焰火燃放活动应当按照许可的燃放作业方案作业

【答案】BE

【解析】未成年人的监护人应当对未成年人进行安全燃放烟花爆竹的教育，故选项A错误。申请举办焰火晚会以及其他大型焰火燃放活动，主办单位应当按照分级管理的规定，向公安部门提出申请，并提交有关材料，故选项B正确，选项C错误。禁止燃放烟花爆竹的场所见表5-16的相关内容。焰火晚会以及其他大型焰火燃放活动燃放作业单位和作业人员，应当按照焰火燃放安全规程和经许可的燃放作业方案进行燃放作业。故选项E正确。

考点十七　民用爆炸物品销售、购买的安全管理规定（表5-17）

表5-17　民用爆炸物品销售、购买的安全管理规定

项　目	内　容
安全管理的基本规定	依据《民用爆炸物品安全管理条例》的规定，无民事行为能力人、限制民事行为能力人或者曾因犯罪受过刑事处罚的人，不得从事民用爆炸物品的生产、销售、购买、运输和爆破作业
民用爆炸物品的销售许可	《民用爆炸物品安全管理条例》规定，申请从事民用爆炸物品销售的企业，应当向所在地省、自治区、直辖市人民政府民用爆炸物品行业主管部门提交申请书、可行性研究报告以及能够证明其符合本条例第18条规定条件的有关材料。 民用爆炸物品销售企业持《民用爆炸物品销售许可证》到工商行政管理部门办理工商登记后，方可销售民用爆炸物品
民用爆炸物品的购买许可	依据《民用爆炸物品安全管理条例》的规定，民用爆炸物品使用单位购买民用爆炸物品的，应当向所在地县级人民政府公安机关提出购买申请
民用爆炸物品销售、购买的特别规定	依据《民用爆炸物品安全管理条例》的规定，民用爆炸物品生产企业凭《民用爆炸物品生产许可证》，可以销售本企业生产的民用爆炸物品。民用爆炸物品生产企业销售本企业生产的民用爆炸物品，不得超出核定的品种、产量。 销售、购买民用爆炸物品，应当通过银行账户进行交易，不得使用现金或者实物进行交易。销售民用爆炸物品的企业，应当将购买单位的许可证、银行账户转账凭证、经办人的身份证明复印件保存2年备查。 销售民用爆炸物品的企业，应当自民用爆炸物品买卖成交之日起3d内，将销售的品种、数量和购买单位向所在地省、自治区、直辖市人民政府民用爆炸物品行业主管部门和所在地县人民政府公安机关备案。 购买民用爆炸物品的单位，应当自民用爆炸物品买卖成交之日起3d内，将购买的品种、数量向所在地县级人民政府公安机关备案。 进出口民用爆炸物品，应当经国务院民用爆炸物品行业主管部门审批

1.【2017年真题】某厂是一家民用爆炸物品生产企业，依据《民用爆炸物品安全管理条例》的规定，下列关于该厂民用爆炸物品销售和购买的说法，正确的是（　　）。

A. 该厂申请办理《民用爆炸物品销售许可证》，销售本厂生产的炸药

B. 该厂在销售炸药成交之日起3日内，将相关信息向所在地省级人民政府民用爆炸物品主管部门和县级公安机关备案

C. 该厂应将购买炸药单位的许可证，银行账户，转账凭证，经办人身份证明复印件保存1年备查

D. 该厂计划出口炸药产品，经所在地省级人民政府民用爆炸物品主管部门审批

【答案】B

【解析】《民用爆炸物品安全管理条例》规定，民用爆炸物品生产企业凭《民用爆炸物品生产许可证》，可以销售本企业生产的民用爆炸物品。故A选项错误。销售民用爆炸物品的企业，应当自民用爆炸物品买卖成交之日起3日内，将销售的品种、数量和购买单位向所在地省、自治区、直辖市人民政府民用爆炸物品行业主管部门和所在地县人民政府公安机关备案。故B选项正确。销售民用爆炸物品的企业，应当将购买单位的许可证、银行账户转账凭证、经办人的身份证明复印件保存2年备查。故C选项错误。进出口民用爆炸物品，应当经国务院民用爆炸物品行业主管部门审批。故D选项错误。

2.【2015年真题】依据《民用爆炸物品安全管理条例》的规定，下列关于民用爆炸物品的销售和购买的说法，正确的是(　　)。

A. 民用爆炸物品生产企业销售自己生产的民用爆炸物品，应取得民用爆炸物品销售许可证

B. 销售民用爆炸物品的企业应自买卖成交 3d 内，将销售品种、数量和购买单位向省级民用爆炸物品行业主管部门和所在地县级公安机关备案

C. 购买民用爆炸物品的单位应自买卖成交 3d 内，将购买品种、数量向省级民用爆炸物品行业主管部门备案

D. 可以通过银行转账或者现金交易方式购买或销售民用爆炸物品

【答案】B

【解析】民用爆炸物品销售、购买的特别规定见表 5 - 17 的相关内容。

3. 【2014 年真题】甲公司是一家生产乳化震源药柱的中型企业，公司依照法律法规要求取得了民用爆炸物品生产许可证。乙公司是一家商贸公司，依法取得了民用爆炸物品销售许可证。依据《民用爆炸物品安全管理条例》的规定，下列关于甲、乙公司生产经营活动的说法，正确的是(   )。

A. 甲公司必须取得民用爆炸物品销售许可证后方可出售本单位生产的乳化震源药柱

B. 乙公司向甲公司购买乳化震源药柱，应当通过银行账户交易，不得使用现金或者实物进行交易

C. 甲公司见到乙公司提供的民用爆炸物品销售许可证 5d 后，方可进行交易

乙公司销售民用爆炸物品后 3d 内，要将销售的品种、数量和购买单位向所在地设区的市人民政府公安机关备案

【答案】B

【解析】依据《民用爆炸物品安全管理条例》的规定，民用爆炸物品生产企业凭民用爆炸物品生产许可证，可以销售本企业生产的民用爆炸物品。民用爆炸物品生产企业销售本企业生产的民用爆炸物品，不得超出核定的品种、产量。故选项 A 错误。销售、购买民用爆炸物品，应当通过银行账户进行交易，不得使用现金或者实物进行交易。故选项 B 正确。《民用爆炸物品安全管理条例》没有对交易期限进行要求，故选项 C 错误。销售民用爆炸物品的企业，应当自民用爆炸物品买卖成交之日起 3d 内，将销售的品种、数量和购买单位向所在地省、自治区、直辖市人民政府民用爆炸物品行业主管部门和所在地县级人民政府公安机关备案。故选项 D 错误。

4. 【2013 年真题】依据《民用爆炸物品安全管理条例》的规定，销售民用爆炸物品的企业，应将购买单位的许可证、银行账户转账凭证、经办人身份证明复印件保存备查，保存期是(   )。

A. 3 个月　　　　　　B. 6 个月　　　　　　C. 1 年　　　　　　D. 2 年

【答案】D

【解析】民用爆炸物品销售、购买的特别规定见表 5 - 17 的相关内容。

5. 【2013 年真题】某爆破公司购买一批雷管。依据《民用爆炸物品安全管理条例》的规定，该公司应自购买雷管之日起(   )d 内，将所购买雷管的品种、数量向所在地县级人民政府公安机关备案。

A. 3　　　　　　　　B. 5　　　　　　　　C. 7　　　　　　　　D. 10

【答案】A

【解析】民用爆炸物品销售、购买的特别规定见表 5 - 17 的相关内容。

6.【2012 年真题】L 省甲县某施工企业由于施工原因，需要到 J 省乙县取得民用爆炸物品销售许可证的一企业购买 2，4，6 - 三硝基甲苯 100kg。根据《民用爆炸物品安全管理条例》，该施工企业提出购买申请的审批行政机关是(   )。

A. L 省甲县安全监管部门　　　　　　　B. L 省甲县公安机关

C. J 省乙县安全监管部门　　　　　　　D. J 省乙县公安机关

【答案】B

【解析】民用爆炸物品购买许可的规定见表 5 - 17 的相关内容。

考点十八　爆破作业的安全管理（表 5 - 18）

表 5 - 18　　　　　　　　　　爆破作业的安全管理

项　　目	内　　容
培训及考核	爆破作业单位应当对本单位的爆破作业人员、安全管理人员、仓库管理人员进行专业技术培训。爆破作业人员应当经设区的市级人民政府公安机关考核合格，取得《爆破作业人员许可证》后，方可从事爆破作业
领取、发放	爆破作业单位应当如实记载领取、发放民用爆炸物品的品种、数量、编号以及领取、发放人员姓名。领取民用爆炸物品的数量不得超过当班用量，作业后剩余的民用爆炸物品必须当班清退回库。爆破作业单位应当将领取、发放民用爆炸物品的原始记录保存 2 年备查
警示标志及安全检查	实施爆破作业，应当遵守国家有关标准和规范，在安全距离以外设置警示标志并安排警戒人员，防止无关人员进入；爆破作业结束后应当及时检查、排除未引爆的民用爆炸物品

1.【2014 年真题】依据《民用爆炸物品安全管理条例》的规定，爆破作业人员应当经考核合格，取得爆破作业人员许可证后，方可从事爆破作业。对其考核的单位是(   )。

A. 设区的市人民政府安全监管部门　　　B. 设区的市人民政府公安机关

C. 县级人民政府安全监管部门　　　　　D. 县级人民政府公安机关

【答案】B

【解析】爆破作业人员培训及考核的规定见表 5 - 18 的相关内容。该考点于 2013 年也进行了考核。

2.【2013 年真题】依据《民用爆炸物品安全管理条例》的规定，爆破作业人员应当经考核取得爆破作业人员许可证，负责考核的部门是（   ）。

A. 县级安全监管部门

B. 设区的市级国防科技工业主管部门

C. 设区的市级公安部门

D. 设区的市级安全监管部门

【答案】C

【解析】依据《民用爆炸物品安全管理条例》的规定，爆破作业单位应当对本单位的爆破作业人员、安全管理人员、仓库管理人员进行专业技术培训。爆破作业人员应当经设区的市级人民政府公安机关考核合格，取得《爆破作业人员许可证》后，方可从事爆破作业。

考点十九　民用爆炸物品储存的安全管理规定（表5-19）

表5-19　　　　　　　　　　民用爆炸物品储存的安全管理规定

项　　目	内　　容
储存民用爆炸物品的规定	储存的民用爆炸物品数量不得超过储存设计容量，对性质相抵触的民用爆炸物品必须分库储存，严禁在库房内存放其他物品
现场临时存放民用爆炸物品的规定	依据《民用爆炸物品安全管理条例》的规定，在爆破作业现场临时存放民用爆炸物品的，应当具备临时存放民用爆炸物品的条件，并设专人管理、看护，不得在不具备安全存放条件的场所存放民用爆炸物品。民用爆炸物品变质和过期失效的，应当及时清理出库，并予以销毁。销毁前应当登记造册，提出销毁实施方案，报省、自治区、直辖市人民政府民用爆炸物品行业主管部门、所在地县级人民政府公安机关组织监督销毁

【2012年真题】某企业仓库内储存的工业火雷管已过期失效，准备予以销毁。该仓库负责人对拟销毁的工业火雷管进行登记造册，并提出了销毁实施方案。根据《民用爆炸物品安全管理条例》，负责组织监督本次工业火雷管销毁工作的部门除本省国防科技工业主管部门外，还有（　　　）。

A. 省级安全监管部门　　　　　　　　　　B. 省级公安机关

C. 县级安全监管部门　　　　　　　　　　D. 县级公安机关

【答案】D

【解析】根据《民用爆炸物品安全管理条例》的规定，民用爆炸物品变质和过期失效的，应当及时清理出库，并予以销毁。销毁前应当登记造册，提出销毁实施方案，报省、自治区、直辖市人民政府民用爆炸物品行业主管部门、所在地县级人民政府公安机关组织监督销毁。此处法条被修改，故，题干中的"国防科技工业主管部门"已被修改为"民用爆炸物品行业主管部门"。但不影响正确答案。

考点二十　特种设备安全监察的基本规定（表5-20）

表5-20　　　　　　　　　　特种设备安全监察的基本规定

项　　目	内　　容
《特种设备安全监察条例》的适用范围	《特种设备安全监察条例》规定，本条例所称特种设备是指涉及生命安全、危险性较大的锅炉、压力容器（含气瓶，下同）、压力管道、电梯、起重机械、客运索道、大型游乐设施和场（厂）内专用机动车辆。 前款特种设备的目录由国务院负责特种设备安全监督管理的部门（以下简称国务院特种设备安全监督管理部门）制订，报国务院批准后执行
排除适用的规定	《特种设备安全监察条例》规定，军事装备、核设施、航空航天器、铁路机车、海上设施和船舶以及矿山井下使用的特种设备、民用机场专用设备的安全监察不适用本条例
特种设备安全监察部门	对于锅炉、压力容器（含气瓶）、压力管道、电梯、起重机械、客运索道、大型游乐设施和场（厂）内专用机动车辆8种特种设备，《特种设备安全监察条例》规定，国务院特种设备安全监督管理部门负责全国特种设备的安全监察工作，县以上地方负责特种设备安全监督管理的部门对本行政区域内特种设备实施安全监察（以下统称特种设备安全监督管理部门）

1. 【2014 年真题】下列设备中，不属于《特种设备安全监察条例》安全监察对象的是（　　）。

A. 化工厂的压力容器
B. 商场的电梯
C. 海上平台的起重机
D. 电厂的锅炉

【答案】C

【解析】《特种设备安全监察条例》规定的安全监察对象见表 5 - 20 的相关内容。

2. 【2014 年真题】适用《特种设备安全监察条例》进行安全监察的特种设备有（　　）。

A. 海上设施和船舶
B. 核设施
C. 起重机械
D. 客运索道
E. 铁路机车

【答案】CD

【解析】《特种设备安全监察条例》规定的安全监察对象见表 5 - 20 的相关内容。

3. 【2013 年真题】依据《特种设备安全监察条例》的规定，下列设备中，由特种设备安全监察部门监察的有（　　）。

A. 军事设备
B. 铁路机车
C. 矿山井下使用的特种设备
D. 电梯
E. 客运索道

【答案】DE

【解析】由特种设备安全监督管理部门进行安全监察的特种设备见表 5 - 20 的相关内容。

4. 【2012 年真题】为配合以光气为原料制备光气化工产品的工艺，在某化工企业的生产过程中使用到锅炉、压力容器、压力管道以及起重机械等设备。根据《特种设备安全监察条例》，下列设备中，属于特种设备的是（　　）。

A. 容积为 35L 的承压蒸汽锅炉
B. 压力为 0.15MPa（表压）、容积为 10L 的气体压力容器
C. 工作压力为 0.1MPa（表压）、公称直径小于 25mm 的压力管道
D. 额定起重量小于 0.5t 的升降机

【答案】A

【解析】特种设备包括锅炉、压力容器、压力管道、电梯、起重机械、客运索道、大型游乐设施、场（厂）内专用机动车辆。锅炉，是指利用各种燃料、电或者其他能源，将所盛装的液体加热到一定的参数，并对外输出热能的设备，其范围规定为容积大于或者等于 30L 的承压蒸汽锅炉。压力容器，是指盛装气体或者液体，承载一定压力的密闭设备，其范围规定为最高工作压力大于或者等于 0.1MPa（表压），且压力与容积的乘积大于或者等于 2.5MPa·L 的气体、液化气体和最高工作温度高于或者等于标准沸点的液体的固定式容器和移动式容器。压力管道，是指利用一定的压力，用于输送气体或者液体的管状设备，其范围规定为最高工作压力大于或者等于 0.1MPa（表压）的气体、液化气体、蒸汽介质或者可燃、易爆、有毒、有腐蚀性、最高工作温度高于或者等于标准沸点的液体介质，且公称直径大于 25mm 的管道。起重机械，是指用于垂直升降或者垂直升降并水平移动重物的机电设备，其范围规定为额定起重量大于或者等于 0.5t 的升降机。

考点二十一 特种设备生产的安全规定（表5-21）

表5-21   特种设备生产的安全规定

项 目	内 容
特种设备生产单位的规定	《特种设备安全监察条例》规定，特种设备生产单位对其生产的特种设备的安全性能和能效指标负责，不得生产不符合安全性能要求和能效指标的特种设备，不得生产国家产业政策明令淘汰的特种设备
压力容器设计的安全管理	依据《特种设备安全监察条例》的规定，压力容器的设计单位应当经国务院特种设备安全监督管理部门许可，方可从事压力容器的设计活动。 依据《特种设备安全监察条例》的规定，锅炉、压力容器中的气瓶（以下简称气瓶）、氧舱和客运索道、大型游乐设施以及高耗能特种设备的设计文件，应当经国务院特种设备安全监督管理部门核准的检验检测机构鉴定，方可用于制造
特种设备安装、改造和维修的安全管理	《特种设备安全监察条例》规定，特种设备安装、改造、维修的施工单位应当在施工前将拟进行的特种设备安装、改造、维修情况书面告知直辖市或者设区的市的特种设备安全监督管理部门，告知后即可施工。 根据《特种设备安全监察条例》的规定，锅炉、压力容器、电梯、起重机械、客运索道、大型游乐设施的安装、改造、维修以及场（厂）内专用机动车辆的改造、维修竣工后，安装、改造、维修的施工单位应当在验收后30d内将有关技术资料移交使用单位。使用单位应当将其存入该特种设备的安全技术档案
《特种设备安全法》中的相关规定	特种设备生产单位应当保证特种设备生产符合安全技术规范及相关标准的要求，对其生产的特种设备的安全性能负责。不得生产不符合安全性能要求和能效指标以及国家明令淘汰的特种设备。 特种设备安装、改造、修理竣工后，安装、改造、修理的施工单位应当在验收后30日内将相关技术资料和文件移交特种设备使用单位。特种设备使用单位应当将其存入该特种设备的安全技术档案。 进口特种设备，应当向进口地负责特种设备安全监督管理的部门履行提前告知义务。 特种设备使用单位应当在特种设备投入使用前或者投入使用后30日内，向负责特种设备安全监督管理的部门办理使用登记，取得使用登记证书。登记标志应当置于该特种设备的显著位置。 特种设备使用单位应当建立岗位责任、隐患治理、应急救援等安全管理制度，制定操作规程，保证特种设备安全运行

【2015年真题】依据《特种设备安全法》的规定，下列关于特种设备的生产、经营、使用的说法，正确的是（   ）。

A. 电梯安装验收合格、交付使用后，使用单位应当对电梯的安全性能负责

B. 锅炉改造完成后，施工单位应当及时将改造方案等相关资料归档保存

C. 进口大型起重机，应当向进口地的安全监管部门履行提前告知义务

D. 压力容器的使用单位应当向特种设备安全监管部门办理使用登记

【答案】D

【解析】《特种设备安全法》规定，特种设备生产单位应当保证特种设备生产符合安全技术规范及相关标准的要求，对其生产的特种设备的安全性能负责。特种设备安装、改造、修理竣工后，安装、改造、修理的施工单位应当在验收后30日内将相关技术资料和文件移交特种设备使用单位。特种设备使用单位应当将其存入该特种设备的安全技术档案。进口特种

设备，应当向进口地负责特种设备安全监督管理的部门履行提前告知义务。特种设备使用单位应当在特种设备投入使用前或者投入使用后 30 日内，向负责特种设备安全监督管理的部门办理使用登记，取得使用登记证书。

考点二十二　特种设备使用及检验检测的安全规定（表 5 - 22）

表 5 - 22　　　　　　　　　　　特种设备使用及检验检测的安全规定

项　　目	内　　容
特种设备使用单位的安全管理	依据《特种设备安全监察条例》的规定，特种设备在投入使用前或者投入使用后 30d 内，特种设备使用单位应当向直辖市或者设区的市的特种设备安全监督管理部门登记。登记标志应当置于或者附着于该特种设备的显著位置
特种设备维护保养和定期检验	依据《特种设备安全监察条例》的规定，特种设备使用单位应当对在用特种设备进行经常性日常维护保养，并定期自行检查。特种设备使用单位对在用特种设备应当至少每月进行 1 次自行检查，并做出记录。 依据《特种设备安全监察条例》的规定，特种设备使用单位应当按照安全技术规范的定期检验要求，在安全检验合格有效期届满前 1 个月向特种设备检验检测机构提出定期检验要求。未经定期检验或者检验不合格的特种设备，不得继续使用
特种设备作业人员管理	依据《特种设备安全监察条例》的规定，锅炉、压力容器、电梯、起重机械、客运索道、大型游乐设施、场（厂）内专用机动车辆的作业人员及其相关管理人员（以下统称特种设备作业人员），应当按照国家有关规定经特种设备安全监督管理部门考核合格，取得国家统一格式的特种作业人员证书，方可从事相应的作业或者管理工作。 依据《特种设备安全监察条例》的规定，特种设备作业人员在作业过程中发现事故隐患或者其他不安全因素，应当立即向现场安全管理人员和单位有关负责人报告
特种设备检验检测的规定	依据《特种设备安全监察条例》的规定，特种设备检验检测机构和检验检测人员应当客观、公正、及时地出具检验检测结果、鉴定结论。检验检测结果、鉴定结论经检验检测人员签字后，由检验检测机构负责人签署。特种设备检验检测机构和检验检测人员对检验检测结果、鉴定结论负责
《特种设备安全法》中的相关规定	特种设备作业人员在作业过程中发现事故隐患或者其他不安全因素，应当立即向特种设备安全管理人员和单位有关负责人报告；特种设备运行不正常时，特种设备作业人员应当按照操作规程采取有效措施保证安全。 特种设备生产、经营、使用单位应当按照安全技术规范的要求向特种设备检验、检测机构及其检验、检测人员提供特种设备相关资料和必要的检验、检测条件，并对资料的真实性负责。 特种设备检验、检测机构及其检验、检测人员对检验、检测过程中知悉的商业秘密，负有保密义务。 特种设备检验、检测机构及其检验、检测人员不得从事有关特种设备的生产、经营活动，不得推荐或者监制、监销特种设备。 特种设备检验、检测机构的检验、检测人员不得同时在两个以上检验、检测机构中执业；变更执业机构的，应当依法办理变更手续

1. **【2017 年真题】**某机械制造企业的机械加工车间有一台在用的桥式起重机，该起重机安全检验合格有效期至 2017 年 6 月 1 日，依据《特种设备安全监察条例》的规定，下列关于该起重机的维护和检验的说法，正确的是（　　）。

A. 应当至少每季度进行 1 次自行检查，并做出记录

B. 应当至少每半年进行 1 次自行检查，并做出记录

C. 应当最迟在 2017 年 5 月 1 日前向特种设备检验检测机构提出定期检验要求

D. 应当最迟在 2017 年 4 月 1 日前向特种设备检测检测机构提出定期检验要求

【答案】C

【解析】依据《特种设备安全监察条例》的规定，特种设备使用单位应当对在用特种设备进行经常性日常维护保养，并定期自行检查。特种设备使用单位对在用特种设备应当至少每月进行 1 次自行检查，并做出记录。故 A、B 选项错误。特种设备使用单位应当按照安全技术规范的定期检验要求，在安全检验合格有效期届满前 1 个月向特种设备检验检测机构提出定期检验要求。故 C 选项正确，D 选项错误。

2. 【2015 年真题】依据《特种设备安全监察条例》的规定，下列关于特种设备使用的说法，正确的是( )。

A. 电梯使用单位对本单位所用电梯进行维护保养

B. 起重机械的作业人员和相关的管理人员必须取得特种作业人员证书

C. 将特种设备登记标志放入特种设备安全技术档案中

D. 对超过检验合格期的特种设备制定安全措施和应急预案后使用

【答案】B

【解析】特种设备使用的相关规定见表 5 - 22 的相关内容。

3. 【2015 年真题】受甲公司委托，乙锅炉压力容器检测检验站委派具有检验资格的张某，到甲公司对一 200㎡ 的球型液氧储罐进行检测检验。该球罐是由丙公司制造、丁施工公司安装的。依据《特种设备安全法》的规定，下列关于张某检测和执业的说法，正确的是 ( )。

A. 检验发现球罐有重大缺陷，张某应当立即向当地安全监管部门报告

B. 张某检验球罐所需的技术资料，应由丙公司和丁公司提供，并对资料的真实性负责

C. 甲公司需要购置新球罐的，张某不得向其推荐产品

D. 张某经批准可以同时在两个检测、检验机构中执业

【答案】C

【解析】《特种设备安全法》规定，特种设备作业人员在作业过程中发现事故隐患或者其他不安全因素，应当立即向特种设备安全管理人员和单位有关负责人报告。特种设备生产、经营、使用单位应当按照安全技术规范的要求向特种设备检验、检测机构及其检验、检测人员提供特种设备相关资料和必要的检验、检测条件，并对资料的真实性负责。特种设备检验、检测机构及其检验、检测人员不得从事有关特种设备的生产、经营活动，不得推荐或者监制、监销特种设备。特种设备检验、检测机构的检验、检测人员不得同时在两个以上检验、检测机构中执业。

考点二十三　作业场所的预防措施（表 5 - 23）

表 5 - 23　　　　　　　　　　　　作业场所的预防措施

项　　目	内　　容
职业卫生安全许可	用人单位的使用有毒物品作业场所，除应当符合《职业病防治法》规定的职业卫生要求外，还必须符合下列要求： （1）作业场所与生活场所分开，作业场所不得住人。 （2）有害作业与无害作业分开，高毒作业场所与其他作业场所隔离。 （3）设置有效的通风装置；可能突然泄漏大量有毒物品或者易造成急性中毒的作业场所，设置自动报警装置和事故通风设施。 （4）高毒作业场所设置应急撤离通道和必要的泄险区

项　目	内　容
警示标识规定	依据《使用有毒物品作业场所劳动保护条例》的规定，使用有毒物品作业场所应当设置黄色区域警示线、警示标识和中文警示说明。高毒作业场所应当设置红色区域警示线、警示标识和中文警示说明，并设置通信报警设备
职业危害申报	依据《使用有毒物品作业场所劳动保护条例》的规定，用人单位应当按照国务院卫生行政部门的规定，向卫生行政部门及时、如实申报存在职业中毒危害项目

1. 【2014 年真题】依据《使用有毒物品作业场所劳动保护条例》的规定，下列关于使用有毒物品作业场所预防措施的说法，正确的是(　　)。

A. 使用有毒物品作业场所未经批准不得住人

B. 使用有毒物品作业场所应当设置红色区域警示线

C. 高毒作业场所应当与其他作业场所隔离

D. 高毒作业场所应当设置黄色区域警示线

【答案】C

【解析】有毒物品作业场所预防措施的规定见表 5 - 23 的相关内容。

2. 【2012 年真题】根据《使用有毒物品作业场所劳动保护条例》，高毒作业场所应当设置警示标志和中文警示说明，设置通信报警设备，并设置区域警示线，警示线的颜色是(　　)。

A. 黄色 　　　　　　　　　　　　　　B. 红色

C. 黄黑相间色 　　　　　　　　　　　D. 红白相间色

【答案】B

【解析】有毒物品作业场所警示标识的规定见表 5 - 23 的相关内容。

考点二十四　劳动过程的防护（表 5 - 24）

表 5 - 24　　　　　　　　　　　　　　　劳动过程的防护

项　目	内　容
职业卫生培训	依据《使用有毒物品作业场所劳动保护条例》的规定，用人单位有关管理人员应当熟悉有关职业病防治的法律、法规以及确保劳动者安全使用有毒物品作业的知识。 劳动者经培训考核合格，方可上岗作业
安全设备、设施	依据《使用有毒物品作业场所劳动保护条例》的规定，用人单位应当确保职业中毒危害防护设备、应急救援设施、通信报警装置处于正常适用状态，不得擅自拆除或者停止运行。 职业中毒危害防护设备、应急救援设施和通讯报警装置处于不正常状态时，用人单位应当立即停止使用有毒物品作业；恢复正常状态后，方可重新作业
危害因素检测、评价	依据《使用有毒物品作业场所劳动保护条例》的规定，用人单位应当按照国务院卫生行政部门的规定，定期对使用有毒物品作业场所的职业中毒危害因素进行检测、评价。检测、评价结果存入用人单位职业卫生档案，定期向所在地卫生行政部门报告并向劳动者公布。从事使用高毒物品作业的用人单位应当至少每月对高毒作业场所进行 1 次职业中毒危害因素检测；至少每半年进行 1 次职业中毒危害控制效果评价
淋浴间和更衣室设置	依据《使用有毒物品作业场所劳动保护条例》的规定，从事使用高毒物品作业的用人单位应当设置淋浴间和更衣室，并设置清洗、存放或者处理从事使用高毒物品作业劳动者的工作服、工作鞋帽等物品的专用间。劳动者结束作业时，其使用的工作服、工作鞋帽等物品必须存放在高毒作业区域内，不得穿戴到非高毒作业区域

1.【2015年真题】某企业是一家染料生产企业，在实际生产中，存在一般有毒物品，没有高毒物品。依据《使用有毒物品作业场所劳动保护条例》的规定，下列关于该企业使用有毒物品作业的劳动保护的说法，正确的是（　　）。

A. 当该企业职业中毒危害的通讯报警装置处于不正常状态时，应当立即停止有毒物品作业

B. 该企业应当设置淋浴间和更衣室以及清洗存放工作服、工作帽的专用间

C. 该企业应当至少每半年进行1次职业中毒危害效果评价

D. 该企业应当至少每月对作业场所进行1次职业中毒危害因素检测

【答案】A

【解析】有毒物品作业的劳动保护见表5-24的相关内容。

2.【2013年真题】依据《使用有毒物品作业场所劳动保护条例》的规定，使用高毒物品的用人单位，应定期对高毒作业场所进行职业中毒危害检测，检测频率至少（　　）1次。

A. 每月　　　　　　　　　　　　　　　　B. 每季度

C. 每半年　　　　　　　　　　　　　　　D. 每年

【答案】A

【解析】职业中毒危害因素检测频率见表5-24的相关内容。

考点二十五　职业健康监护（表5-25）

表5-25　　　　　　　　　　　　　　　职　业　健　康　监　护

项　　目	内　　容
健康检查	依据《使用有毒物品作业场所劳动保护条例》的规定，用人单位应当组织从事使用有毒物品作业的劳动者进行上岗前职业健康检查。用人单位不得安排未经上岗前职业健康检查的劳动者从事使用有毒物品的作业，不得安排有职业禁忌的劳动者从事其所禁忌的作业
职业健康监护档案	依据《使用有毒物品作业场所劳动保护条例》的规定，用人单位应当建立职业健康监护档案。职业健康监护档案应当包括下列内容： （1）劳动者的职业史和职业中毒危害接触史。 （2）相应作业场所职业中毒危害因素监测结果。 （3）职业健康检查结果及处理情况。 （4）职业病诊疗等劳动者健康资料

【2014年真题】依据《使用有毒物品作业场所劳动保护条例》的规定，职业健康监护档案的主要内容有（　　）。

A. 职业病中毒危害接触史

B. 劳动者的职业史

C. 防止职业病危害的措施

D. 职业病诊疗资料

E. 职业健康检查结果及处理情况

【答案】ABDE

【解析】职业健康监护档案的内容见表5-25。

该考点于2012年与2014年均以多项选择题的形式进行了重复性的考核。

考点二十六　学校的安全责任及发生特大事故责任追究的规定（表 5 - 26）

表 5 - 26　　　　　　　　学校的安全责任及发生特大事故责任追究的规定

项　　目	内　　容
学校的安全责任及责任追究规定	依据《国务院关于特大安全事故行政责任追究的规定》的规定，中小学校对学生进行劳动技能教育以及组织学生参加公益劳动等社会实践活动，必须确保学生安全。严禁以任何形式、名义组织学生从事接触易燃、易爆、有毒、有害等危险品的劳动或者其他危险性劳动。严禁将学校场地出租作为从事易燃、易爆、有毒、有害等危险品的生产、经营场所。 　中小学校违反本条第一款规定的，对校长给予撤职的行政处分，对直接组织者给予开除公职的行政处分；构成非法制造爆炸物罪或者其他罪的，依法追究刑事责任
发生特大事故的责任追究规定	依据《国务院关于特大安全事故行政责任追究的规定》的规定，市（地、州）、县（市、区）人民政府依照《国务院关于特大安全事故行政责任追究的规定》应当履行职责而未履行，或者未按照规定的职责和程序履行，本地区发生特大安全事故的，对政府主要领导人，根据情节轻重，给予降级或者撤职的行政处分；构成玩忽职守罪的，依法追究刑事责任。 　负责行政审批的政府部门或者机构、负责安全监督管理的政府有关部门，未依照《国务院关于特大安全事故行政责任追究的规定》履行职责，发生特大安全事故的，对部门或者机构的正职负责人，根据情节轻重，给予撤职或者开除公职的行政处分；构成玩忽职守罪或者其他罪的，依法追究刑事责任

1. 【2014 年真题】依据《国务院关于特大安全事故行政责任追究的规定》，负责行政审批的政府部门或机构，未依照规定履行职责，发生特大安全事故的，对部门或机构的正职负责人，根据情节轻重，给予的行政处分是（　　）。

A. 警告或记过　　　B. 记过或记大过　　　C. 记大过或降职　　　D. 撤职或开除公职

【答案】D

【解析】发生特大事故的责任追究规定见表 5 - 26 的相关内容。

2. 【2012 年真题】根据《国务院关于特大安全事故行政责任追究的规定》，市、县级人民政府未依照规定履行职责，本地区发生特大安全事故的，对政府主要领导人，根据情节轻重，给予（　　）。

A. 警告或记过处分　　　　　　　　B. 记过或记大过处分

C. 降级或撤职处分　　　　　　　　D. 开除公职处分

【答案】C

【解析】发生特大事故的责任追究规定见表 5 - 26 的相关内容。

考点二十七　生产安全事故分级（表 5 - 27）

表 5 - 27　　　　　　　　　　生 产 安 全 事 故 分 级

项　　目	内　　容
事故定级的要素	人员伤亡（集体工业中毒）、直接经济损失和社会影响
分级	（1）特别重大事故，是指一次造成 30 人以上死亡，或者 100 人以上重伤（包括急性工业中毒，下同），或者 1 亿元以上直接经济损失的事故。 　（2）重大事故，是指一次造成 10 人以上 30 人以下死亡，或者 50 人以上 100 人以下重伤，或者 5000 万元以上 1 亿元以下直接经济损失的事故。 　（3）较大事故，是指一次造成 3 人以上 10 人以下死亡，或者 10 人以上 50 人以下重伤，或者 1000 万元以上 5000 万元以下直接经济损失的事故。 　（4）一般事故，是指一次造成 3 人以下死亡，或者 10 人以下重伤，或者 1000 万元以下直接经济损失的事故

1. 【2015年真题】某地甲、乙、丙、丁、戊5家企业发生了下列生产安全事故。依据《生产安全事故报告和调查处理条例》的规定，其中属于较大事故的有（ ）。

A. 甲企业发生事故造成5人死亡，2000万元直接经济损失

B. 乙企业发生事故造成2人死亡，11人重伤

C. 丙企业发生事故造成15人急性工业中毒

D. 丁企业发生事故造成5人重伤，6000万元直接经济损失

E. 戊企业发生事故造成55人重伤

【答案】ABC

【解析】D、E选项均属于重大事故。较大事故的等级为常考考点，见表5-27的相关内容。

2. 【2014年真题】依据《生产安全事故报告和调查处理条例》的规定，下列属于较大事故的有（ ）。

A. 某电信公司施工人员在架设电信光缆过程中，4人触电身亡

B. 某化工厂发生氯气泄漏事故，造成2人死亡，12人在施救过程中急性中毒

C. 某煤矿发生瓦斯爆炸事故，造成1人死亡，27人轻伤，直接经济损失900万元

D. 某旅游公司客车（核载19人、实载17人）在景区坠崖，乘客无一生还

E. 某大型化工企业发生爆炸事故，造成直接经济损失7000万元，无人员伤亡

【答案】AB

【解析】较大事故，是指1次造成3人以上10人以下死亡，或者10人以上50人以下重伤（包括急性工业中毒），或者1000万元以上5000万元以下直接经济损失的事故。

3. 【2013年真题】依据《生产安全事故报告和调查处理条例》的规定，下列事故中，属于重大事故的有（ ）。

A. 某建筑施工企业发生的导致31人死亡的事故

B. 某危险化学品企业发生爆炸导致60人重伤的事故

C. 某煤矿企业瓦斯爆炸造成15人死亡的事故

D. 某烟花爆竹企业发生的造成直接经济损失200万元的事故

E. 某企业尾矿库溃坝造成直接经济损失6000万元的事故

【答案】BCE

【解析】重大事故的概念见表5-27的相关内容。选项A属于特别重大事故，选项D属于一般事故。

考点二十八　事故报告的程序（表5-28）

表5-28　事故报告的程序

项　目	内　容
事故发生单位向政府职能部门报告	《生产安全事故报告和调查处理条例》规定，事故发生后，事故现场有关人员应当立即向本单位负责人报告；单位负责人接到报告后，应当于1h内向事故发生地县级以上人民政府安全生产监督管理部门和负有安全生产监督管理职责的有关部门报告
政府部门报告的程序	（1）特别重大事故、重大事故逐级上报至国务院安全生产监督管理部门和负有安全生产监督管理的有关部门。 （2）较大事故逐级上报至省、自治区、直辖市人民政府安全生产监督管理部门和负有安全生产监督管理的有关部门。 （3）一般事故逐级上报至设区的市级安全生产监督管理部门和负有安全生产监督管理的有关部门

项　　目	内　　容
越级报告	情况紧急时，事故现场有关人员可以直接向事故发生地县级以上人民政府安全生产监督管理部门和负有安全生产监督管理职责的有关部门报告
事故续报、补报	事故报告后出现新情况，事故发生单位和安全生产监督管理部门和负有安全生产监督管理的有关部门应当及时续报。自事故发生之日起30d内，事故造成的伤亡人数发生变化的，事故发生单位和安全生产监督管理部门和负有安全生产监督管理的有关部门应当及时补报

1.【2015年真题】依据《生产安全事故报告和调查处理条例》的规定，下列情形中，应向安全监管部门进行事故补报的是(　　)。

A. 某化工厂发生火灾事故，造成27人死亡，10人重伤，事故发生的第29天，2名重伤人员死亡

B. 某高速公路发生车辆追尾事故，造成10人死亡，5人重伤，10d后，1重伤人员死亡

C. 某汽车生产企业发生机械伤害事故，造成3人死亡，2人重伤，事故发生的第30天，其中1名重伤人员出院

D. 某建筑工地发生高处坠落事故，造成5人死亡，3人重伤，事故发生的第8天，1名重伤人员死亡

【答案】D

【解析】事故补报的规定见表5-28的相关内容。

2.【2014年真题】某化工厂发生一起火灾事故，造成2人死亡，1人重伤，3人轻伤。事故发生1个月后，重伤者因救治无效死亡。依据《生产安全事故报告和调查处理条例》的规定，下列关于事故补报的说法，正确的是(　　)。

A. 该厂应在3d内向安全监管部门补报该事故伤亡情况并说明情况

B. 该厂无须向安全监管部门补报该事故伤亡人数更新情况

C. 安全监管部门应根据更新的伤亡人数重新界定该事故等级

D. 安全监管部门应向本级人民政府补报该事故伤亡人数更新情况

【答案】B

【解析】事故补报的规定见表5-28的相关内容。本案中，已经超出补报时限。故选项B正确。

3.【2013年真题】某日9时，某建设工地发生事故，现场安全员立即将事故情况向施工企业负责人报告，企业负责人立即组织人员前往现场营救。事故造成7人当场死亡，3人受伤送医院治疗。次日7时施工企业负责人向当地县安全监管局报告事故情况，3d后1人因救治无效死亡。依据《生产安全事故报告和调查处理条例》的规定，下列关于该起事故报告的说法中，正确的有(　　)。

A. 现场安全员只向企业负责人报告，未及时向当地安全监管局报告，属违法行为

B. 企业负责人在事故发生后22h向当地安全监管局报告事故情况，属于迟报

C. 企业负责人还应该向建设主管部门报告

D. 因死亡人数增加1人，企业应当及时向当地县安全监管局和建设主管部门补报

E. 当地县安全监管局应当向上一级安全生产监管部门报告

【答案】BE

【解析】事故发生单位向政府职能部门报告的时限见表 5 - 28 的相关内容。本题事故属于较大事故，应逐级上报至省、自治区、直辖市人民政府安全生产监督管理部门和负有安全生产监督管理职责的有关部门。

考点二十九　事故报告时限（表 5 - 29）

表 5 - 29　　　　　　　　　　事 故 报 告 时 限

项　　　目	内　　　容
事故发生单位事故报告的时限	从事故发生单位负责人接到事故报告时起算，该单位向政府职能部门报告的时限是 1h
政府职能部门事故报告的时限	县级以上人民政府安全生产监督管理部门和负有安全生产监督管理的有关部门向上一级人民政府安全生产监督管理部门和负有安全生产监督管理的有关部门逐级报告事故的时限，是每级上报的时间不得超过 2h

【2013 年真题】2012 年 7 月 4 日 18 时 20 分，某省煤业集团一新井发生一起死亡 4 人的生产安全事故。由于通信故障，15min 后矿长崔某接到井下带班人员的报告。依据《生产安全事故报告和调查处理条例》的规定，崔某应于(　　)前向地方政府及有关部门报告。

A. 19 时 20 分　　　　　　B. 19 时 35 分　　　　　　C. 20 时 20 分　　　　　　D. 20 时 35 分

【答案】B

【解析】事故发生单位事故救援的时限见表 5 - 29 中相关内容。

考点三十　事故应急救援（表 5 - 30）

表 5 - 30　　　　　　　　　　事 故 应 急 救 援

项　　　目	内　　　容
应急救援组织及救援人员	《安全生产法》规定，危险物品的生产、经营、储存单位以及矿山、金属冶炼、城市轨道交通运营、建筑施工单位应当建立应急救援组织；生产经营规模较小的，可以不设应急救援组织，但应当指定兼职的应急救援人员
应急救援器材、设备的配备	危险物品的生产、经营、储存运输单位以及矿山、金属冶炼、城市轨道交通运营、建筑施工单位应当配备必要的应急救援器材、设备和物资，并进行经常性维护、保养，保证正常运转

【2015 年真题】依据《安全生产法》的规定，下列关于生产经营单位应急救援工作的说法，错误的是(　　)。

A. 生产经营单位应当制定本单位生产安全事故应急救援预案，并与所在地县级以上地方人民政府的生产安全事故应急救援预案相衔接

B. 生产经营单位应当建立应急救援组织，生产经营规模较小的可以不建立应急救援组织，但应当指定兼职的应急救援人员

C. 危险物品的生产经营单位应当配备必要的应急救援器材、设备和物资，并进行经常性的维护保养，保证正常运转

D. 生产经营单位发生生产安全事故后，应当迅速采取有效措施，组织抢救，防止事故扩大

【答案】B

【解析】生产经营单位应急救援的规定见表 5 - 30 的相关内容。

考点三十一　生产安全事故调查的规定（表5-31）

表5-31　　　　　　　　　　生产安全事故调查的规定

项　　目	内　　容
事故调查的特别规定	《生产安全事故报告和调查处理条例》规定，在事故发生之日起30d内（道路交通事故、火灾事故自发生之日起7d内），因事故伤亡人数变化导致事故等级发生变化，依照本条例应当由上级人民政府负责调查的，上级人民政府可以另行组织事故调查组进行调查。 《生产安全事故报告和调查处理条例》规定，特别重大以外的事故，事故发生地与事故发生单位所在地不在同一个县级以上行政区域的，由事故发生地人民政府负责调查，事故发生单位所在地人民政府应当派员参加
事故调查时限	《生产安全事故报告和调查处理条例》规定，事故调查组应当自事故发生之日起60d内提交事故调查报告；特殊情况下，经负责事故调查的人民政府批准，提交事故调查报告的期限可以适当延长，但延长的期限最长不超过60d

1.【2013年真题】一辆油罐车在A省境内的高速公路上与一辆大客车追尾，引发油罐车爆燃，造成20人死亡。该油罐车中所载溶剂油是自B省发往C省某企业的货物。依据《生产安全事故报告和调查处理条例》的规定，负责该起事故调查的主体是(　　)。

A. A省人民政府　　　　B. B省人民政府　　　　C. C省人民政府　　　　D. 国务院安全监管部门

【答案】A

【解析】对于异地发生事故的调查，《生产安全事故报告和调查处理条例》规定，特别重大以外的事故，事故发生地与事故发生单位所在地不在同一个县级以上行政区域的，由事故发生地人民政府负责调查，事故发生单位所在地人民政府应当派员参加。也就是说，两地有关人民政府负有共同调查跨行政区域事故的职责，双方应当相互支持和配合，任何一方不得拒绝参加事故调查。

2.【2012年真题】某矿井发生了罐笼坠落重大事故，在事故调查过程中，调查组现场勘查用了5d时间。根据《生产安全事故报告和调查处理条例》，该事故从事故发生之日起到提交事故调查报告，特殊情况下经批准，最长不能超过(　　)d。

A. 60　　　　　　　　B. 65　　　　　　　　C. 120　　　　　　　　D. 125

【答案】C

【解析】事故调查时限的规定见表5-31的相关内容。

考点三十二　生产安全事故报告和调查处理违法行为应负的法律责任（表5-32）

表5-32　　　　　生产安全事故报告和调查处理违法行为应负的法律责任

项　　目	内　　容
事故发生单位及有关人员违反事故报告和调查规定的法律责任	依据《生产安全事故报告和调查处理条例》规定，事故发生单位及其有关人员有下列行为之一的，对事故发生单位处100万元以上500万元以下的罚款；对主要负责人、直接负责的主管人员和其他直接责任人员处上一年年收入60%～100%的罚款；属于国家工作人员的，并依法给予处分；构成违反治安管理行为的，由公安机关依法给予治安管理处罚；构成犯罪的，依法追究刑事责任： (1) 谎报或者瞒报事故的。 (2) 伪造或者故意破坏事故现场的。 (3) 转移、隐匿资金、财产，或者销毁有关证据、资料的。 (4) 拒绝接受调查或者拒绝提供有关情况和资料的。 (5) 在事故调查中作伪证或者指使他人作伪证的。 (6) 事故发生后逃匿的

项　目	内　容
事故发生单位 的法律责任	依据《生产安全事故报告和调查处理条例》的规定，事故发生单位对事故发生负有责任的，依照下列规定处以罚款： （1）发生一般事故的，处 10 万元以上 20 万元以下的罚款。 （2）发生较大事故的，处 20 万元以上 50 万元以下的罚款。 （3）发生重大事故的，处 50 万元以上 200 万元以下的罚款。 （4）发生特别重大事故的，处 200 万元以上 500 万元以下的罚款

1.【2014 年真题】依据《生产安全事故报告和调查处理条例》的规定，事故发生单位对事故发生负有责任的，应处 20 万元以上 50 万元以下罚款的事故等级是（　　）。

　A. 一般事故　　　　　B. 较大事故　　　　　C. 重大事故　　　　　D. 特别重大事故

【答案】B

【解析】事故发生单位对事故发生负有责任的处罚规定见表 5 - 32 中相关内容。

2.【2012 年真题】根据《生产安全事故报告和调查处理条例》，事故发生单位主要负责人、直接负责的主管人员和其他直接责任人员的某些行为，可处上一年年收入 60% ～ 100% 的罚款，构成犯罪的，依法追究刑事责任。这些行为有（　　）。

　A. 谎报或瞒报事故

　B. 伪造或者故意破坏事故现场

　C. 在事故调查处理期间撤离职守

　D. 拒绝接受调查或拒绝提供有关情况和资料

　E. 事故发生后逃匿

【答案】ABDE

【解析】事故发生单位及有关人员违反事故报告和调查规定的法律责任见表 5 - 32 中相关内容。

考点三十三　工伤和劳动能力鉴定的规定（表 5 - 33）

表 5 - 33　　　　　　　　　　工伤和劳动能力鉴定的规定

项　目	内　容
工伤范围	依据《工伤保险条例》规定，职工有下列情形之一的，应当认定为工伤： （1）在工作时间和工作场所内，因工作原因受到事故伤害的。 （2）工作时间前后在工作场所内，从事与工作有关的预备性或者收尾性工作受到事故伤害的。 （3）在工作时间和工作场所内，因履行工作职责受到暴力等意外伤害的。 （4）患职业病的。 （5）因工外出期间，由于工作原因受到伤害或者发生事故下落不明的。 （6）在上下班途中，受到非本人主要责任的交通事故或者城市轨道交通、客运轮渡、火车事故伤害的。 （7）法律、行政法规规定应当认定为工伤的其他情形
视同工伤	依据《工伤保险条例》规定，职工有下列情形之一的，视同工伤： （1）在工作时间和工作岗位，突发疾病死亡或者在 48h 之内经抢救无效死亡的。 （2）在抢险救灾等维护国家利益和公共利益活动中受到伤害的。 （3）职工原在军队服役，因战、因工负伤致残，已取得革命伤残军人证，到用人单位后旧伤复发的

项 目		内 容
工伤认定	时效	用人单位未按前款规定提出工伤认定申请的，工伤职工或者其近亲属、工会组织在事故伤害发生之日或者被诊断、鉴定为职业病之日起1年内，可以直接向用人单位所在地统筹地区社会保险行政部门提出工伤认定申请
	工伤认定申请材料	依据《工伤保险条例》的规定，提出工伤认定申请，应当提交工伤认定申请表、与用人单位存在劳动关系（包括事实劳动关系）的证明材料、医疗诊断证明或者职业病诊断证明（鉴定）书等材料
	工伤认定程序	《工伤保险条例》规定，职工或者其近亲属认为是工伤，用人单位不认为是工伤的，由用人单位承担举证责任。 《工伤保险条例》规定，社会保险行政部门应当自受理工伤认定申请之日起60d内做出工伤认定的决定，并书面通知申请工伤认定的职工或者其近亲属和该职工所在单位
	劳动能力鉴定	劳动功能障碍分为十个伤残等级，最重的为一级，最轻的为十级。生活自理障碍分为3个等级：生活完全不能自理、生活大部分不能自理和生活部分不能自理。 劳动能力鉴定由用人单位、工伤职工或者其近亲属向设区的市级劳动能力鉴定委员会提出申请，并提供工伤认定决定和职工工伤医疗的有关资料。 设区的市级劳动能力鉴定委员会收到劳动能力鉴定申请后，应当从其建立的医疗卫生专家库中随机抽取3名或者5名相关专家组成专家组，由专家组提出鉴定意见。设区的市级劳动能力鉴定委员会应当自收到劳动能力鉴定申请之日起60d内做出劳动能力鉴定结论，必要时，做出劳动能力鉴定结论的期限可以延长30d。 申请鉴定的单位或者个人对设区的市级劳动能力鉴定委员会做出的鉴定结论不服的，可以在收到该鉴定结论之日起15d内向省、自治区、直辖市劳动能力鉴定委员会提出再次鉴定申请。省、自治区、直辖市劳动能力鉴定委员会做出的劳动能力鉴定结论为最终结论。 自劳动能力鉴定结论做出之日起1年后，工伤职工或者其近亲属、所在单位或者经办机构认为伤残情况发生变化的，可以申请劳动能力复查鉴定

1. **【2015年真题】**张某对职业病诊断有异设，遂向当地市级人民政府卫生行政部门申请鉴定，张某对鉴定结论不服。依据《职业病防治法》的规定，张某应向（   ）申请再鉴定。

 A. 当地市级卫生行政部门   B. 省级卫生行政部门

 C. 当地市级人力资源社会保障部门 D. 省级人力资源社会保障部门

【答案】B

【解析】职业病诊断争议由设区的市级以上地方人民政府卫生行政部门根据当事人的申请，组织职业病诊断鉴定委员会进行鉴定。当事人对设区的市级职业病诊断鉴定委员会的鉴定结论不服的，可以向省、自治区、直辖市人民政府卫生行政部门申请再鉴定。

2. **【2015年真题】**某企业职工王某发生工伤，经治疗伤情相对稳定后留下残疾，影响劳动能力。依据《工伤保险条例》的规定，下列关于王某劳动能力鉴定的说法，正确的是（   ）。

 A. 劳动能力鉴定委员会应自收到王某鉴定申请之日起120d内做出劳动能力鉴定结论

 B. 对王某劳动能力鉴定的专家组，应当从专家库中随机抽取3～7名专家组成

 C. 王某对鉴定结论不服，可在收到鉴定结论之日起15d内向上一级鉴定委员会提出再次鉴定申请

 D. 自劳动能力鉴定结论做出之日起半年后，王某认为伤残情况发生变化，可以申请劳

动能力复查鉴定

【答案】C

【解析】劳动能力鉴定见表5-33的相关内容。

3.【2015年真题】小李下班后顺路去菜市场买菜,买完菜在回家路上被一辆闯红灯的小汽车撞伤住院,之后,小李与工作单位因此事故伤害是否可以认定工伤的问题产生纠纷。依据《工伤保险条例》的规定,下列关于小李工伤认定的说法,正确的有(   )。

A. 小李在下班途中受到非本人主要责任的交通事故伤害,应当认定为工伤

B. 小李下班后顺路去菜市场买菜,不属于上下班途中受到伤害,不能认定工伤

C. 若小李认为是工伤,工作单位不认为是工伤,应当由工作单位承担举证责任

D. 工作单位不提出工伤认定申请,小李可在伤害发生之日起1年内直接向工作单位所在地的社会保险行政部门提出工伤认定申请

E. 提出工伤认定申请,应当提交工伤认定申请表、小李与工作单位存在劳动关系的证明材料、医疗诊断证明等

【答案】ACDE

【解析】工伤认定的情形见表5-33的相关内容。

4.【2014年真题】依据《工伤保险条例》的规定,下列关于劳动能力鉴定的说法,正确的是(   )。

A. 劳动功能障碍分为十个伤残等级,最轻的为一级,最重的为十级

B. 劳动能力鉴定必须由用人单位、工伤职工向县级劳动能力鉴定委员会提出申请

C. 市级劳动能力鉴定委员会做出的鉴定结论是最终结论

D. 自劳动能力鉴定结论做出之日起1年后,工伤职工认为伤残情况发生变化的,可以申请复查鉴定

【答案】D

【解析】劳动能力鉴定见表5-33的相关内容。

5.【2014年真题】依据《工伤保险条例》的规定,下列应当认定为工伤的情形有(   )。

A. 某职工违章操作机床,造成右臂骨折

B. 某职工外出参加会议期间,在宾馆内洗澡时滑倒,造成腿骨骨折

C. 某职工在上班途中,受到非本人主要责任的交通事故伤害

D. 某职工在下班后清理机床时,机床意外启动造成职工受伤

E. 某职工在易燃作业场所内吸烟,导致火灾,本人受伤

【答案】ABCD

【解析】工伤认定的情形见表5-33的相关内容。该考点为高频考点,2011年、2013年也均以多项选择题的形式进行了考核。

6.【2013年真题】依据《工伤保险条例》的规定,职工因工致残影响生活自理能力的,应当进行生活自理障碍等级鉴定,生活自理障碍分为(   )个等级。

A. 10   B. 8   C. 5   D. 3

【答案】D

【解析】生活自理障碍分为3个等级,详见表5-33的相关内容。

7.【2013年真题】在甲县某个体采石场工作的小郝作业时突然摔伤,经医院诊断为旧

伤复发所致，小郝自行支付了住院医药费，后小郝与采石场就工伤认定产生纠纷，小郝提出劳动能力鉴定申请。依据《工伤保险条例》的规定，下列有关小郝劳动能力鉴定的说法，正确的是(　　)。

A. 小郝应向甲县劳动能力鉴定委员会提出劳动能力鉴定申请

B. 甲县所在市的劳动能力鉴定委员会的劳动能力鉴定结论为最终结论

C. 小郝的父亲不能代小郝提出劳动能力鉴定申请

D. 如小郝不服有关部门的鉴定结论，可以再次申请鉴定

【答案】D

【解析】劳动能力鉴定见表5－33的相关内容。

8.【2013年真题】依据《工伤保险条例》的规定，下列情形中，应当被认定为工伤的有(　　)。

A. 员工在工作时间和工作场所内，因工作原因受到事故伤害

B. 员工在上班途中，受到因他人负主要责任的交通事故伤害

C. 员工在工作时间和工作岗位，突发心脏病死亡

D. 员工因外出期间，由于工作原因受到伤害

E. 员工在工作时间和工作场所内，因饮酒导致操作不当而受伤

【答案】ABCD

【解析】应当认定为工伤的情形见表5－33的相关内容。

9.【2012年真题】根据《工伤保险条例》，下列关于劳动能力鉴定的说法中，正确的是(　　)。

A. 劳动功能障碍分为10个等级，最轻的为一级，最重的为十级

B. 生活自理障碍分为4个等级

C. 劳动能力鉴定专家组至少由2名专家组成

D. 省、自治区、直辖市劳动能力鉴定委员会做出的鉴定结论为最终结论

【答案】D

【解析】劳动能力鉴定见表5－33的相关内容。最轻为十级，最终为一级。故选项A错误。因分为三个等级，故选项B错误。由3名或5名相关专家组成。故选项C错误。

10.【2012年真题】根据《工伤保险条例》，工伤申请和认定应当符合有关规定，这些规定有(　　)。

A. 所在单位应在事故伤害发生之日或被诊断、鉴定为职业病之日起60d内，向社会保险行政部门提出工伤认定申请

B. 社会保险行政部门应当自受理工伤认定申请之日起60d内做出工伤认定决定

C. 社会保险行政部门对受理的事实清楚、权利义务明确的工伤认定申请，应当在15d内做出工伤认定决定

D. 职工认为是工伤，用人单位不认为是工伤的，由职工承担举证责任

E. 对依法取得职业病诊断证明或者职业病诊断鉴定证书的，社会保险行政部门不再进行调查核实

【答案】BCE

【解析】根据《工伤保险条例》的规定，职工发生事故伤害或者按照职业病防治法规定

被诊断、鉴定为职业病，所在单位应当自事故伤害发生之日或者被诊断、鉴定为职业病之日起 30d 内，向统筹地区社会保险行政部门提出工伤认定申请。故选项 A 错误。职工或者其近亲属认为是工伤，用人单位不认为是工伤的，由用人单位承担举证责任。故选项 D 错误。

考点三十四　工伤保险待遇的规定（表 5 - 34）

表 5 - 34　　　　　　　　　　　工伤保险待遇的规定

项　　目	内　　容
工伤医疗补偿	职工住院治疗工伤的伙食补助费，以及经医疗机构出具证明，报经办机构同意，工伤职工到统筹地区以外就医所需的交通、食宿费用从工伤保险基金支付，基金支付的具体标准由统筹地区人民政府规定
停薪期间的福利	停工留薪期一般不超过 12 个月。伤情严重或者情况特殊，经设区的市级劳动能力鉴定委员会确认，可以适当延长，但延长不得超过 12 个月。 生活不能自理的工伤职工在停工留薪期需要护理的，由所在单位负责
护理费	生活护理费按照生活完全不能自理、生活大部分不能自理或者生活部分不能自理 3 个不同等级支付，其标准分别为统筹地区上年度职工月平均工资的 50%、40% 或者 30%
一级至四级伤残的待遇	保留劳动关系，退出工作岗位，享受以下待遇： （1）从工伤保险基金按伤残等级支付一次性伤残补助金，标准为：一级伤残为 27 个月的本人工资，二级伤残为 25 个月的本人工资，三级伤残为 23 个月的本人工资，四级伤残为 21 个月的本人工资。 （2）从工伤保险基金按月支付伤残津贴，标准为：一级伤残为本人工资的 90%，二级伤残为本人工资的 85%，三级伤残为本人工资的 80%，四级伤残为本人工资的 75%。伤残津贴实际金额低于当地最低工资标准的，由工伤保险基金补足差额。 （3）工伤职工达到退休年龄并办理退休手续后，停发伤残津贴，按照国家有关规定享受基本养老保险待遇。基本养老保险待遇低于伤残津贴的，由工伤保险基金补足差额
五级至六级伤残的待遇	（1）从工伤保险基金按伤残等级支付一次性伤残补助金，标准为：五级伤残为 18 个月的本人工资，六级伤残为 16 个月的本人工资。 （2）保留与用人单位的劳动关系，由用人单位安排适当工作。难以安排工作的，由用人单位按月发给伤残津贴，标准为：五级伤残为本人工资的 70%，六级伤残为本人工资的 60%，并由用人单位按照规定为其缴纳应缴纳的各项社会保险费。伤残津贴实际金额低于当地最低工资标准的，由用人单位补足差额。 经工伤职工本人提出，该职工可以与用人单位解除或者终止劳动关系，由工伤保险基金支付一次性工伤医疗补助金，由用人单位支付一次性伤残就业补助金。一次性工伤医疗补助金和一次性伤残就业补助金的具体标准由省、自治区、直辖市人民政府规定
职工死亡的待遇	依据《工伤保险条例》的规定，职工因工死亡，其近亲属按照下列规定从工伤保险基金领取丧葬补助金、供养亲属抚恤金和一次性工亡补助金： （1）丧葬补助金为 6 个月的统筹地区上年度职工月平均工资。 （2）供养亲属抚恤金按照职工本人工资的一定比例发给由因工死亡职工生前提供主要生活来源、无劳动能力的亲属。标准为：配偶每月 40%，其他亲属每人每月 30%，孤寡老人或者孤儿每人每月在上述标准的基础上增加 10%。核定的各供养亲属的抚恤金之和不应高于因工死亡职工生前的工资。供养亲属的具体范围由国务院社会保险行政部门规定。 （3）一次性工亡补助金标准为上一年度全国城镇居民人均可支配收入的 20 倍
停止享受工伤保险待遇	（1）丧失享受待遇条件的。 （2）拒不接受劳动能力鉴定的。 （3）拒绝治疗的
分立合并转让的工伤保险责任	用人单位实行承包经营的，工伤保险责任由职工劳动关系所在单位承担。 职工被借调期间受到工伤事故伤害的，由原用人单位承担工伤保险责任，但原用人单位与借调单位可以约定补偿办法

1. 【2017 年真题】某单位发生车辆伤害事故，导致某员工受伤，经过鉴定，该员工为二级伤残，根据《工伤保险条例》的规定，下列关于对该员工一次性伤残补助的金额是(   )。

A. 25 个月的本人工资
B. 23 个月的本人工资
C. 21 个月的本人工资
D. 18 个月的本人工资

【答案】A

【解析】根据《工伤保险条例》的规定，从工伤保险基金按伤残等级支付一次性伤残补助金，标准为：一级伤残为 27 个月的本人工资，二级伤残为 25 个月的本人工资，三级伤残为 23 个月的本人工资，四级伤残为 21 个月的本人工资。

2. 【2015 年真题】企业职工刘某发生工伤。依据《工伤保险条例》的规定，下列关于刘某工伤保险待遇的说法，正确的是(   )。

A. 刘某因暂停工作接受工伤医疗，停工留薪期一般不超过 12 个月，特殊情况不得超过 18 个月
B. 刘某评定伤残等级后生活部分不能自理，经劳动能力鉴定委员会确认需要生活护理，护理费标准为统筹地区上年度职工月平均工资的 20%
C. 刘某经鉴定为六级伤残，从工伤保险基金支付一次性伤残补助金，标准为 12 个月的本人工资
D. 刘某不能工作，与该企业保留劳动关系，企业按月发放给刘某的伤残津贴标准为刘某工资的 60%

【答案】D

【解析】A 选项中，"特殊情况不得超过 18 个月"的表述错误。应为"不得超过 12 个月"。B 选项中，刘某生活部分不能自理，标准分别为统筹地区上年度职工月平均工资的 30%。C 选项中，六级伤残为 16 个月的本人工资。

3. 【2014 年真题】依据《工伤保险条例》的规定，下列关于工伤保险待遇的说法，正确的是(   )。

A. 职工住院治疗工伤的伙食补助费不在工伤保险基金的支付范围内
B. 经工伤职工本人提出，该职工可以与用人单位解除或者终止劳动关系，由工伤保险基金支付一次性工伤医疗补助金，由用人单位支付一次性伤残就业补助金
C. 工伤职工拒不接受劳动能力鉴定的，从拒不接受的第 4 个月起停止享受工伤保险待遇
D. 职工被借调期间受到工伤事故伤害的，由借调单位承担工伤保险责任，但借调单位与原用人单位可以约定补偿办法

【答案】B

【解析】工伤保险待遇的规定见表 5 - 34 的相关内容。

4. 【2013 年真题】某企业新员工李某在作业过程中因工负伤，经鉴定为六级劳动功能障碍。李某尚在试用期内，企业未为其缴纳工伤保险。依据《工伤保险条例》的规定，下列关于李某工伤保险待遇的说法中，正确的是(   )。

A. 该企业应从工伤保险基金中一次性支付李某伤残补助金

B. 该企业可单方解除与李某的劳动关系，但应按月发给李某伤残津贴

C. 李某主动提出与企业解除劳动关系，该企业不得同意解除

D. 李某主动提出与企业解除劳动关系，企业应按标准支付伤残就业补助金和工伤医疗补助金

【答案】A

【解析】五级、六级伤残的待遇见表5-34的相关内容。

5.【2012年真题】根据《工伤保险条例》，下列费用中，不应由工伤保险基金支付的是(　　)。

A. 职工工伤住院治疗期间的伙食补助费

B. 工伤职工到签订服务协议的医疗机构进行康复的费用

C. 工伤职工因生活或就业需要，经劳动能力鉴定委员会确认，安装假肢的费用

D. 生活不能自理的工伤职工在停工留薪期的护理人工费

【答案】D

【解析】根据《工伤保险条例》的规定，职工住院治疗工伤的伙食补助费，以及经医疗机构出具证明，报经办机构同意，工伤职工到统筹地区以外就医所需的交通、食宿费用从工伤保险基金支付，基金支付的具体标准由统筹地区人民政府规定。工伤职工到签订服务协议的医疗机构进行工伤康复的费用，符合规定的，从工伤保险基金支付。工伤职工因日常生活或者就业需要，经劳动能力鉴定委员会确认，可以安装假肢、矫形器、假眼、义齿和配置轮椅等辅助器具，所需费用按照国家规定的标准从工伤保险基金支付。生活不能自理的工伤职工在停工留薪期需要护理的，由所在单位负责。

考点三十五　工伤保险违法行为应负的法律责任（表5-35）

表5-35　　　　　　　　　工伤保险违法行为应负的法律责任

项　　目	内　　容
挪用工伤保险基金的法律责任	依据《工伤保险条例》的规定，单位或者个人违反《工伤保险条例》有关规定挪用工伤保险基金构成犯罪的，依法追究刑事责任；尚不构成犯罪的，依法给予行政处分或者纪律处分
社会保险行政部门工作人员的法律责任	依据《工伤保险条例》的规定，社会保险行政部门工作人员无正当理由不受理工伤认定申请，或者弄虚作假将不符合工伤条件的人员认定为工伤职工的、未妥善保管申请工伤认定的证据材料，致使有关证据灭失的、收受当事人财物等违法行为的，依法给予行政处分；情节严重构成犯罪的，依法追究刑事责任
骗取工伤保险待遇或者工伤保险基金的法律责任	依据《工伤保险条例》的规定，用人单位、工伤职工或者其近亲属骗取工伤保险待遇，医疗机构、辅助器具配置机构骗取工伤保险基金支出的，由社会保险行政部门责令退还，处骗取金额2倍以上5倍以下的罚款；情节严重，构成犯罪的，依法追究刑事责任
用人单位的法律责任	依据《工伤保险条例》的规定，用人单位依照本条例规定应当参加工伤保险而未参加的，由社会保险行政部门责令限期参加，补缴应当缴纳的工伤保险费，并自欠缴之日起，按日加收万分之五的滞纳金；逾期仍不缴纳的，处欠缴数额1倍以上3倍以下的罚款。 依照《工伤保险条例》的规定，应当参加工伤保险而未参加工伤保险的用人单位职工发生工伤的，由该用人单位按本条例规定的工伤保险待遇项目和标准支付费用

【2014年真题】某金属矿采掘企业自开办以来，一直不缴纳工伤保险费。依据《工伤保险条例》的规定，社会保险行政部门应当责令该企业限期参加工伤保险，补缴应当缴纳的工

伤保险费，并自欠缴之日起，按日加收（　　）的滞纳金。

A. 万分之一　　　　　　　B. 万分之二　　　　　　C. 万分之三　　　　　　D. 万分之五

【答案】D

【解析】依据《工伤保险条例》的规定，用人单位依照本条例规定应当参加工伤保险而未参加的，由社会保险行政部门责令限期参加，补缴应当缴纳的工伤保险费，并自欠缴之日起，按日加收**万分之五**的滞纳金；逾期仍不缴纳的，处欠缴数额 **1** 倍以上 **3** 倍以下的罚款。

章节练习

一、单项选择题（每题 1 分。每题的备选项中，只有 1 个最符合题意）

1. 《安全生产许可证条例》规定，安全生产许可证颁发管理机关应当自收到申请之日起（　　）d 内审查完毕。

A. 15　　　　　　　　B. 30　　　　　　　　C. 45　　　　　　　　D. 60

2. 根据《安全生产许可证条例》的规定，企业在安全生产许可证有效期内，严格遵守有关安全生产的法律法规，未发生（　　）事故的，安全生产许可证有效期届满时，经原安全生产许可证颁发管理机关同意，不再审查，安全生产许可证有效期延期 3 年。

A. 安全　　　　　　　B. 重大死亡　　　　　　C. 死亡　　　　　　　D. 重伤

3. 依据《煤矿安全监察条例》的规定，煤矿安全监察机构对煤矿安全技术措施专项费用的提取和使用情况进行监督，对未依法提取或者使用的，应当（　　）。

A. 吊销煤炭生产许可证

B. 责令限期改正

C. 提请地方政府按照规定权限关闭

D. 处 5 万元以上 10 万元以下的罚款

4. 某煤矿安全监察分局按照定期监察计划，对某煤矿进行全面安全检查，已检查了该煤矿安全规章制度制定及落实、煤矿负责人及员工安全培训考核、安全技措费用提取及使用、安全设计审查及验收、现场作业执行安全规程和专用设备使用管理等情况。依据《煤矿安全监察条例》，还应重点检查该煤矿的（　　）。

A. 矿产资源回收计划　　　　　　　　　B. 事故预防和应急计划

C. 环境污染及治理情况　　　　　　　　D. 员工工伤保险方案

5. 《煤矿安全监察条例》规定，煤矿安全监察机构审查煤矿建设工程安全设施设计，应当自收到申请审查的设计资料之日起（　　）d 内审查完毕，签署同意或者不同意的意见，并书面答复。

A. 15　　　　　　　　B. 30　　　　　　　　C. 45　　　　　　　　D. 60

6. 《国务院关于预防煤矿生产安全事故的特别规定》规定，被责令停产整顿的煤矿应当制订整改方案，落实整改措施和安全技术规定；整改结束后要求恢复生产的，应当由（　　）自收到恢复生产申请之日起 60d 内组织验收完毕。

A. 省级人民政府建设行政主管部门

B. 省级人民政府负责煤矿安全生产监督管理的部门

C. 县级以上地方人民政府建设行政主管部门

D. 县级以上地方人民政府负责煤矿安全生产监督管理的部门

7. 《国务院关于预防煤矿生产安全事故的特别规定》对在短期内屡次发现存在重大安全生产隐患的，对3个月内2次或者2次以上发现有重大安全生产隐患，仍然进行生产的煤矿，（   ）应当提请有关地方人民政府关闭该煤矿。

A. 所在地市级人民政府负责煤矿安全生产监督管理的部门、检察院

B. 县级以上地方人民政府负责煤矿安全生产监督管理的部门、卫生行政部门

C. 所在地市级人民政府负责煤矿安全生产监督管理的部门、煤矿安全监察机构

D. 县级以上地方人民政府负责煤矿安全生产监督管理的部门、煤矿安全监察机构

8. 《建设工程安全生产管理条例》规定，（   ）应当向施工单位提供施工现场及毗邻区域内供水、排水、供电、供气、供热、通信、广播电视等地下观测资料，相邻建筑物和构筑物、地下工程的有关资料，并保证资料的真实、准确、完整。

A. 建设单位   B. 监理单位

C. 勘察单位   D. 设计单位

9. 甲总承包单位与乙分包单位依法签订了专业工程分包合同，在建设单位组织竣工验收时，发现该专业工程质量不合格。关于该专业工程质量责任的说法，符合《建设工程安全生产管理条例》规定的是（   ）。

A. 乙就分包工程对建设单位承担全部法律责任

B. 甲就分包工程对建设单位承担全部法律责任

C. 甲和乙就分包工程对建设单位承担连带责任

D. 甲对建设单位承担主要责任，乙承担补充责任

10. 《建设工程安全生产管理条例》规定，工程监理单位和监理工程师应当按照（   ）实施监理，对建设工程安全生产承担监理职责。

A. 法律、法规和工程建设强制性标准

B. 法律、法规和工程建设推荐性标准

C. 法律、法规和工程建设特殊性标准

D. 法律、法规和工程建设强制性标准、一般性标准

11. 《危险化学品安全管理条例》规定，建设单位应当对建设项目进行安全条件论证，委托具备国家规定的资质条件的机构对建设项目进行安全评价，并将安全条件论证和安全评价的情况报告报建设项目所在地设区的市级以上人民政府安全生产监督管理部门；安全生产监督管理部门应当自收到报告之日起（   ）d内做出审查决定，并书面通知建设单位。

A. 15   B. 30   C. 45   D. 60

12. 下列关于危险化学品生产、储存安全管理的表述中，符合《危险化学品安全管理条例》规定的是（   ）。

A. 进行可能危及危险化学品管道安全的施工作业，施工单位应当在开工的3d前书面通知管道所属单位，并与管道所属单位共同制订应急预案，采取相应的安全防护措施

B. 对重复使用的危险化学品包装物、容器，使用单位在重复使用前应当进行检查；发现存在安全隐患的，必须进行更换

C. 生产、储存危险化学品的企业，应当委托具备国家规定资质条件的机构，对本企业的安全生产条件每5年进行1次安全评价，提出安全评价报告

D. 剧毒化学品以及储存数量构成重大危险源的其他危险化学品，应当在专用仓库内单独存放，并实行双人收发、双人保管制度

13. 《危险化学品安全管理条例》中所称的危险化学品，是指具有毒害、腐蚀、爆炸、燃烧、助燃等性质，对（　　）具有危害的剧毒化学品和其他化学品。

A. 人体、设施、环境   B. 设施、场所、产品

C. 人体、环境、产品   D. 人体、设施、设备

14. 《烟花爆竹安全管理条例》规定，申请举办焰火晚会以及其他大型焰火燃放活动，主办单位应当按照分级管理的规定，向有关人民政府（　　）提出申请。

A. 公安部门   B. 安全监督管理部门

C. 民用爆炸物品行业主管部门   D. 环境保护主管部门

15. 下列关于烟花爆竹经营与运输的表述中，符合《烟花爆竹安全管理条例》规定的是（　　）。

A. 受理申请经营烟花爆竹的安全生产监督管理部门应当自受理申请之日起 15d 内对提交的有关材料和经营场所进行审查

B. 申请从事烟花爆竹零售的经营者，应当向所在地县级人民政府安全生产监督管理部门提出申请

C. 经由道路运输烟花爆竹的，托运人应当向始发地县级人民政府公安部门提出申请，并提交相关的证明材料

D. 托运人将烟花爆竹运达目的地后，收货人应当在 5d 内将《烟花爆竹道路运输许可证》交回发证机关核销

16. 《民用爆炸物品安全管理条例》规定，销售民用爆炸物品的企业，应当自民用爆炸物品买卖成交之日起 3d 内，将销售的品种、数量和购买单位向（　　）备案。

A. 市级人民政府安全监督管理部门和所在地县级人民政府公安机关

B. 所在地省、自治区、直辖市人民政府民用爆炸物品行业主管部门和所在地市级人民政府安全监督管理部门

C. 市级人民政府民用爆炸物品行业主管部门和所在地县级人民政府公安机关

D. 所在地省、自治区、直辖市人民政府民用爆炸物品行业主管部门和所在地县级人民政府公安机关

17. 下列关于爆破作业安全管理的表述中，不符合《民用爆炸物品安全管理条例》规定的是（　　）。

A. 爆破作业单位应当对本单位的爆破作业人员、安全管理人员、仓库管理人员进行专业技术培训

B. 爆破作业人员应当经所在地县级人民政府公安机关考核合格，取得《爆破作业人员许可证》后，方可从事爆破作业

C. 爆破作业单位应当将领取、发放民用爆炸物品的原始记录保存 2 年备查

D. 实施爆破作业，应当遵守国家有关标准和规范，在安全距离以外设置警示标志并安排警戒人员，防止无关人员进入

18. 关于特种设备使用及检测的说法中，不符合《特种设备安全法》规定的是（　　）。

A. 特种设备作业人员在作业过程中发现事故隐患或者其他不安全因素，应当立即向特

129

种设备安全管理人员和单位有关负责人报告

B. 特种设备检验、检测机构及其检验、检测人员对检验、检测过程中知悉的商业秘密，负有保密义务

C. 特种设备检验、检测机构的检验、检测人员不得同时在两个以上检验、检测机构中执业

D. 特种设备检验、检测机构及其检验、检测人员不得从事有关特种设备的生产、经营活动，但可以推荐或者监制特种设备

19. 依据《特种设备安全监察条例》的规定，压力容器的设计单位应当经（　　）许可，方可从事压力容器的设计活动。

　　A. 省级人民政府特种设备安全监督管理部门

　　B. 国务院特种设备安全监督管理部门

　　C. 省级人民政府建设行政主管部门

　　D. 国务院建设行政主管部门

20. 依据《使用有毒物品作业场所劳动保护条例》的规定，用人单位应当按照国务院相关部门的规定，向（　　）及时、如实申报存在职业中毒危害项目。

　　A. 卫生行政部门　　　　　　　　　　B. 安全监督管理部门

　　C. 民用爆炸物品行业主管部门　　　　D. 建设行政主管部门

21. 下列关于劳动过程中危害因素检测、评价的表述，不符合《使用有毒物品作业场所劳动保护条例》规定的是（　　）。

　　A. 用人单位应当按照国务院卫生行政部门的规定，定期对使用有毒物品作业场所的职业中毒危害因素进行检测、评价

　　B. 检测、评价结果存入用人单位职业卫生档案，定期向所在地卫生行政部门报告并向劳动者公布

　　C. 从事使用高毒物品作业的用人单位应当至少每月对高毒作业场所进行 1 次职业中毒危害因素检测

　　D. 从事使用高毒物品作业的用人单位应当至少每年进行 1 次职业中毒危害控制效果评价

22. 某中学将学校场地出租作为烟花爆竹的经营场所。依据《国务院关于特大安全事故行政责任追究的规定》，应对该学校校长给予（　　）的行政处分。

　　A. 记过　　　　　　B. 记大过　　　　　　C. 降级　　　　　　D. 撤职

23. 依据《使用有毒物品作业场所劳动保护条例》，从事有毒物品作业的劳动者享有紧急撤离权、职业卫生保护权、查阅索取职业健康监护档案权、享受工伤保险待遇权，以及（　　）的权利。

　　A. 获得资料　　　　　　　　　　　　B. 提前退休

　　C. 支配劳动保护基金　　　　　　　　D. 拒绝加班

24. 某化工厂发生氯气泄漏，造成 2 人死亡，108 人急性中毒。依据《生产安全事故报告和调查处理条例》，该事故的等级为（　　）。

　　A. 一般事故　　　　　　　　　　　　B. 较大事故

　　C. 重大事故　　　　　　　　　　　　D. 特别重大事故

25. 依据《生产安全事故报告和调查处理条例》，较大事故逐级上报至（　　）和负有安全生产监督管理的有关部门。

A. 设区的市级人民政府

B. 县（区）市人民政府

C. 国务院

D. 省、自治区、直辖市人民政府安全生产监督管理部门

26. 依据《生产安全事故报告和调查处理条例》的规定，事故发生单位负责人接到事故报告后，应当在（　　）h 内向政府有关部门报告。

A. 1　　　　　　　　B. 2　　　　　　　　C. 12　　　　　　　　D. 24

27. 依据《工伤保险条例》的规定，下列伤亡情形中，应当认定为工伤的是（　　）。

A. 某车间安全员到车间现场进行例行安全检查时突发脑出血，送往医院抢救 8h 后死亡

B. 某公司销售人员在去往某地洽谈业务途中，因发生车祸致死

C. 某取得伤残军人证的退伍军人到用人单位工作 1 年后旧伤复发

D. 某职工骑自行车上班途中，不慎掉入沟渠中，致右腿骨折

28. 某厂职工李某在下班回家的路上，被一辆卡车撞伤。依据《工伤保险条例》，下列关于李某是否属于工伤的说法中，正确的是（　　）。

A. 应当认定为工伤　　　　　　　　　　B. 应当视同为工伤

C. 可以视同为工伤　　　　　　　　　　D. 不能认定为工伤

29. 依据《工伤保险条例》的规定，自劳动能力鉴定结论做出之日起（　　）后，工伤职工或者其近亲属、所在单位或者经办机构认为伤残情况发生变化的，可以申请劳动能力复查鉴定。

A. 3 个月　　　　　　B. 6 个月　　　　　　C. 9 个月　　　　　　D. 1 年

30. 2016 年 8 月 20 日，职工郭某因工致残被鉴定为一级伤残，若郭某的月薪为 4000 元，依据《工伤保险条例》的规定，应保留劳动关系，退出工作岗位，从工伤保险基金中按月支付伤残津贴（　　）元。

A. 3000　　　　　　B. 3200　　　　　　C. 3400　　　　　　D. 3600

二、多项选择题（每题 2 分。每题的备选项中，有 2 个或 2 个以上符合题意，至少有 1 个错项。错选，本题不得分；少选，所选的每个选项得 0.5 分）

1. 下列表述中，符合《安全生产许可证条例》规定的是（　　）。

A. 安全生产许可证有效期为 5 年

B. 安全生产许可证有效期满需要延期的，企业应当于期满前 1 个月内向原安全生产许可证颁发管理机关办理延期手续

C. 《安全生产许可证条例》对已经进行生产的企业，规定应当在《安全生产许可证条例》施行之日起 2 年内依法向安全生产许可证颁发管理机关申请办理安全生产许可证

D. 省、自治区、直辖市人民政府民用爆炸物品行业主管部门负责民用爆炸物品生产企业安全生产许可证的颁发和管理，并接受国务院民用爆炸物品行业主管部门的指导和监督

E. 安全生产监督管理部门负责非煤矿矿山企业和危险化学品、烟花爆竹生产企业安全

生产许可证的颁发和管理

2.《国务院关于预防煤矿生产安全事故的特别规定》规定，（　　），煤矿不得从事生产。

A. 煤矿未依法取得采矿许可证

B. 煤矿未依法取得安全生产许可证

C. 煤矿未依法取得营业执照

D. 矿长未依法取得矿长安全资格证

E. 矿长未依法取得特种作业操作证

3. 依据《建设工程安全生产管理条例》的规定，设计单位的安全责任包括（　　）。

A. 取得相应的等级资质证书，在许可范围内承揽设计业务

B. 应当考虑施工安全和防护需要，对涉及施工安全的重点部位和环节，在设计文件中注明，并对防范生产安全事故提出指导意见

C. 采用新结构、新材料、新工艺的建设工程以及特殊结构的工程，设计单位应当提出保障施工作业人员安全和预防生产安全事故的措施建议

D. 设计单位和注册建筑师等注册执业人员应当对其设计负责

E. 严格执行操作规程，采取措施保证各类管线、设施和周边建筑物、构筑物的安全

4. 依据《危险化学品安全管理条例》的规定，生产、储存危险化学品的单位转产、停产、停业或者解散的，应当采取有效措施，及时、妥善处置其危险化学品生产装置、储存设施以及库存的危险化学品，不得丢弃危险化学品；处置方案应当报所在地县级人民政府（　　）备案。

A. 安全生产监督管理部门　　　　　B. 工业和信息化主管部门

C. 环境保护主管部门　　　　　　　D. 卫生行政部门

E. 公安机关

5. 下列说法中，符合《烟花爆竹安全管理条例》中关于生产安全规定的有（　　）。

A. 生产烟花爆竹的企业，持《烟花爆竹安全生产许可证》到公安机关办理登记手续后，方可从事烟花爆竹生产活动

B. 生产烟花爆竹使用的原料，国家标准有用量限制的，不得超过规定的用量

C. 生产烟花爆竹使用的原料，应当符合国家标准的规定

D. 生产烟花爆竹的企业为扩大生产能力进行基本建设或者技术改造的，应当依照《烟花爆竹安全管理条例》的规定申请办理安全生产许可证

E. 生产烟花爆竹的企业，应当按照国家标准的规定，在烟花爆竹产品上标注燃放说明，并在烟花爆竹包装物上印制易燃易爆危险物品警示标志

6. 关于民用爆炸物品销售、购买的表述中，不符合《民用爆炸物品安全管理条例》规定的有（　　）。

A. 民用爆炸物品生产企业凭《民用爆炸物品生产许可证》，可以销售本企业生产的民用爆炸物品

B. 民用爆炸物品生产企业销售本企业生产的民用爆炸物品，不得超出核定的品种、产量

C. 销售民用爆炸物品的企业，应当将购买单位的许可证、银行账户转账凭证、经办人

的身份证明复印件保存 1 年备查

D. 购买民用爆炸物品的单位，应当自民用爆炸物品买卖成交之日起 3d 内，将购买的品种、数量向所在地县级人民政府公安机关备案

E. 销售、购买民用爆炸物品，应当使用现金或者实物进行交易

7. 关于特种设备维护保养和定期检验与作业人员管理的表述中，不符合《特种设备安全监察条例》规定的是(　　)。

A. 特种设备使用单位应当对在用特种设备进行经常性日常维护保养，并定期自行检查

B. 特种设备使用单位对在用特种设备应当至少每 2 个月进行 1 次自行检查，并做出记录

C. 特种设备使用单位应当按照安全技术规范的定期检验要求，在安全检验合格有效期届满前 15d 向特种设备检验检测机构提出定期检验要求

D. 未经定期检验或者检验不合格的特种设备，不得继续使用

E. 特种设备作业人员在作业过程中发现事故隐患或者其他不安全因素，应当立即向上一级人民政府安全监督管理部门报告

8. 下列关于职业健康监护的表述中，符合《使用有毒物品作业场所劳动保护条例》规定的有(　　)。

A. 用人单位应当组织从事使用有毒物品作业的劳动者进行上岗前职业健康检查

B. 用人单位不得安排未经上岗前职业健康检查的劳动者从事使用有毒物品的作业，不得安排有职业禁忌的劳动者从事其所禁忌的作业

C. 职业健康监护档案应当不包括劳动者的职业史和职业中毒危害接触史

D. 职业健康监护档案应当包括相应作业场所职业中毒危害因素监测结果

E. 职业健康监护档案应当包括职业者的家族病史

9. 关于事故报告程序的表述中，符合《生产安全事故报告和调查处理条例》规定的有(　　)。

A. 情况紧急时，事故现场有关人员可以直接向事故发生地县级以上人民政府卫生行政部门和负有安全生产监督管理职责的有关部门报告

B. 事故报告后出现新情况，事故发生单位和安全生产监督管理部门和负有安全生产监督管理的有关部门应当及时续报

C. 自事故发生之日起 30d 内，事故造成的伤亡人数发生变化的，事故发生单位和安全生产监督管理部门和负有安全生产监督管理的有关部门应当及时补报

D. 事故发生后，事故现场有关人员应当立即向本单位负责人报告

E. 特别重大事故、重大事故逐级上报至省级人民政府安全生产监督管理部门和负有安全生产监督管理的有关部门

10. 依据《工伤保险条例》的规定，下列伤亡情形中，视同工伤的包括(　　)。

A. 在工作时间和工作岗位突发疾病死亡的

B. 在抢险救灾等维护国家利益的活动中受到伤害的

C. 在工作时间和工作场所内，违反治安管理条例导致伤亡的

D. 在工作时间和工作岗位突发疾病，48h 之内经抢救无效死亡的

E. 在工作时间和工作岗位突发疾病，72h 之内经抢救无效死亡的

章节练习答案

一、单项选择题

1. C	2. C	3. B	4. B	5. B	6. D	7. D	8. A	9. C	10. A
11. C	12. D	13. A	14. A	15. B	16. D	17. B	18. D	19. B	20. A
21. D	22. D	23. A	24. D	25. D	26. A	27. B	28. A	29. D	30. D

二、多项选择题

1. DE 2. ABCD 3. ABCD 4. ABCE 5. BCDE 6. CE 7. BCE
8. ABD 9. BCD 10. ABD

第六章

安全生产部门规章

大纲要求

1.《注册安全工程师执业资格制度暂行规定》。掌握注册安全工程师执业资格考试的规定和注册安全工程师的职责。

2.《注册安全工程师管理规定》。掌握生产经营单位配备注册安全工程师的要求，掌握注册安全工程师注册、执业、权利和义务、继续教育的规定和要求。

3.《生产经营单位安全培训规定》。分析生产经营单位主要负责人、安全生产管理人员、特种作业人员和其他从业人员安全培训等方面的有关法律问题，判断违反规定的行为及应负的法律责任。

4.《特种作业人员安全技术培训考核管理规定》。分析特种作业人员安全技术培训、考核、发证和复审等方面的有关法律问题，判断违反规定的行为及应负的法律责任。

5.《建设工程消防监督管理规定》。分析建设工程消防设计审核、消防验收以及备案审查方面的有关法律问题，判断违反规定的行为及应负的法律责任。

6.《安全生产事故隐患排查治理暂行规定》。分析安全生产事故隐患排查和治理方面的有关法律问题，判断违反规定的行为及应负的法律责任。

7.《生产安全事故应急预案管理办法》。分析生产安全事故应急预案编制、评审、发布、备案、培训、演练方面的有关法律问题，判断违反规定的行为及应负的法律责任。

8.《生产安全事故信息报告和处置办法》。分析生产安全事故信息报告、处置方面的有关法律问题，判断违反规定的行为及应负的法律责任。

9.《安全评价机构管理规定》。掌握安全评价机构取得资质应具备的条件和应遵守程序，分析安全评价活动方面的有关法律问题，判断违反规定的行为及应负的法律责任。

10.《建设项目安全设施"三同时"监督管理办法》。分析建设项目安全条件论证、安全预评价、安全设施设计审查、施工和竣工验收等方面的有关法律问题，判断违反规定的行为及应负的法律责任。

考点汇总与分值解析

分值　　　　　年份 考点		2012 年	2013 年	2014 年	2015 年	2017 年
注册安全工程师执业 资格制度暂行规定	注册安全工程师职责				1	

分值 考点	年份	2012 年	2013 年	2014 年	2015 年	2017 年
注册安全工程师管理规定	注册安全工程师的配备	1	2	2	2	
	注册安全工程师注册的规定		1	2		1
	注册安全工程师的继续教育	1	1			
生产经营单位安全培训规定	主要负责人、安全生产管理人员的安全培训	1	2		1	1
	其他从业人员的安全培训	1		2		
特种作业人员安全技术培训考核管理规定	特种作业人员的范围	2				
	特种作业操作证的复审	1	1	1		
	特种作业操作证的监督管理	1				
	生产经营单位、特种作业人员违反规定的处罚					1
建设工程消防监督管理规定	消防设计和施工的质量责任	1	1	1		
	消防设计审核和消防验收	1	1	1	1	1
安全生产事故隐患排查治理暂行规定	生产经营单位事故隐患排查治理职责				1	
	重大事故隐患报告	1				
	事故隐患治理			1	1	
	事故隐患排查治理中的紧急处置	1				
	重大事故隐患治理的监督检查		1	1		
生产安全事故应急预案管理办法	应急预案的编制	1	1	1		
	应急预案的评审					
	应急预案的备案				1	
	应急预案的实施	1	1			
生产安全事故信息报告和处置办法	较大涉险事故的范围	1	1			
	事故信息的报告	1				
	现场调查				1	
安全评价机构管理规定	安全评价机构资质		1		1	
	取得资质的条件	1	1			
	资质审批程序	1				
	安全评价业务活动			2		
	安全评价机构违法行为的处罚	2				
建设项目安全设施"三同时"监督管理办法	建设项目安全条件论证与安全预评价	1	2	1		
	建设项目安全设施施工和竣工验收	1	1	1		

考点一　注册安全工程师职责（表6-1）

表6-1　　　　　　　　　　　　　　　　注册安全工程师职责

项　目	内　容
注册安全工程师的业务范围	《注册安全工程师执业资格制度暂行规定》规定，注册安全工程师可在生产经营单位中安全生产管理、安全监督检查、安全技术研究、安全工程技术检测检验、安全属性辨识、建设项目的安全评估等岗位和为安全生产提供技术服务的中介机构等范围内执业。注册安全工程师在执业活动中，必须严格遵守法律、法规和各项规定，坚持原则，恪守职业道德
注册安全工程师的权利	（1）对生产经营单位的安全生产管理、安全监督检查、安全技术研究和安全检测检验、建设项目的安全评估、危害辨识或危险评价等工作存在的问题提出意见和建议。 （2）审核所在单位上报的有关安全生产的报告。 （3）发现有危及人身安全的紧急情况时，应及时向生产经营单位建议停止作业并组织作业人员撤离危险场所。 （4）参加建设项目安全设施的审查和竣工验收工作，并签署意见。 （5）参与重大危险源检查、评估、监控，制订事故应急预案和登记建档工作。 （6）参与编制安全规则、制订安全生产规章制度和操作规程，提出安全生产条件所必需的资金投入的建议。 （7）法律、法规规定的其他权利
注册安全工程师的义务	（1）遵守国家有关安全生产的法律、法规和标准。 （2）遵守职业道德，客观、公正执业，不弄虚作假，并承担在相应报告上签署意见的法律责任。 （3）维护国家、公众的利益和受聘单位的合法权益。 （4）严格保守在执业中知悉的单位、个人技术和商业秘密。 （5）注册安全工程师应当定期接受业务培训，不断更新知识，提高业务技术水平

【2015年真题】依据《注册安全工程师执业资格制度暂行规定》，下列关于注册安全工程师职责的说法，正确的是（　　）。

A. 注册安全工程师可在安全监管执法、企业安全生产管理及安全工程技术检测检验等岗位执业

B. 发现有危及人身安全的紧急情况时，应立即责令停止作业并组织从业人员撤离危险场所

C. 参加建设项目安全设施的审查和竣工验收工作，并签署意见

D. 编制安全规则、制定安全生产规章制度和操作规程，决定安全生产条件所必需的资金投入

【答案】C

【解析】注册安全工程师的业务范围及权利的规定见表6-1的相关内容。

考点二　注册安全工程师的配备（表6-2）

表6-2　　　　　　　　　　　　　　　　注册安全工程师的配备

项　目	内　容
高危生产经营单位注册安全工程师的配备	从业人员300人以上的煤矿、非煤矿山、建筑施工单位和危险物品生产、经营单位，应当按照不少于安全生产管理人员15％的比例配备注册安全工程师；安全生产管理人员在7人以下的，至少配备1名

项　目	内　容
其他生产经营单位注册安全工程师的配备	除高危生产经营单位以外的其他生产经营单位，应当配备注册安全工程师或者委托安全生产中介机构选派注册安全工程师提供安全生产服务
安全生产中介机构注册安全工程师的配备	安全生产中介机构应当按照不少于安全生产专业服务人员30%的比例配备注册安全工程师

1.【2015年真题】依据《注册安全工程师管理规定》，下列单位或机构注册安全工程师配备比例，符合要求的有(　　)。

A. 某煤矿企业，从业人员1600人，配备安全管理人员20人，其中注册安全工程师3人

B. 某安全评价机构，从业人员70人，配备安全专业服务人员60人，其中注册安全工程师12人

C. 某机械制造企业，从业人员200人，配备安全管理人员3人，其中注册安全工程师1人

D. 某建筑施工企业，从业人员260人，配备安全管理人员8人，其中注册安全工程师3人

E. 某木材加工企业，从业人员90人，与注册安全工程师事务所签订协议，由其选派1名注册安全工程师提供安全生产服务

【答案】ACDE

【解析】注册安全工程师配备的规定见表6-2的相关内容。该考点于2012年也进行了考核。

2.【2014年真题】依据《注册安全工程师管理规定》，下列关于生产经营单位和安全生产中介机构配备注册安全工程师的说法，正确的是(　　)。

A. 某煤矿企业有500人，安全生产管理人员20人，应配备不少于3名注册安全工程师

B. 某建筑企业有7名安全生产管理人员，应至少配备1名注册安全工程师

C. 某金矿没有注册安全工程师，可以委托安全生产中介机构选派注册安全工程师提供安全生产服务

D. 某机械制造企业可委托安全生产中介机构选派注册安全工程师提供安全生产服务

E. 某安全生产中介机构有20名安全生产专业服务人员，应当配备不少于6名注册安全工程师

【答案】ADE

【解析】注册安全工程师配备的规定见表6-2的相关内容。该考点于2013年也以多项选择题的形式进行了考核。

3.【2013年真题】依据《注册安全工程师管理规定》，下列生产经营单位和安全生产中介机构配备注册安全工程师的情形，符合规定的有 (　　)。

A. 职工总数达1000人的某煤矿，有安全生产管理人员20人，其中注册安全工程师2人

B. 职工总数达2000人的某金矿，有安全生产管理人员20人，其中注册安全工程师3人

C. 某安全评价机构，有评价人员30人，其中注册安全工程师8人

D. 某安全评价机构，有评价人员20人，其中注册安全工程师6人

E. 职工总数100人的某鞋厂，配备1名注册安全工程师

【答案】BDE

【解析】《注册安全工程师管理规定》对生产经营单位和安全生产中介机构配备一定比例的注册安全工程师，做出了下列规定：①从业人员300人以上的煤矿、非煤矿山、建筑施工

单位和危险物品生产经营单位，应当按照不少于安全生产管理人员 15% 的比例配备注册安全工程师；安全生产管理人员在 7 人以下的，至少配备 1 名。②除高危生产经营单位以外的其他生产经营单位，应当配备注册安全工程师或者委托安全生产中介机构选派注册安全工程师提供安全生产服务。③安全生产中介机构应当按照不少于安全生产专业服务人员 30% 的比例配备注册安全工程师。

4.【2012 年真题】某建筑施工企业有从业人员 2000 人，成立了安全生产管理部，配备了 40 名安全生产管理人员。根据《注册安全工程师管理规定》，该企业配备的安全生产管理人员中，注册安全工程师的数量最低为（　　）名。

A. 4　　　　　　　　B. 6　　　　　　　　C. 8　　　　　　　　D. 10

【答案】B

【解析】根据《注册安全工程师管理规定》，从业人员 300 人以上的煤矿、非煤矿山、建筑施工单位和危险物品生产经营单位，应当按照不少于安全生产管理人员 15% 的比例配备注册安全工程师；安全生产管理人员在 7 人以下的，至少配备 1 名。

考点三　注册安全工程师的注册及继续教育的规定（表 6-3）

表 6-3　　　　　　　　　　注册安全工程师的注册及继续教育的规定

项　　目	内　　容
初始注册的申请	申请取得注册安全工程师执业证的人员，必须同时具备两项条件： （1）已经取得资格证书。 （2）在生产经营单位从事安全生产管理、安全技术工作或者在安全生产中介机构从事安全生产专业服务工作。 按照《注册安全工程师管理规定》，注册安全工程师实行分类注册，共有煤矿安全、非煤矿矿山安全、建筑施工安全、危险物品安全和其他安全五类
延续注册的规定	依据《注册安全工程师管理规定》，初始注册的有效期为 3 年，自准予注册之日起计算。 注册有效期满需要延续注册的，申请人应当在有效期满 30d 前，按照《注册安全工程师管理规定》第 10 条规定的程序提出申请
变更注册的规定	依据《注册安全工程师管理规定》，在注册有效期内，注册安全工程师变更执业单位，应当按照《注册安全工程师管理规定》第 10 条规定的程序提出申请，办理变更注册手续。变更注册后仍延续原注册有效期。 注册安全工程师在办理变更注册手续期间不得执业
继续教育	注册安全工程师在每个注册周期内应当参加继续教育，时间累计不得少于 48 学时

1.【2017 年真题】依据《注册安全工程师管理规定》，注册安全工程师的初始注册有效期（　　）年。

A. 1　　　　　　　　B. 2　　　　　　　　C. 3　　　　　　　　D. 5

【答案】C

【解析】依据《注册安全工程师管理规定》，注册安全工程师的初始注册有效期为 3 年，自准予注册之日起计算。

2.【2014 年真题】依据《注册安全工程师管理规定》，注册安全工程师实行分类注册，类别包括煤矿安全、非煤矿矿山安全、危险化学品安全、（　　）和其他安全类。

A. 电气安全　　　　　B. 消防安全　　　　C. 建筑施工安全　　　D. 特种设备安全

【答案】C

【解析】注册安全工程师的注册分类见表6-3的相关内容。

3.【2014年真题】注册安全工程师张某已经离开A事务所到B事务所工作。依据《注册安全工程师管理规定》，张某应当办理变更注册手续。下列关于张某在未完成变更注册前的执业行为的说法，正确的是(　　)。

A. 可以A事务所名义执业

B. 可以B事务所名义执业

C. 可以个人名义执业

D. 不能执业

【答案】D

【解析】注册安全工程师变更注册的规定见表6-3的相关内容。

4.【2013年真题】依据《注册安全工程师管理规定》，下列关于注册安全工程师注册期限的说法，正确的是(　　)。

A. 注册有效期为3年，自申请注册之日起计算

B. 注册有效期满需要延续注册的，申请人应当在有效期满30d前提出申请

C. 注册审批机关逾期未做出准予延续注册决定的，视为不准延续

D. 如需办理变更注册，有效期自变更之日起重新计算

【答案】B

【解析】依据《注册安全工程师管理规定》，初始注册的有效期为3年，自准予注册之日起计算。故选项A错误。注册有效期满需要延续注册的，申请人应当在有效期满30d前，按照《注册安全工程师管理规定》第10条规定的程序提出申请。故选项B正确。注册审批机关应当在有效期满前做出是否准予延续注册的决定；逾期未作决定的，视为准予延续。故选项C错误。在注册有效期内，注册安全工程师变更执业单位，应当按照《注册安全工程师管理规定》第10条规定的程序提出申请，办理变更注册手续。变更注册后仍延续原注册有效期。故选项D错误。该考点于2011年也以单项选择题的形式进行了重复性的考核。

5.【2013年真题】依据《注册安全工程师管理规定》，注册安全工程师在每个注册期内参加继续教育的时间累计不少于(　　)学时。

A. 72　　　　　　B. 48　　　　　　C. 36　　　　　　D. 24

【答案】B

【解析】注册安全工程师继续教育的规定见表6-3的相关内容。该考点为高频考点，于2011年、2012年也进行了考核。

考点四　主要负责人、安全生产管理人员的安全培训（表6-4）

表6-4　　　　　　　　主要负责人、安全生产管理人员的安全培训

项　　目	内　　容
主要负责人 安全培训内容	《生产经营单位安全培训规定》规定，生产经营单位主要负责人安全培训应当包括下列内容： (1) 国家安全生产方针、政策和有关安全生产的法律、法规、规章及标准。 (2) 安全生产管理基本知识、安全生产技术、安全生产专业知识。 (3) 重大危险源管理、重大事故防范、应急管理和救援组织以及事故调查处理的有关规定。 (4) 职业危害及其预防措施。 (5) 国内外先进的安全生产管理经验。 (6) 典型事故和应急救援案例分析。 (7) 其他需要培训的内容

项　　目	内　　容
安全生产管理人员安全培训内容	《生产经营单位安全培训规定》规定，生产经营单位安全生产管理人员安全培训应当包括下列内容： （1）国家安全生产方针、政策和有关安全生产的法律、法规、规章及标准。 （2）安全生产管理、安全生产技术、职业卫生等知识。 （3）伤亡事故统计、报告及职业危害的调查处理方法。 （4）应急管理、应急预案编制以及应急处置的内容和要求。 （5）国内外先进的安全生产管理经验。 （6）典型事故和应急救援案例分析。 （7）其他需要培训的内容
安全培训时间	生产经营单位主要负责人和安全生产管理人员初次安全培训时间不得少于 32 学时。每年再培训时间不得少于 12 学时。 煤矿、非煤矿山、危险化学品、烟花爆竹、金属冶炼等生产经营单位主要负责人和安全生产管理人员初次安全培训时间不得少于 48 学时，每年再培训时间不得少于 16 学时
安全培训的组织实施	《生产经营单位安全培训规定》规定，生产经营单位从业人员的安全培训工作，由生产经营单位组织实施。 生产经营单位应当坚持以考促学、以讲促学，确保全体从业人员熟练掌握岗位安全生产知识和技能；煤矿、非煤矿山、危险化学品、烟花爆竹、金属冶炼等生产经营单位还应当完善和落实师傅带徒弟制度。 《生产经营单位安全培训规定》规定，生产经营单位应当将安全培训工作纳入本单位年度工作计划。保证本单位安全培训工作所需资金

1. 【2017 年真题】依据《生产经营单位安全培训规定》，下列关于非煤矿山企业主要负责人和生产管理人员的安全培训的说法，正确的是（　　）。

A. 主要负责人初次安全培训时间不得少于 32 学时

B. 主要负责人每年再培训时间不得少于 8 学时

C. 安全生产管理人员初次安全培训时间不得少于 48 学时

D. 安全生产管理人员每年再培训时间不得少于 12 学时

【答案】C

【解析】《生产经营单位安全培训规定》规定，生产经营单位主要负责人和安全生产管理人员初次安全培训时间不得少于 32 学时。每年再培训时间不得少于 12 学时。煤矿、非煤矿山、危险化学品、烟花爆竹、金属冶炼等生产经营单位主要负责人和安全生产管理人员初次安全培训时间不得少于 48 学时，每年再培训时间不得少于 16 学时。故 C 选项正确。

2. 【2015 年真题】依据《生产经营单位安全培训规定》，下列关于生产经营单位主要负责人、安全生产管理人员安全培训时间的说法，正确的是（　　）。

A. 生产经营单位主要负责人初次安全培训时间不得少于 48 学时

B. 生产经营单位安全生产管理人员初次安全培训后，每年再培训时间不得少于 12 学时

C. 危险化学品、烟花爆竹等生产经营单位主要负责人安全培训时间不得少于 32 学时

D. 煤矿、非煤矿山企业安全生产管理人员每年安全再培训时间不得少于 24 学时

【答案】B

【解析】《生产经营单位安全培训规定》规定，生产经营单位主要负责人和安全生产管理人员初次安全培训时间不得少于 32 学时。每年再培训时间不得少于 12 学时。故 A 选项错

误，B选项正确。煤矿、非煤矿山、危险化学品、烟花爆竹等生产经营单位主要负责人和安全生产管理人员安全资格培训时间不得少于48学时；每年再培训时间不得少于16学时。故C、D选项错误。

3.【2013年真题】依据《生产经营单位安全培训规定》，生产经营单位安全管理人员初次安全培训时间不少于(   )学时。

A. 32　　　　　　　　B. 40　　　　　　　　C. 48　　　　　　　　D. 56

【答案】A

【解析】生产经营单位安全管理人员安全培训的规定见表6-4的相关内容。

考点五　其他从业人员的安全培训（表6-5）

表6-5　　　　　　　　　　　　其他从业人员的安全培训

项　　目	内　　容
新工人上岗培训要求	《生产经营单位安全培训规定》规定，加工、制造业等生产单位的其他从业人员，在上岗前必须经过厂（矿）、车间（工段、区、队）、班组三级安全培训教育。生产经营单位应当根据工作性质对其他从业人员进行安全培训，保证其具备本岗位安全操作、应急处置等知识和技能
安全培训时间	《生产经营单位安全培训规定》规定，生产经营单位新上岗的从业人员，岗前安全培训时间不得少于24学时。 煤矿、非煤矿山、危险化学品、烟花爆竹、金属冶炼等生产经营单位新上岗的从业人员安全培训时间不得少于72学时，每年再培训的时间不得少于20学时
厂（矿）级岗前安全培训内容	(1) 本单位安全生产情况及安全生产基本知识。 (2) 本单位安全生产规章制度和劳动纪律。 (3) 从业人员安全生产权利和义务。 (4) 有关事故案例等
重新上岗培训要求	《生产经营单位安全培训规定》规定，从业人员在本生产经营单位内调整工作岗位或离岗1年以上重新上岗时，应当重新接受车间（工段、区、队）和班组级的安全培训。 生产经营单位采用新工艺、新技术、新材料或者使用新设备时，应当对有关从业人员重新进行有针对性的安全培训

1.【2014年真题】依据《生产经营单位安全培训规定》，煤矿、非煤矿山、危险化学品、烟花爆竹等生产经营单位新上岗的从业人员，岗前培训不得少于(   )学时。

A. 24　　　　　　　　B. 36　　　　　　　　C. 48　　　　　　　　D. 72

【答案】D

【解析】其他从业人员的安全培训时间见表6-5的相关内容。该考点于2012年和2014年进行了重复性的考核。

2.【2014年真题】依据《生产经营单位安全培训规定》，下列关于生产经营单位主要负责人、安全生产管理人员、特种作业人员以外的其他从业人员安全培训的说法，正确的是(   )。

A. 高危行业生产经营单位新上岗的人员，岗前培训时间不少于36学时

B. 非高危行业生产经营单位新上岗的人员，岗前培训时间不少于24学时

C. 安全生产经营单位三级安全培训是指厂（矿）级、车间级、部门级安全培训

D. 调整工作岗位或离岗1年重新上岗人员必须进行三级教育培训

142

【答案】B

【解析】《生产经营单位安全培训规定》规定，生产经营单位新上岗的从业人员，岗前安全培训时间不得少于24学时，故选项B正确。煤矿、非煤矿山、危险化学品、烟花爆竹、金属冶炼等生产经营单位新上岗的从业人员安全培训时间不得少于72学时，每年再培训的时间不得少于20学时，故选项A错误。《生产经营单位安全培训规定》规定，加工、制造业等生产单位的其他从业人员，在上岗前必须经过厂（矿）、车间（工段、区、队）、班组三级安全培训教育，故选项C错误。从业人员在本生产经营单位内调整工作岗位或离岗1年以上重新上岗时，应当重新接受车间（工段、区、队）和班组级的安全培训，故选项D错误。

考点六　特种作业人员的范围及考核发证（表6-6）

表6-6　　　　　　　　　　　　特种作业人员的范围及考核发证

项　　目	内　　容
范围	依据《特种作业人员安全技术培训考核管理规定》的目录规定，特种作业人员的种类包括：电工作业；焊接与热切割作业；高处作业；制冷与空调作业；煤矿安全作业；金属非金属矿山安全作业；石油天然气安全作业；冶金（有色）生产安全作业；危险化学品安全作业；烟花爆竹安全作业。高处作业是指专门或经常在坠落高度基准面2m及以上有可能坠落的高处进行的作业。烟花爆竹安全作业是指从事烟花爆竹生产、储存中的药物混合、造粒、筛选、装药、筑药、压药、搬运等危险工序的作业
考试程序	考核发证机关或其委托的单位收到申请后，应当在60d内组织考试。 特种作业操作资格考试包括安全技术理论考试和实际操作考试两部分。考试不及格的，允许补考1次。经补考仍不及格，重新参加相应的安全技术培训
发证程序	收到申请的考核发证机关应当在5个工作日内完成对特种作业人员所提交申请材料的审查，做出受理或者不予受理的决定。 对已经受理的申请，考核发证机关应当在20个工作日内完成审核工作。符合条件的，颁发特种作业操作证；不符合条件的，应当说明理由
特种作业操作证的有效期	特种作业操作证有效期为6年，在全国范围内有效
特种作业操作证的补发更换及更新	《特种作业人员安全技术培训考核管理规定》规定，特种作业操作证遗失的，应当向原考核发证机关提出书面申请，经原考核发证机关审查同意后，予以补发。特种作业操作证所记载的信息发生变化或者损毁的，应当向原考核发证机关提出书面申请，经原考核发证机关审查确认后，予以更换或者更新

【2012年真题】根据《烟花爆竹安全管理条例》，烟花爆竹生产企业内从事危险工序的作业人员应经过专门技术培训，并经设区的市人民政府安全监管部门考核合格方可上岗作业。这些危险工序包括(　　)。

A. 药物混合　　　　　　　　　　　B. 造粒

C. 装药　　　　　　　　　　　　　D. 卷筒

E. 搬运

【答案】ABCE

【解析】烟花爆竹安全作业的范围见表6-6的相关内容。

考点七 特种作业操作证的复审（表6-7）

表6-7　　　　　　　　　　　　　　　　特种作业操作证的复审

项　目	内　容
复审期限	《特种作业人员安全技术培训考核管理规定》规定，特种作业操作证每3年复审1次。特种作业人员在特种作业操作证有效期内，连续从事本工种10年以上，严格遵守有关安全生产法律法规的，经原考核发证机关或者从业所在地考核发证机关同意，特种作业操作证的复审时间可以延长至每6年1次
复审程序	特种作业操作证需要复审的，应当在期满前60d内，由申请人或者申请人的用人单位向原考核发证机关或者从业所在地考核发证机关提出申请，并提交下列材料： （1）社区或者县级以上医疗机构出具的健康证明。 （2）从事特种作业的情况。 （3）安全培训考试合格记录。 申请复审的，考核发证机关应当在收到申请之日起20个工作日内完成复审工作。复审合格的，由考核发证机关签章、登记，予以确认；不合格的，说明理由
复审培训	《特种作业人员安全技术培训考核管理规定》规定，特种作业操作证申请复审或者延期复审前，特种作业人员应当参加必要的安全培训并考试合格。安全培训时间不少于8个学时，主要培训法律、法规、标准、事故案例和有关新工艺、新技术、新装备等知识
复审不予通过	依据《特种作业人员安全技术培训考核管理规定》的规定，特种作业人员有下列情形之一的，复审或者延期复审不予通过： （1）健康体检不合格的。 （2）违章操作造成严重后果或者有2次以上违章行为，并经查证确实的。 （3）有安全生产违法行为，并给予行政处罚的。 （4）拒绝、阻碍安全生产监管监察部门监督检查的。 （5）未按规定参加安全培训，或者考试不合格的。 （6）所持特种作业操作证存在被撤销或者注销情形的
重新培训	《特种作业人员安全技术培训考核管理规定》规定，特种作业操作证复审或者延期复审符合本规定第25条第（2）项、第（3）项、第（4）项、第（5）项情形的，按照本规定经重新安全培训考试合格后，再办理复审或者延期复审手续。 再复审、延期复审仍不合格，或者未按期复审的，特种作业操作证失效

1.【2015年真题】依据《特种作业人员安全技术培训考核管理规定》，下列关于特种作业操作证复审的说法，正确的是(　　)。

A. 特种作业操作证每2年复审1次

B. 特种作业人员在特种作业操作证有效期内，连续从事本工种6年以上，严格遵守有关安全生产法律法规的，经原发证机关同意，复审时间可以延长至每3年1次

C. 特种作业操作证申请复审或者延期复审前，特种作业人员应当参加不少于8学时必要的安全培训并经考试合格

D. 特种作业人员有安全生产违法行为，并给予行政处罚或者有3次以上违章行为并经

查证确实的，复审或者延期复审不予通过

【答案】C

【解析】《特种作业人员安全技术培训考核管理规定》规定，特种作业操作证每3年复审1次，故选项A错误。特种作业人员在特种作业操作证有效期内，连续从事本工种10年以上，严格遵守有关安全生产法律法规的，经原考核发证机关或者从业所在地考核发证机关同意，特种作业操作证的复审时间可以延长至每6年1次，故选项B错误。特种作业操作证申请复审或者延期复审前，特种作业人员应当参加必要的安全培训并考试合格。安全培训时间不少于8个学时，故选项C正确。特种作业人员有违章操作造成严重后果或者有2次以上违章行为，并经查证确实的，复审或者延期复审不予通过。故选项D错误。该考点为高频考点，于2011年、2012年也以单项选择题的形式进行了重复性的考核。

2.【2014年真题】依据《特种作业人员安全技术培训考核管理规定》，特种作业人员操作证一般每3年复审1次。下列关于特种作业操作证复审的说法，正确的是(　　)。

A. 特种作业操作证需要复审的，应当在期满前90d内，按规定申请复审

B. 特种作业操作证申请复审前，特种作业人员应参加不少于8个学时的安全培训

C. 按规定参加安全培训，考试不合格的允许补考1次

D. 有安全生产违法行为的，复审一律不予通过

【答案】B

【解析】特种作业操作证复审的规定见表6-7的相关内容。

3.【2013年真题】余某于2009年4月在甲市经安全技术培训并考核合格，取得特种作业操作证。次年9月，余某来到乙市打工，工作期间余某有违章作业，但未受到行政处罚。依据《特种作业人员安全技术培训考核管理规定》，下列关于余某的特种作业操作证复审的说法，正确的是(　　)。

A. 余某应在2012年9月前提出复审申请

B. 余某可以向乙市考核发证机关提出复审申请

C. 考核发证机关应当在收到余某复审申请之日起30个工作日内完成复审

D. 考核发证机关对余某的复审不予通过

【答案】B

【解析】依据《特种作业人员安全技术培训考核管理规定》，特种作业操作证复审遵循下列程序：

(1) 特种作业操作证需要复审的，应当在期满前60d内，由申请人或者申请人的用人单位向原考核发证机关或者从业所在地考核发证机关提出申请，并提交社区或者县级以上医疗机构出具的健康证明、从事特种作业的情况、安全培训考试合格记录。故选项A错误，选项B正确。

(2) 申请复审的，考核发证机关应当在收到申请之日起20个工作日内完成复审工作。有安全生产违法行为，并给予行政处罚的复审不予通过。本案中，余某并未受到行政处罚。故选项C、D错误。

考点八　特种作业操作证的监督管理（表6-8）

表6-8　　　　　　　　　　　　　　特种作业操作证的监督管理

项　　目	内　　容
撤销特种作业操作证	《特种作业人员安全技术培训考核管理规定》规定，有下列情形之一的，考核发证机关应当撤销特种作业操作证： （1）超过特种作业操作证有效期未延期复审的。 （2）特种作业人员的身体条件已不适合继续从事特种作业的。 （3）对发生生产安全事故负有责任的。 （4）特种作业操作证记载虚假信息的。 （5）以欺骗、贿赂等不正当手段取得特种作业操作证的。 特种作业人员违反前款第（4）项、第（5）项规定的，3年内不得再次申请特种作业操作证
离岗6个月须实际操作考试	《特种作业人员安全技术培训考核管理规定》规定，离开特种作业岗位6个月以上的特种作业人员，应当重新进行实际操作考试，经确认合格后方可上岗作业

【2012年真题】某工人为特种作业人员，因岗位调整转岗到仓库工作，在此期间未进行相关的特种作业，3个月后，公司将该工人调整回原岗位继续从事特种作业，该工人特种作业操作证尚在有效期内。根据《特种作业人员安全技术培训考核管理规定》，该工人（　　）。

A. 应当重新进行实际操作考试，经确认合格后上岗作业

B. 应当进行特种作业理论知识考试，经确认合格后上岗作业

C. 无需进行理论知识和实际操作考试，可以直接上岗作业

D. 应当重新参加特种作业培训考试，取得特种作业操作证后上岗作业

【答案】C

【解析】特种作业操作证的监督管理见表6-8的相关内容。

考点九　生产经营单位、特种作业人员违反规定的处罚（表6-9）

表6-9　　　　　　　　　　　生产经营单位、特种作业人员违反规定的处罚

项　　目	处　　罚
生产经营单位未建立档案的处罚	《特种作业人员安全技术培训考核管理规定》规定，生产经营单位未建立健全特种作业人员档案的，给予警告，并处1万元以下的罚款
生产经营单位违反规定使用特种作业人员的处罚	《特种作业人员安全技术培训考核管理规定》规定，生产经营单位使用未取得特种作业操作证的特种作业人员上岗作业的，责令限期改正；可以处5万元以下的罚款；逾期未改正的，责令停产停业整顿，并处5万元以上10万元以下的罚款，对直接负责的主管人员和其他直接责任人员处1万元以上2万元以下的罚款
特种作业人员违反规定的处罚	《特种作业人员安全技术培训考核管理规定》规定，特种作业人员伪造、涂改特种作业操作证或者使用伪造的特种作业操作证的，给予警告，并处1000元以上5000元以下的罚款。 特种作业人员转借、转让、冒用特种作业操作证的，给予警告，并处2000元以上10 000元以下的罚款

【2017年真题】某市安全生产监督管理部门在检查中发现，某公司5名专门从事高处作业人员未取得特种作业人员操作证。依据《特种作业人员安全技术培训考核管理规定》应当给予该公司的处罚为（　　）。

A. 给予警告，可以处1万元以上的罚款

B. 给予警告，可以处 1 万元以下的罚款

C. 责令限期改正，可以处 5 万元以上的罚款

D. 责令限期改正，可以处 5 万元以下的罚款

【答案】D

【解析】《特种作业人员安全技术培训考核管理规定》规定，生产经营单位使用未取得特种作业操作证的特种作业人员上岗作业的，责令限期改正；可以处 5 万元以下的罚款；逾期未改正的，责令停产停业整顿，并处 5 万元以上 10 万元以下的罚款，对直接负责的主管人员和其他直接责任人员处 1 万元以上 2 万元以下的罚款。

考点十　消防设计和施工的质量责任（表 6 - 10）

表 6 - 10　　　　　　　　　　　消防设计和施工的质量责任

项　目	内　容
建设单位的责任	依据《建设工程消防监督管理规定》，建设单位不得要求设计、施工、工程监理等有关单位和人员违反消防法规和国家工程建设消防技术标准，降低建设工程消防设计、施工质量
设计单位的责任	(1) 根据消防法规和国家工程建设消防技术标准进行消防设计，编制符合要求的消防设计文件，不得违反国家工程建设消防技术标准强制性要求进行设计。 (2) 在设计中选用的消防产品和具有防火性能要求的建筑构件、建筑材料、装修材料，应当注明规格、性能等技术指标，其质量要求必须符合国家标准或者行业标准。 (3) 参加建设单位组织的建设工程竣工验收，对建设工程消防设计实施情况签字确认
施工单位的责任	(1) 按照国家工程建设消防技术标准和经消防设计审核合格或者备案的消防设计文件组织施工，不得擅自改变消防设计进行施工，降低消防施工质量。 (2) 查验消防产品和具有防火性能要求的建筑构件、建筑材料及装修材料的质量，使用合格产品，保证消防施工质量。 (3) 建立施工现场消防安全责任制度，确定消防安全负责人。加强对施工人员的消防教育培训，落实动火、用电、易燃可燃材料等消防管理制度和操作规程。保证在建工程竣工验收前消防通道、消防水源、消防设施和器材、消防安全标志等完好有效
工程监理单位的责任	(1) 按照国家工程建设消防技术标准和经消防设计审核合格或者备案的消防设计文件实施工程监理。 (2) 在消防产品和具有防火性能要求的建筑构件、建筑材料、装修材料施工、安装前，核查产品质量证明文件，不得同意使用或者安装不合格的消防产品和防火性能不符合要求的建筑构件、建筑材料、装修材料。 (3) 参加建设单位组织的建设工程竣工验收，对建设工程消防施工质量签字确认

1. **【2014 年真题】**依据《建设工程消防监督管理规定》，下列消防施工的质量和安全责任，属于施工单位的是(　　)。

A. 依法申请建设工程消防验收，依法办理消防设计和竣工验收备案手续并接受抽查

B. 依法应当经消防设计审核、消防验收的建设工程，未经审核或者审核不合格的，不得组织施工

C. 查验消防产品和具有防火性能要求的建筑构件、建筑材料及装修材料的质量，使用合格产品，保证消防施工质量

D. 实行工程监理的建设工程，应当将消防施工质量一并委托监理

【答案】C

【解析】施工单位的质量和安全责任见表6-10的相关内容。

2. 【2013年真题】甲公司为某建设工程的施工单位。依据《建设工程消防监督管理规定》，下列关于甲公司在该建设工程中消防施工质量和安全责任的说法，正确的是( )。

A. 申请建设工程消防设计审核

B. 参加建设单位组织的建设工程竣工验收，对建设工程消防施工质量签字确认

C. 保证在建工程竣工验收前消防通道、消防水源、消防设施和器材等完好有效

D. 组织建设工程消防验收

【答案】C

【解析】施工单位应当建立施工现场消防安全责任制度，确定消防安全负责人。加强对施工人员的消防教育培训，落实动火、用电、易燃可燃材料等消防管理制度和操作规程。保证在建工程竣工验收前消防通道、消防水源、消防设施和器材、消防安全标志等完好有效。故选项C正确。建设单位应当向公安机关消防机构申请消防设计审核。故选项A错误。工程监理单位应当参加建设单位组织的建设工程竣工验收，对建设工程消防施工质量签字确认。故选项B错误。公安机关消防机构对申报消防验收的建设工程，应当依照《建设工程消防验收评定规则》对已经消防设计审核合格的内容组织消防验收。故选项D错误。

3. 【2012年真题】根据《建设工程消防监督管理规定》，对于为降低工程造价选用不合格的消防产品、不能满足防火性能要求的建筑构件、建筑材料及室内装修装饰材料承担责任的是( )。

A. 建设单位　　　B. 设计单位　　　C. 施工单位　　　D. 监理单位

【答案】A

【解析】根据《建设工程消防监督管理规定》，建设单位不得要求设计、施工、工程监理等有关单位和人员违反消防法规和国家工程建设消防技术标准，降低建设工程消防设计、施工质量。建设单位在消防设计、施工的质量方面承担选用合格的消防产品和满足防火性能要求的建筑构件、建筑材料及室内装修装饰材料的责任。

考点十一　消防设计审核和消防验收（表6-11）

表6-11　　　　　　　　　　　　　消防设计审核和消防验收

项　目	内　容
人员密集场所	对具有下列情形之一的人员密集场所，建设单位应当向公安机关消防机构申请消防设计审核，并在建设工程竣工后向出具消防设计审核意见的公安机关消防机构申请消防验收： (1) 建筑总面积大于20 000m²的体育场馆、会堂，公共展览馆、博物馆的展示厅。 (2) 建筑总面积大于15 000m²的民用机场航站楼、客运车站候车室、客运码头候船厅。 (3) 建筑总面积大于10 000m²的宾馆、饭店、商场、市场。 (4) 建筑总面积大于2500m²的影剧院，公共图书馆的阅览室，营业性室内健身、休闲场馆，医院的门诊楼，大学的教学楼、图书馆、食堂，劳动密集型企业的生产加工车间，寺庙、教堂。 (5) 建筑总面积大于1000m²的托儿所、幼儿园的儿童用房，儿童游乐厅等室内儿童活动场所，养老院、福利院，医院、疗养院的病房楼，中小学校的教学楼、图书馆、食堂，学校的集体宿舍，劳动密集型企业的员工集体宿舍。 (6) 建筑总面积大于500m²的歌舞厅、录像厅、放映厅、卡拉OK厅、夜总会、游艺厅、桑拿浴室、网吧、酒吧，具有娱乐功能的餐馆、茶馆、咖啡厅

项　目	内　容
特殊建设工程	《建设工程消防监督管理规定》规定，对具有下列情形之一的特殊建设工程，建设单位应当向公安机关消防机构申请消防设计审核，并在建设工程竣工后向出具消防设计审核意见的公安机关消防机构申请消防验收： 　（1）设有本规定第13条所列的人员密集场所的建设工程。 　（2）国家机关办公楼、电力调度楼、电信楼、邮政楼、防灾指挥调度楼、广播电视楼、档案楼。 　（3）本条第（1）项、第（2）项规定以外的单体建筑面积大于 40 000m² 或者建筑高度超过50m 的公共建筑。 　（4）国家标准规定的一类高层住宅建筑。 　（5）城市轨道交通、隧道工程，大型发电、变配电工程。 　（6）生产、储存、装卸易燃易爆危险物品的工厂、仓库和专用车站、码头，易燃易爆气体和液体的充装站、供应站、调压站
消防验收程序	《建设工程消防监督管理规定》规定，公安机关消防机构对申报消防验收的建设工程，应当依照建设工程消防验收评定标准对已经消防设计审核合格的内容组织消防验收。对综合评定结论为合格的建设工程，公安机关消防机构应当出具消防验收合格意见；对综合评定结论为不合格的，应当出具消防验收不合格意见，并说明理由
消防设计和竣工验收的备案	依据《建设工程消防监督管理规定》的规定，对除人员密集场所建设工程和特殊建设工程以外的其他建设工程，建设单位应当在取得施工许可、工程竣工验收合格之日起 7d 内，通过省级公安机关消防机构网站进行消防设计、竣工验收消防备案，或者到公安机关消防机构业务受理场所进行消防设计、竣工验收消防备案

1. 【2017 年真题】依据《建设工程消防监督管理规定》，下列建设工程应当向公安机关消防机构申请消防审核的是（　　）。

A. 建筑总面积为 1500m² 的公共图书馆的阅览室

B. 国家标准规定的二类高层住宅建筑

C. 城市轨道交通、隧道工程

D. 建筑总面积为 10 000m² 的体育场馆

【答案】C

【解析】本题考查的是特殊建设工程消防设计审核和消防验收，详见表 6 - 11 的相关内容。

2. 【2015 年真题】依据《建设工程消防监督管理规定》，下列人员密集场所中，建设单位应当向公安机关消防机构申请消防设计审核，并在建设工程竣工后向出具消防设计审核意见的公安机关消防机构申请消防验收的是（　　）。

A. 建筑总面积大于 10 000m² 的客运码头候船厅

B. 建筑总面积大于 8000m² 的商场

C. 建筑总面积大于 5000m² 的大学的教学楼

D. 建筑总面积大于 500m² 的幼儿园的儿童用房

【答案】C

【解析】进行消防设计审核和消防验收的人员密集场所的范围见表 6 - 11 的相关内容。

3. 【2014 年真题】依据《建设工程消防监督管理规定》，下列人员密集场所建设工程，应当向公安机关消防机构申请消防设计审核和消防验收的是（　　）。

A. 建筑总面积 15 000m² 的博物馆

B. 建筑总面积 20 000m² 的客运车站候车室

C. 建筑总面积 3000m² 的饭店

D. 建筑总面积 900m² 的托儿所

【答案】B

【解析】进行消防设计审核和消防验收的人员密集场所的范围见表 6-11 的相关内容。

4. 【2013 年真题】依据《建设工程消防监督管理规定》，下列人员密集场所建设工程中，应当向公安机关消防机构申请消防设计审核和消防验收的是（　　）。

A. 建筑总面积 10 000m² 的体育场馆、会堂、公共展览馆

B. 建筑总面积 8000m² 的宾馆、饭店、商场、市场

C. 建筑总面积 1000m² 的托儿所、幼儿园的儿童用房

D. 建筑总面积 300m² 的歌舞厅、录像厅、放映厅

【答案】C

【解析】进行消防设计审核和消防验收的人员密集场所的范围见表 6-11 的相关内容。

考点十二　事故隐患排查治理（表 6-12）

表 6-12　　　　　　　　　　　　事故隐患排查治理

项　目	内　容
生产经营单位事故隐患排查治理职责	（1）生产经营单位应当依照法律、法规、规章、标准和规程的要求从事生产经营活动。严禁非法从事生产经营活动。 （2）生产经营单位是事故隐患排查、治理和防控的责任主体。生产经营单位应当建立健全事故隐患排查治理和建档监控等制度，逐级建立并落实从主要负责人到每个从业人员的隐患排查治理和监控责任制。生产经营单位主要负责人对本单位事故隐患排查治理工作全面负责。 （3）生产经营单位应当保证事故隐患排查治理所需的资金，建立资金使用专项制度。 （4）生产经营单位将生产经营项目、场所、设备发包、出租的，应当与承包、承租单位签订安全生产管理协议，并在协议中明确各方对事故隐患排查、治理和防控的管理职责。生产经营单位对承包、承租单位的事故隐患排查治理负有统一协调和监督管理的职责。 （5）生产经营单位应当每季、每年对本单位事故隐患排查治理情况进行统计分析，并分别于下一季度 15d 前和下一年 1 月 31 日前向安全监管监察部门和有关部门报送书面统计分析表。统计分析表应当由生产经营单位主要负责人签字
重大事故隐患报告	重大事故隐患报告内容应当包括： （1）隐患的现状及其产生原因。 （2）隐患的危害程度和整改难易程度分析。 （3）隐患的治理方案
事故隐患治理	依据《安全生产事故隐患排查治理暂行规定》，对于一般事故隐患，由生产经营单位（车间、分厂、区队等）负责人或者有关人员立即组织整改。 对于重大事故隐患，由生产经营单位主要负责人组织制订并实施事故隐患治理方案
事故隐患排查治理中的紧急处置	《安全生产事故隐患排查治理暂行规定》规定，生产经营单位在事故隐患治理过程中，应当采取相应的安全防范措施，防止事故发生。事故隐患排除前或者排除过程中无法保证安全的，应当从危险区域内撤出作业人员，并疏散可能危及的其他人员，设置警戒标志，暂时停产停业或者停止使用；对暂时难以停产或者停止使用的相关生产储存装置、设施、设备，应当加强维护和保养，防止事故发生
重大事故隐患治理的监督检查	安全监管监察部门收到生产经营单位恢复生产的申请报告后，应当在 10d 内进行现场审查。审查合格的，对事故隐患进行核销，同意恢复生产经营；审查不合格的，依法责令改正或者下达停产整改指令

150

1. 【2015 年真题】依据《安全生产事故隐患排查治理暂行规定》，下列关于生产经营单位对事故隐患排查治理情况进行统计分析，向安全监管监察部门和有关部门报送书面统计分析表的时间要求的说法，正确的是(   )。

A. 生产经营单位应当每周对本单位事故隐患排查治理情况进行统计分析，并于下一周周三前向安全监管监察部门和有关部门报送书面统计分析表

B. 生产经营单位应当每月对本单位事故隐患排查治理情况进行统计分析，并于下月10d 前向安全监管监察部门和有关部门报送书面统计分析表

C. 生产经营单位应当每季度对本单位事故隐患排查治理情况进行统计分析，并于下一季度15d 前向安全监管监察部门和有关部门报送书面统计分析表

D. 生产经营单位应当每年对本单位事故隐患排查治理情况进行统计分析，并于下一年2 月15d 前向安全监管监察部门和有关部门报送书面统计分析表

【答案】C

【解析】生产经营单位对事故隐患排查治理情况统计分析的规定见表 6‐12 的相关内容。

2.【2015 年真题】依据《安全生产事故隐患排查治理暂行规定》，下列关于生产经营单位安全生产事故隐患治理的说法，正确的是(   )。

A. 对于一般事故隐患，应由生产经营单位有关人员会同安全监管执法人员共同组织整改

B. 对于一般事故隐患，应由生产经营单位主要负责人及有关人员立即组织整改

C. 对于重大事故隐患，应由生产经营单位分管负责人或者有关人员组织制订并实施事故隐患治理方案

D. 对于重大事故隐患，应由生产经营单位主要负责人组织制订并实施事故隐患治理方案

【答案】D

【解析】依据《安全生产事故隐患排查治理暂行规定》，对于一般事故隐患，由生产经营单位（车间、分厂、区队等）负责人或者有关人员立即组织整改。故选项 A、B 错误。对于重大事故隐患，由生产经营单位主要负责人组织制订并实施事故隐患治理方案。故选项 C 错误，选项 D 正确。

3.【2014 年真题】依据《安全生产事故隐患排查治理暂行规定》，下列关于事故隐患排查治理的说法，正确的是(   )。

A. 生产经营单位应当每季对事故隐患排查治理情况进行统计分析并报政府有关部门备案

B. 生产经营单位将生产经营场所发包、出租的，应当与承包、承租单位签订安全管理协议，事故隐患排查治理由承包、承租单位负全责

C. 对一般事故隐患由生产经营单位的车间、分厂、区队等负责人或者有关人员立即组织整改

D. 局部停产停业治理的重大事故隐患，政府有关部门收到生产经营单位恢复生产的申请报告后，应当在 10d 内进行现场审查

【答案】C

【解析】《安全生产事故隐患排查治理暂行规定》规定，生产经营单位应当每季、每年对本单位事故隐患排查治理情况进行统计分析，并分别于下一季度 15d 前和下一年 1 月 31 日前向安全监管监察部门和有关部门报送书面统计分析表。故选项 A 错误。生产经营单位将生产经营项目、场所、设备发包、出租的，应当与承包、承租单位签订安全生产管理协议，并在协议中明确各方对事故隐患排查、治理和防控的管理职责。故选项 B 错误。生产经营单位对承包、承租单位的事故隐患排查治理负有统一协调和监督管理的职责。对于一般事故隐患，由生产经营单位（车间、分厂、区队等）负责人或者有关人员立即组织整改。故选项 C 正确。对挂牌督办并采取全部或者局部停产停业治理的重大事故隐患，安全监管监察部门收到生产经营单位恢复生产的申请报告后，应当在 10d 内进行现场审查。故选项 D 错误。

4. 【2014 年真题】甲市安全监管人员在执法检查时，发现某烟花爆竹企业存在重大事故隐患，监管人员责令企业立即停止作业，并要求立即从车间撤出作业人员，排除隐患。依据《安全生产法》的规定，该企业排除重大事故隐患后，有权对其恢复生产经营进行审查同意的单位是(   )。

A. 企业上级主管部门   B. 安全监管部门

C. 公安机关   D. 人民政府

【答案】B

【解析】地方人民政府或者安全监管监察部门及有关部门挂牌督办并责令全部或者局部停产停业治理的重大事故隐患，经治理后符合安全生产条件的，生产经营单位应当向安全监管监察部门和有关部门提出恢复生产的书面申请。安全监管监察部门收到生产经营单位恢复生产的申请报告后，应当在 10d 内进行现场审查。审查合格的，对事故隐患进行核销，同意恢复生产经营；审查不合格的，依法责令改正或者下达停产整改指令。

5. 【2013 年真题】某县安全监管部门在执法检查中发现某非煤矿山企业存在重大事故隐患，遂依法责令该企业局部停产治理。该企业对隐患治理后，向县安全监管部门提出恢复生产的书面申请。依据《安全生产事故隐患排查治理暂行规定》，县安全监管部门在收到申请报告后，应(   )。

A. 在 7d 内进行现场审查，经审查认定为仍不合格，提请县人民政府关闭该企业

B. 在 10d 内进行现场审查，经审查认定为仍不合格，对该企业下达停产整改指令

C. 在 15d 内进行现场审查，经审查判定合格后，对该企业的事故隐患进行核销，同意其恢复生产经营

D. 在 30d 内进行现场审查，经审查判定合格后，对该企业的事故隐患不需进行核销，立即同意该企业生产经营

【答案】B

【解析】重大事故隐患治理监督检查的规定见表 6 - 12 的相关内容。

6. 【2012 年真题】某公司在安全检查中发现所属分厂的油罐区防火设施存在重大事故隐患。根据《安全生产事故隐患排查治理暂行规定》，下列关于重大事故隐患管理工作的情形中，正确的是(   )。

A. 公司对发现的重大事故隐患在治理完成后方才向当地安全监管部门报告

B. 该重大事故隐患报告内容应包含隐患的危害程度及整改难易程度分析

C. 由公司安全管理部门组织制订并实施该事故隐患的治理方案

D. 该事故隐患的治理方案应包括停产治理影响公司产量的分析

【答案】B

【解析】根据《安全生产事故隐患排查治理暂行规定》的规定，对于重大事故隐患，生产经营单位除依照有关规定报送外，应当及时向安全监管监察部门和有关部门报告。故选项A错误。重大事故隐患报告内容应当包括：隐患的现状及其产生原因；隐患的危害程度和整改难易程度分析；隐患的治理方案。故选项B正确。对于重大事故隐患，由生产经营单位主要负责人组织制订并实施事故隐患治理方案。故选项C错误。重大事故隐患治理方案应当包括的内容：治理的目标和任务；采取的方法和措施；经费和物资的落实；负责治理的机构和人员；治理的时限和要求；安全措施和应急预案。故选项D错误。

7.【2012年真题】根据《安全生产事故隐患排查治理暂行规定》，生产经营单位应加强事故隐患治理。下列关于实施隐患治理安全防范措施的情形中，错误的是（   ）。

A. 事故隐患排除前无法保证安全的，应当从危险区域内撤出作业人员，并疏散可能危及的其他人员

B. 事故隐患排除过程中无法保证安全的，应当设置警戒标志，暂时停产停业或者停止使用

C. 对可能产生致命性伤害的隐患，在短时间内无法治理的，可暂时通过加强个体防护的方式，继续组织生产

D. 对暂时难以停产或者停止使用的相关生产储存装置、设施、设备，应当加强维护和保养

【答案】C

【解析】《安全生产事故隐患排查治理暂行规定》规定，生产经营单位在事故隐患治理过程中，应当采取相应的安全防范措施，防止事故发生。事故隐患排除前或者排除过程中无法保证安全的，应当从危险区域内撤出作业人员，并疏散可能危及的其他人员，设置警戒标志，暂时停产停业或者停止使用。故选项A、B排除。对暂时难以停产或者停止使用的相关生产储存装置、设施、设备，应当加强维护和保养，防止事故发生。故选项D排除。

考点十三　应急预案的编制（表6-13）

表6-13　　　　　　　　　　　　　　　应急预案的编制

项　　目	内　　容
生产经营单位 应急预案的种类	《生产安全事故应急预案管理办法》规定，生产经营单位应急预案分为综合应急预案、专项应急预案和现场处置方案。 　综合应急预案，是指生产经营单位为应对各种生产安全事故而制订的综合性工作方案，是本单位应对生产安全事故的总体工作程序、措施和应急预案体系的总纲。 　专项应急预案，是指生产经营单位为应对某一种或者多种类型生产安全事故，或者针对重要生产设施、重大危险源、重大活动防止生产安全事故而制定的专项性工作方案。 　现场处置方案，是指生产经营单位根据不同生产安全事故类型，针对具体场所、装置或者设施所制定的应急处置措施
预案的衔接及附件	生产经营单位编制的各类应急预案之间应当相互衔接，并与相关人民政府及其部门、应急救援队伍和涉及的其他单位的应急预案相衔接

1.【2014年真题】依据《生产安全事故应急预案管理办法》的规定，下列关于应急预案编制的说法，正确的是（   ）。

A. 生产经营单位应当根据存在的重大危险源，制订综合应急预案

B. 生产经营单位应当针对危险性较大的岗位，制订专项应急预案

C. 生产经营单位应当针对某一种类风险，制订现场处置方案

D. 现场处置方案应当包括危险性分析、可能发生的事故特征、处置程序等

【答案】D

【解析】《生产安全事故应急预案管理办法》规定，生产经营单位风险种类多、可能发生多种事故类型的，应当组织编制本单位的综合应急预案。对于某一种类的风险，生产经营单位应当根据存在的重大危险源和可能发生的事故类型，制订相应的专项应急预案。故选项A、C错误。对于危险性较大的重点岗位，生产经营单位应当制订重点工作岗位的现场处置方案。故选项B错误。现场处置方案应当包括危险性分析、可能发生的事故特征、应急处置程序、应急处置要点和注意事项等内容。故选项D正确。

2.【2013年真题】依据《生产安全事故应急预案管理办法》的规定，生产经营单位应结合本单位的危险源危险性分析情况和可能发生的事故的特点，制订相应的应急预案。下列关于应急预案编制的说法，正确的是(   )。

A. 对于危险性较大的重点岗位，应当制订专项应急预案

B. 对于危险性较大的某一类风险，应当制订现场处置方案

C. 编制的应急预案应当与所涉及的其他单位的应急预案相互衔接

D. 应急预案编制完成后不需要组织专家评审

【答案】C

【解析】生产经营单位编制的各类应急预案之间应当相互衔接，并与相关人民政府及其部门、应急救援队伍和涉及的其他单位的应急预案相衔接。故选项C正确。对于危险性较大的重点岗位，生产经营单位应当制订重点工作岗位的现场处置方案。故选项A错误。对于某一种类的风险，生产经营单位应当根据存在的重大危险源和可能发生的事故类型，制订相应的专项应急预案。故选项B错误。地方各级安全生产监督管理部门应当组织有关专家对本部门编制的应急预案进行审定；必要时，可以召开听证会，听取社会有关方面的意见。故选项D错误。

3.【2012年真题】根据《生产安全事故应急预案管理办法》，对于某一类的风险，生产经营单位应当根据存在的重大危险源和可能发生的事故类型，制订相应的(   )。

A. 综合应急预案   B. 专项应急预案

C. 现场处置方案   D. 风险评估方案

【答案】B

【解析】根据《生产安全事故应急预案管理办法》的规定，对于某一种类的风险，生产经营单位应当根据存在的重大危险源和可能发生的事故类型，制订相应的专项应急预案。

考点十四　应急预案的评审（表6-14）

表6-14　　　　　　　　　　　应急预案的评审

项　　目	内　　容
安全生产监督管理部门预案的评审	《生产安全事故应急预案管理办法》规定，地方各级安全生产监督管理部门应当组织有关专家对部门编制的应急预案进行审定；必要时，可以召开听证会，听取社会有关方面的意见

项　　目	内　　容
生产经营单位预案的评审	《生产安全事故应急预案管理办法》规定，矿山、金属冶炼、建筑施工企业和易燃易爆物品、危险化学品的生产、经营（带储存设施的，下同）、储存企业，以及使用危险化学品达到国家规定数量的化工企业、烟花爆竹生产、批发经营企业和中型规模以上的其他生产经营单位，应当对本单位编制的应急预案进行评审，并形成书面评审纪要。 　　前款规定以外的其他生产经营单位应当对本单位编制的应急预案进行论证
评审的要求	《生产安全事故应急预案管理办法》规定，参加应急预案评审的人员应当包括有关安全生产及应急管理方面的专家。评审人员与所评审应急预案的生产经营单位有利害关系的，应当回避。 　　《生产安全事故应急预案管理办法》规定，应急预案的评审或者论证应当注重基本要素的完整性、组织体系的合理性、应急处置程序和措施的针对性、应急保障措施的可行性、应急预案的衔接性等内容

【2014 年真题】依据《生产安全事故应急预案管理办法》的规定，下列关于应急预案评审的说法，正确的是(　　　)。

A. 所有生产经营单位应当组织专家对本单位编制的应急预案进行论证，论证应当形成书面纪要并附有专家名单

B. 省级安全监督管理部门编制的应急预案无须组织有关专家进行审定，设区的市、县级安全监督管理部门编制的应急预案应组织有关专家进行审定

C. 参加生产经营单位应急预案评审的人员应当包括应急预案涉及的政府部门工作人员和有关安全生产及应急管理方面的专家

D. 生产经营单位的应急预案经评审或者论证后，由生产经营单位分管安全的领导签署公布

【答案】C

【解析】《生产安全事故应急预案管理办法》规定，矿山、金属冶炼、建筑施工企业和易燃易爆物品、危险化学品的生产、经营、储存企业，以及使用危险化学品达到国家规定数量的化工企业、烟花爆竹生产、批发经营企业和中型规模以上的其他生产经营单位，应当对本单位编制的应急预案进行评审，并形成书面评审纪要。前款规定以外的其他生产经营单位应当对本单位编制的应急预案进行论证。故选项 A 错误。地方各级安全生产监督管理部门应当组织有关专家对部门编制的应急预案进行审定；必要时，可以召开听证会，听取社会有关方面的意见。故选项 B 错误。参加应急预案评审的人员应当包括应急预案涉及的政府部门工作人员和有关安全生产及应急管理方面的专家。故选项 C 正确。生产经营单位的应急预案经评审或者论证后，由生产经营单位主要负责人签署公布。故选项 D 错误。

考点十五　应急预案的备案、演练与修订（表 6 - 15）

表 6 - 15　　　　　　　　　　　应急预案的备案、演练与修订

项　　目	内　　容
应急预案的备案	《生产安全事故应急预案管理办法》规定，地方各级安全生产监督管理部门的应急预案，应当报同级人民政府备案，并抄送上一级安全生产监督管理部门。其他负有安全生产监督管理职责的部门的应急预案，应当抄送同级安全生产监督管理部门

项　目	内　容
应急预案的演练	生产经营单位应当制订本单位的应急预案演练计划，根据本单位的事故风险特点，每年至少组织 1 次综合应急预案演练或者专项应急预案演练，每半年至少组织 1 次现场处置方案演练
应急预案的修订	有下列情形之一的，应急预案应当及时修订并归档： (1) 依据的法律、法规、规章、标准及上位预案中的有关规定发生重大变化的。 (2) 应急指挥机构及其职责发生调整的。 (3) 面临的事故风险发生重大变化的。 (4) 重要应急资源发生重大变化的。 (5) 预案中的其他重要信息发生变化的。 (6) 在应急演练和事故应急救援中发现问题需要修订的。 (7) 编制单位认为应当修订的其他情况

1. 【2015 年真题】M 公司是中央管理的大型化工集团，其下属的 N 公司位于 Z 省 B 市 W 县的经济技术开发区，是一家危险化学品生产企业。依据《生产安全事故应急预案管理办法》的规定，下列关于 M 公司、N 公司应急预案备案的说法，正确的是(　　)。

A.M 公司的专项应急预案应抄送 B 市安全监管部门

B.M 公司的综合应急预案应报 Z 省安全监管部门

C.N 公司的应急预案应抄送 B 市安全监管部门

D.N 公司的专项应急预案应抄送 W 县安全监管部门

【答案】C

【解析】应急预案备案的规定见表 6 - 15 的相关内容。

2. 【2013 年真题】某炼钢厂针对企业一危险较大的岗位制订了现场处置方案。依据《生产安全事故应急预案管理办法》的规定，对该处置方案，该厂应至少有(　　)个月组织 1 次演练。

A. 12　　　　　　　　B. 6　　　　　　　　C. 3　　　　　　　　D. 1

【答案】B

【解析】应急预案演练的规定见表 6 - 15 的相关内容。该考点于 2011 年也进行了考核。

考点十六　较大涉险事故的范围与事故信息的报告（表 6 - 16）

表 6 - 16　　　　　　　　较大涉险事故的范围与事故信息的报告

项　目	内　容
较大涉险事故的范围	《生产安全事故信息报告和处置办法》规定，较大涉险事故是指： (1) 涉险 10 人以上的事故。 (2) 造成 3 人以上被困或者下落不明的事故。 (3) 紧急疏散人员 500 人以上的事故。 (4) 因生产安全事故对环境造成严重污染（人员密集场所、生活水源、农田、河流、水库、湖泊等）的事故。 (5) 危及重要场所和设施安全（电站、重要水利设施、危化品库、油气站和车站、码头、港口、机场及其他人员密集场所等）的事故。 (6) 其他较大涉险事故

项　目	内　容
生产经营单位的报告	生产经营单位发生生产安全事故或者较大涉险事故，其单位负责人接到事故信息报告后应当于1h内报告事故发生地县级安全生产监督管理部门、煤矿安全监察分局。 　生产经营单位发生死亡3人以上，或者重伤10人以上（包括急性工业中毒，下同），或者经济损失1000万元以上的生产安全事故，除正常向县级安全生产监督管理部门报告事故外，还应当在1h内直接报告省级安全生产监督管理部门；涉及煤矿的事故，同时报告给省级煤矿安全监察机构
事故信息的续报	《生产安全事故信息报告和处置办法》规定，事故具体情况暂不清楚的，负责事故报告的单位可以先报事故概况，随即补报事故全面情况。事故信息报告后出现新情况的，负责事故报告的单位应当及时续报。较大涉险事故、一般事故、较大事故每日至少续报1次；重大事故、特别重大事故每日至少续报2次。自事故发生之日起30日内（道路交通、火灾事故自发生之日起7日内），事故造成的伤亡人数发生变化的，应当当日读报

1.【2014年真题】某工程公司承担公路的穿山隧道工程，在施工过程中隧道发生垮塌，10名人员在作业地点被困。依据《生产安全事故信息报告和处置办法》的规定，工程公司负责人接到事故报告后，应当向安全监管部门报告的时限是(　　)h。

A. 5　　　　　　　　B. 3　　　　　　　　C. 2　　　　　　　　D. 1

【答案】D

【解析】生产经营单位发生生产安全事故或者较大涉险事故，其单位负责人接到事故信息报告后应当于1h内报告事故发生地县级安全生产监督管理部门、煤矿安全监察分局。该考点于2012年也以单项选择题的形式进行了考核。

2.【2013年真题】依据《生产安全事故信息报告和处置办法》的规定，下列事故中，属于较大涉险事故的是(　　)。

A. 造成1人被困的事故　　　　　　　　B. 造成3人下落不明的事故

C. 造成7人涉险的事故　　　　　　　　D. 导致198人紧急疏散的事故

【答案】B

【解析】较大涉险事故的范围见表6-16的相关内容。该考点于2012年也进行了考核。

考点十七　举报事故信息的处置与现场调查（表6-17）

表6-17　　　　　　　　　　　　　举报事故信息的处置与现场调查

项　目	内　容
举报事故信息的处置	下一级安全生产监督管理部门、煤矿安全监察机构接到上级安全生产监督管理部门、煤矿安全监察机构的事故信息举报核查通知后，应当立即组织查证核实，并在2个月内向上一级安全生产监督管理部门、煤矿安全监察机构报告核实结果
现场调查	依据《生产安全事故信息报告和处置办法》规定，安全生产监督管理部门、煤矿安全监察机构接到生产安全事故报告后，应当按照下列规定派员立即赶赴事故现场： 　（1）发生一般事故的，县级安全生产监督管理部门、煤矿安全监察分局负责人立即赶赴事故现场。 　（2）发生较大事故的，设区的市级安全生产监督管理部门、省级煤矿安全监察局负责人应当立即赶赴事故现场。 　（3）发生重大事故的，省级安全监督管理部门、省级煤矿安全监察局负责人立即赶赴事故现场。 　（4）发生特别重大事故的，国家安全生产监督管理总局、国家煤矿安全监察局负责人立即赶赴事故现场

【2015 年真题】A 省 B 市 C 县的某煤矿发生生产安全事故，造成 2 人死亡，9 人重伤。依据《生产安全事故信息报告和处置办法》的规定，下列关于该事故应急处置的说法，正确的是(　　)。

A. A 省安全监管部门负责人应当立即赶赴现场

B. B 市安全监管部门负责人应当立即赶赴现场

C. C 县安全监管部门负责人应当立即赶赴现场

D. A 省煤矿安全监察局负责人应当立即赶赴现场

【答案】C

【解析】《生产安全事故报告和调查处理条例》规定的一般事故是指 1 次造成 3 人以下死亡，或者 10 人以下重伤，或者 1000 万元以下直接经济损失的事故。《生产安全事故信息报告和处置办法》规定，发生一般事故的，县级安全生产监督管理部门、煤矿安全监察分局负责人立即赶赴事故现场。

考点十八　安全评价机构资质（表 6-18）

表 6-18　　　　　　　　　　　安全评价机构资质

项　　目	内　　容
安全评价机构的资质	《安全评价机构管理规定》规定，安全评价机构的资质分为甲级、乙级两种，根据其专业人员构成、技术条件确定各自的业务范围
评价机构资质审批权限划分	依据《安全评价机构管理规定》规定，甲级资质由省、自治区、直辖市安全生产监督管理部门（以下简称省级安全生产监督管理部门）、省级煤矿安全监察机构审核，国家安全生产监督管理总局审批、颁发证书；乙级资质由设区的市级安全生产监督管理部门、煤矿安全监察分局审核，省级安全生产监督管理部门、省级煤矿安全监察机构审批、颁发证书
甲、乙资质评价机构业务分工	依据《安全评价机构管理规定》规定，取得甲级资质的安全评价机构，可以根据确定的业务范围在全国范围内从事安全评价活动；取得乙级资质的安全评价机构，可以根据确定的业务范围在其所在的省、自治区、直辖市内从事安全评价活动。 下列建设项目或者企业的安全评价，必须由取得甲级资质的安全评价机构承担： （1）国务院及其投资主管部门审批（核准、备案）的建设项目。 （2）跨省、自治区、直辖市的建设项目。 （3）生产剧毒化学品的建设项目。 （4）生产剧毒化学品的企业和其他大型生产企业

1. 【2015 年真题】某省境内有如下 4 家中小型企业：N 公司是一家生产氢氧化钠企业，M 公司是一家生产氰化钾企业，K 公司是一家建筑施工企业，Q 公司是一家生产磷肥企业。S 公司是在该省取得乙级评价资质的安全评价机构。S 公司为上述 4 家公司进行了安全评价，并出具评价报告。依据《安全评价机构管理规定》，S 公司对(　　)的评价报告无效。

A. N 公司　　　　　　　B. M 公司　　　　　　　C. K 公司　　　　　　　D. Q 公司

【答案】B

【解析】《安全评价机构管理规定》规定，必须由取得甲级资质的安全评价机构承担的建设项目或者企业有：

（1）国务院及其投资主管部门审批（核准、备案）的建设项目。

（2）跨省、自治区、直辖市的建设项目。

(3) 生产剧毒化学品的建设项目。

(4) 生产剧毒化学品的企业和其他大型生产企业。

本题中氰化钾属于剧毒化学品，故应由甲级资质的安全评价机构进行安全评价。该考点为常考考点，于 2011 年、2013 年也进行了重复性的考核。

2.【2013 年真题】依据《安全评价机构管理规定》，下列建设项目中，可以由乙级资质安全评价机构承接其安全评价的是（　　）。

A. 国家发改委核准的水电项目

B. 某剧毒化学品生产企业建设项目

C. 某省医药制造企业建设项目

D. 天然气跨省输送建设项目

【答案】C

【解析】甲、乙资质评价机构业务分工见表 6-18 的相关内容。

考点十九　取得资质的条件（表 6-19）

表 6-19　　　　　　　　　　　　　取得资质的条件

项　目	内　容
甲级资质条件	安全评价机构申请甲级资质，应当具备下列条件： (1) 具有法人资格，固定资产 400 万元以上。 (2) 有与其开展工作相适应的固定工作场所和设施、设备，具有必要的技术支撑条件。 (3) 取得安全评价机构乙级资质 3 年以上，且没有违法行为记录。 (4) 有健全的内部管理制度和安全评价过程控制体系。 (5) 有 25 名以上专职安全评价师，其中一级安全评价师 20% 以上、二级安全评价师 30% 以上。按照不少于专职安全评价师 30% 的比例配备注册安全工程师。安全评价师、注册安全工程师有与其申报业务相适应的专业能力。 (6) 法定代表人通过具备安全培训条件的机构组织的相关安全生产和安全评价知识培训，并考试合格。 (7) 设有专职技术负责人和过程控制负责人。专职技术负责人有二级以上安全评价师和注册安全工程师资格，并具有与所申报业务相适应的高级专业技术职称。 (8) 法律、行政法规、规章规定的其他条件
乙级资质条件	安全评价机构申请乙级资质，应当具备下列条件： (1) 具有法人资格，固定资产 200 万元以上。 (2) 有与其开展工作相适应的固定工作场所和设施设备，具有必要的技术支撑条件。 (3) 有健全的内部管理制度和安全评价过程控制体系。 (4) 有 16 名以上专职安全评价师，其中一级安全评价师 20% 以上、二级安全评价师 30% 以上。按照不少于专职安全评价师 30% 的比例配备注册安全工程师。安全评价师、注册安全工程师有与其申报业务相适应的专业能力。 (5) 法定代表人通过具备安全培训条件的机构组织的相关安全生产和安全评价知识培训，并考试合格。 (6) 设有专职技术负责人和过程控制负责人。专职技术负责人有二级以上安全评价师和注册安全工程师资格，并具有与所申报业务相适应的高级专业技术职称。 (7) 法律、行政法规、规章规定的其他条件

1.【2013 年真题】某安全技术服务机构现有专职安全评价师 20 名，拟申请乙级安全评价资质。依据《安全评价机构管理规定》，该评价机构至少应配备一级安全评价师（　　）名。

A. 2   B. 3   C. 4   D. 5

【答案】C

【解析】依据《安全评价机构管理规定》，安全评价机构申请乙级资质的条件中，要求有16名以上专职安全评价师，其中一级安全评价师20%以上、二级安全评价师30%以上。按照不少于专职安全评价师30%的比例配备注册安全工程师。安全评价师、注册安全工程师有与其申报业务相适应的专业能力。

2.【2012年真题】某机构申请安全评价乙级资质。根据《安全评价机构管理规定》，在下列提供的申请材料中，不符合申请资质条件的事项是(　　)。

A. 注册资金400万元，固定资产300万元，有固定办公场地800m²

B. 有一级、二级、三级安全评价师各6名，其中有注册安全工程师5名

C. 法定代表人通过二级资质培训机构组织的相关培训，并考试合格

D. 专职技术负责人具有高级技术职称和注册安全工程师资格，无安全评价师资格

【答案】D

【解析】根据《安全评价机构管理规定》的规定，安全评价机构申请乙级资质的条件中要求"设有专职技术负责人和过程控制负责人。专职技术负责人有二级以上安全评价师和注册安全工程师资格，并具有与所申报业务相适应的高级专业技术职称。"

考点二十　资质审批程序（表6-20）

表6-20   资 质 审 批 程 序

项　　目	内　　容
申办甲级资质程序	《安全评价机构管理规定》规定，省级安全生产监督管理部门、省级煤矿安全监察机构应当在5日内对申请人提供的证明材料进行预审以决定是否受理。予以受理的，自受理申请之日起20日内完成审核工作，并将审核报告和证明材料报国家安全生产监督管理总局；不予受理的，向申请人书面说明理由。 国家安全生产监督管理总局接到审核报告和证明材料后，应当按照《安全评价机构管理规定》的要求进行审批，并在20日内完成审批工作。经审批合格的，颁发资质证书；不合格的，不予颁发资质证书，并书面说明理由
申办乙级资质程序	《安全评价机构管理规定》规定，申请人将安全评价机构资质申请表和本规定的证明材料，报所在地设区的市级安全生产监督管理部门、煤矿安全监察分局审核。 设区的市级安全生产监督管理部门、煤矿安全监察分局应当在5日内对申请人提供的证明材料进行预审并决定是否受理。予以受理的，自受理申请之日起20日内完成审核工作，并将审核报告和证明材料报省级安全生产监督管理部门、省级煤矿安全监察机构；不予受理的，向申请人书面说明理由。 省级安全生产监督管理部门、省级煤矿安全监察机构接到审核报告和证明材料后，应当按照《安全评价机构管理规定》的要求进行审批，并在20日内完成审批工作

【2012年真题】某机构拟申请安全评价乙级资质，申请范围是金属、非金属及其他矿采选业、烟花爆竹、民用爆破器材制造业等。根据《安全评价机构管理规定》，负责对该机构的资质申请表及相关证明材料进行审核的行政机关是(　　)。

A. 国务院安全监管部门   B. 省级安全监管部门

C. 设区的市级安全监管部门   D. 县级安全监管部门

【答案】C

【解析】根据《安全评价机构管理规定》的规定，乙级资质的申请人将安全评价机构资

质申请表及相关证明材料，报所在地设区的市级安全生产监督管理部门、煤矿安全监察分局审核，由省级安全生产监督管理部门、省级煤矿安全监察机构进行审批、颁发证书。

考点二十一　安全评价业务活动（表 6-21）

表 6-21　　　　　　　　　　　安 全 评 价 业 务 活 动

项 目	内 容
回避制度	《安全评价机构管理规定》规定，安全评价机构与被评价对象有利害关系的，应当回避。建设项目的安全预评价和安全验收评价不得委托同一个安全评价机构
评价收费	《安全评价机构管理规定》规定，安全评价机构从事安全评价活动的收费，必须符合法律、法规和有关财政收费的规定。法律、法规和有关财政收费没有规定的，应当按照行业自律标准或者指导性标准收费；没有行业自律和指导性收费标准的，双方可以通过合同协商确定
评价规范	《安全评价机构管理规定》规定，安全评价机构及其从业人员在从事安全评价活动中，不得有下列行为： (1) 泄露被评价对象的技术秘密和商业秘密。 (2) 伪造、转让或者租借资质、资格证书。 (3) 超出资质证书业务范围从事安全评价活动。 (4) 出具虚假或者严重失实的安全评价报告。 (5) 转包安全评价项目。 (6) 擅自更改、简化评价程序和相关内容。 (7) 同时在两个以上安全评价机构从业。 (8) 故意贬低、诋毁其他安全评价机构。 (9) 从业人员不到现场开展安全评价活动。 (10) 法律、法规和规章规定的其他违法、违规行为
重新评价	依据《安全评价机构管理规定》，被评价对象的安全生产条件发生重大变化的，被评价对象应当及时委托有资质的安全评价机构重新进行安全评价；未委托重新进行安全评价的，由被评价对象对其产生的后果负责
跨省业务管理	《安全评价机构管理规定》规定，取得甲级资质的安全评价机构跨省、自治区、直辖市开展安全评价活动，应当填写甲级资质安全评价机构跨省（自治区、直辖市）开展评价工作报告表，报送评价项目所在地的省级安全生产监督管理部门、省级煤矿安全监察机构备案，并接受其监督检查

1. 【2014 年真题】依据《安全评价机构管理规定》，下列有关安全评价机构开展安全评价业务活动的说法，正确的是(　　　)。

A. 某评价机构对同一建设项目进行安全预评价和安全验收评价

B. 某评价机构与被评价对象通过合同协商确定评价费用

C. 某业务较多的评价机构将其承揽的项目转包给其他评价机构

D. 某评价机构的评价人员仅依据被评价对象提供的书面材料出具评价报告

【答案】B

【解析】依据《安全评价机构管理规定》，安全评价机构与被评价对象有利害关系的，应当回避。建设项目的安全预评价和安全验收评价不得委托同一个安全评价机构。故选项 A 错误。《安全评价机构管理规定》规定，安全评价机构从事安全评价活动的收费，必须符合法律、法规和有关财政收费的规定。法律、法规和有关财政收费没有规定的，应当按照行业自律标准或者指导性标准收费；没有行业自律和指导性收费标准的，双方可以通过合同协商确定。故选项 B 正确。安全评价机构及其从业人员在从事安全评价活动中，不得转包安全评价项目。故选项 C 错误。依据《安全评价机构管理规定》，安全评价机构应当依照法律、法规、规章、国家标准或者行业标准的规定，遵循客观公正、诚实守信、公平竞争的原则，遵守执业准则，恪守职业道德，依法独立开展安全评价活动，客观、如实地反映所评价的安全事项，并对做出的安全评价结果承担法律责任。故选项 D 错误。

2.【2014 年真题】某发电厂投产 2 台 1000MW 发电机组，同时配套 2 台液氨脱硝装置。因电厂周边居民小区扩大，出于安全考虑，电厂决定将 2 台液氨脱硝装置改为 2 台尿素脱硝装置。依据《安全评价机构管理规定》，该发电厂应当委托有资质安全评价机构重新进行（　　）。

A. 安全设计　　　　　　B. 安全审核　　　　　　C. 安全评价　　　　　　D. 安全检测

【答案】C

【解析】重新评价的规定见表 6 - 21 的相关内容。

考点二十二　建设项目安全条件论证与安全预评价（表 6 - 22）

表 6 - 22　　　　　　　　　　　　建设项目安全条件论证与安全预评价

项　　目	内　　容
需要安全论证和安全预评价建设项目的范围	《建设项目安全设施"三同时"监督管理办法》第 7 条规定，下列建设项目在进行可行性研究时，生产经营单位应当分别对其安全生产条件进行论证和安全预评价： （1）非煤矿矿山建设项目。 （2）生产、储存危险化学品（包括使用长输管道输送危险化学品）的建设项目。 （3）生产、储存烟花爆竹的建设项目。 （4）金属冶炼建设项目。 （5）使用危险化学品从事生产并且使用量达到规定数量的化工建设项目（属于危险化学品生产的除外，以下简称化工建设项目）。 （6）法律、行政法规和国务院规定的其他建设项目
安全预评价	依据《建设项目安全设施"三同时"监督管理办法》，建设项目安全预评价遵循下列规定： 生产经营单位应当委托具有相应资质的安全评价机构，对其建设项目进行安全预评价，并编制安全预评价报告。 建设项目安全预评价报告应当符合国家标准或者行业标准的规定
其他建设项目的安全生产条件和设施综合分析	依据《建设项目安全设施"三同时"监督管理办法》的规定，除上述应当对其安全生产条件进行论证和安全预评价的建设项目以外的其他建设项目，生产经营单位应当对其安全生产条件和设施进行综合分析，形成书面报告备查

【2013 年真题】某单位新建一条大型化工产品生产线，该项目被列为省级重点建设项目。依据《建设项目安全设施"三同时"监督管理暂行办法》的规定，下列关于该建设项目安全生产"三同时"工作的说法中，正确的是（　　）。

A. 应实施项目安全生产条件和设施综合分析，形成书面报告并报相关部门备案

B. 应组织本单位专业人员编制项目的安全条件论证报告并报相关部门备案

C. 应编制项目安全条件论证报告并委托有资质的中介机构编制安全预评价报告

D. 应组织本单位专业人员编制项目的安全预评价报告，无需备案

【答案】C

【解析】依据《建设项目安全设施"三同时"监督管理暂行办法》，对于化工、冶金、有色等行业的国家和省重点建设项目，生产经营单位应当分别对其安全生产条件进行论证和

安全预评价。生产经营单位在对建设项目进行安全条件论证时，应当编制安全条件论证报告。生产经营单位应委托具有相应资质的安全评价机构，对其建设项目进行安全预评价，并编制安全预评价报告。该解析为当年考试适用解析。

该考点于 2012～2014 年进行了连续性的考核。由于《建设项目安全设施"三同时"监督管理暂行办法》于 2015 年修改为《建设项目安全设施"三同时"监督管理办法》，对部分条款进行了修改，故对当年考试答案有所影响，但考生应该足够重视该处考点的重要性。

考点二十三　建设项目安全设施施工和竣工验收（表 6-23）

表 6-23　建设项目安全设施施工和竣工验收

项　目	内　容
施工	《建设项目安全设施"三同时"监督管理办法》从五个方面对建设项目安全设施施工做出规定： （1）建设项目安全设施的施工应当由取得相应资质的施工单位进行，并与建设项目主体工程同时施工。 （2）施工单位应当在施工组织设计中编制安全技术措施和施工现场临时用电方案，同时对危险性较大的分部分项工程依法编制专项施工方案，并附具安全验算结果，经施工单位技术负责人、总监理工程师签字后实施。 （3）施工单位应当严格按照安全设施设计和相关施工技术标准、规范施工，并对安全设施的工程质量负责。 （4）施工单位发现安全设施设计文件有错漏的，应当及时向生产经营单位、设计单位提出。生产经营单位、设计单位应当及时处理。 （5）施工单位发现安全设施存在重大事故隐患时，应当立即停止施工并报告生产经营单位进行整改。整改合格后，方可恢复施工
监理	《建设项目安全设施"三同时"监督管理办法》规定，工程监理单位应当审查施工组织设计中的安全技术措施或者专项施工方案是否符合工程建设强制性标准。 《建设项目安全设施"三同时"监督管理办法》规定，工程监理单位在实施监理过程中，发现存在事故隐患的，应当要求施工单位整改；情况严重的，应当要求施工单位暂时停止施工，并及时报告生产经营单位。施工单位拒不整改或者不停止施工的，工程监理单位应当及时向有关主管部门报告
试运行	《建设项目安全设施"三同时"监督管理办法》规定，本办法第 7 条规定的建设项目竣工后，根据规定建设项目需要试运行（包括生产、使用，下同）的，应当在正式投入生产或者使用前进行试运行。试运行时间应当不少于 30 日，最长不得超过 180 日，国家有关部门有规定或者特殊要求的行业除外
建设项目竣工验收不合格	《建设项目安全设施"三同时"监督管理办法》规定，建设项目的安全设施有下列情形之一的，建设单位不得通过竣工验收，并不得投入生产或者使用： （1）未选择具有相应资质的施工单位施工的。 （2）未按照建设项目安全设施设计文件施工或者施工质量未达到建设项目安全设施设计文件要求的。 （3）建设项目安全设施的施工不符合国家有关施工技术标准的。 （4）未选择具有相应资质的安全评价机构进行安全验收评价或者安全验收评价不合格的。 （5）安全设施和安全生产条件不符合有关安全生产法律、法规、规章和国家标准或者行业标准、技术规范规定的。 （6）发现建设项目试运行期间存在事故隐患未整改的。 （7）未依法设置安全生产管理机构或者配备安全生产管理人员的。 （8）从业人员未经过安全生产教育和培训或者不具备相应资格的。 （9）不符合法律、行政法规规定的其他条件的

1. 【2014年真题】某氧气厂35 000Nm³/h制氧机组建设项目竣工后，根据有关规定，在正式投入生产或者使用前需要进行建设项目试运行。依据《建设项目安全设施"三同时"监督管理暂行办法》的规定，该建设项目试运行时间应当不少于30d，最长不得超过（　　）d。

A. 60　　　　　　　　B. 90　　　　　　　　C. 180　　　　　　　　D. 210

【答案】C

【解析】试运行时间的规定见表6-23的相关内容。该考点于2012年也进行了考核。

2. 【2013年真题】依据《建设项目安全设施"三同时"监督管理暂行办法》的规定，下列关于建设项目安全设施施工管理等的说法，正确的是（　　）。

A. 高危建设项目中的安全设施应当由具有甲级建筑施工资质的单位承建

B. 监理单位发现施工现场存在事故隐患应当要求施工单位整改

C. 对危险性较大的分部分项工程，设计单位应当编制专项施工方案

D. 监理单位对建设项目中的安全设施施工进行监理，并对工程质量和安全负责

【答案】B

【解析】建设项目安全设施的施工应当由取得相应资质的施工单位进行，并与建设项目主体工程同时施工，并没有限定由甲级来承建。故选项A错误。工程监理单位在实施监理过程中，发现存在事故隐患的，应当要求施工单位整改；情况严重的，应当要求施工单位暂时停止施工，并及时报告生产经营单位。故选项B正确。施工单位应当对危险性较大的分部分项工程依法编制专项施工方案，并附具安全验算结果，经施工单位技术负责人、总监理工程师签字后实施，故选项C错误。施工单位应当对安全设施的工程质量负责，故选项D错误。

章节练习

一、单项选择题（每题1分。每题的备选项中，只有1个最符合题意）

1. 李某是某安全咨询机构的注册安全工程师，受某化工厂委托开展事故隐患排查工作。李某发现液氨罐区正在实施装卸作业，同时交叉有焊接和切割作业，并且所使用的临时发电设备不防爆，在这种情况下，依据《注册安全工程师执业资格制度暂行规定》，李某有权（　　）。

A. 制止装卸作业，并对作业人员实施处罚

B. 制止焊接和切割作业，并对作业人员实施处罚

C. 立即向该工厂报告，并亲自组织人员撤离

D. 立即向该工厂报告，并在建议停止现场作业后对作业人员实施处罚

2. 依据《注册安全工程师管理规定》，从业人员300人以上的煤矿、非煤矿矿山、建筑施工单位和危险物品生产、经营单位，应当按照不少于安全生产管理人员（　　）的比例配备注册安全工程师。

A. 7%　　　　　　　　B. 10%　　　　　　　　C. 15%　　　　　　　　D. 20%

3. 依据《注册安全工程师管理规定》，安全生产中介机构应当按照不少于安全生产专业

服务人员（   ）的比例配备注册安全工程师。

    A. 15%   B. 20%   C. 30%   D. 45%

4. 吕某于2013年9月4日参加注册安全工程师执业资格考试，考试成绩合格取得资格证书并于2014年7月23日完成初始注册。后来，许某由于安置调动到甘肃工作，并于2015年5月4日完成了变更注册。依据《注册安全工程师管理规定》，吕某申请办理延续注册的最后截止日期是（   ）。

    A. 2016年9月3日   B. 2016年6月22日

    C. 2017年6月22日   D. 2018年5月3日

5. 下列关于从业人员安全培训的表述中，不符合《生产经营单位安全培训规定》规定的是（   ）。

    A. 生产经营单位应当根据工作性质对其他从业人员进行安全培训，保证其具备本岗位安全操作、应急处置等知识和技能

    B. 生产经营单位新上岗的从业人员，岗前安全培训时间不得少于24学时

    C. 煤矿、非煤矿山、危险化学品、烟花爆竹、金属冶炼等生产经营单位新上岗的从业人员安全培训时间不得少于72学时，每年再培训的时间不得少于48学时

    D. 生产经营单位采用新工艺、新技术、新材料或者使用新设备时，应当对有关从业人员重新进行有针对性的安全培训

6. 下列关于安全培训组织实施的表述中，不符合《生产经营单位安全培训规定》规定的是（   ）。

    A. 生产经营单位从业人员的安全培训工作，由生产经营单位组织实施

    B. 生产经营单位应当坚持以考促学、以讲促学，确保全体从业人员熟练掌握岗位安全生产知识和技能

    C. 生产经营单位应当将安全培训工作纳入本单位年度工作计划

    D. 煤矿、非煤矿山、危险化学品、烟花爆竹、食品加工等生产经营单位还应当完善和落实师傅带徒弟制度

7. 王某高中毕业后到四川宜宾市一家化工厂工作。2016年3月，王某参加市安全生产监督管理部门委托的安全培训机构的压力焊作业培训，考试合格。2016年10月，王某应聘到广东省深圳市一家造船厂，并向深圳市安全生产监督管理部门申请办理了特种作业操作证。2017年2月，王某的特种作业操作证遗失，依据《特种作业人员安全技术培训考核管理规定》，王某应向（   ）申请补发特种作业操作证。

    A. 宜宾市安全生产监督管理部门   B. 四川省安全生产监督管理部门

    C. 深圳市安全生产监督管理部门   D. 广东省安全生产监督管理部门

8.《特种作业人员安全技术培训考核管理规定》规定，特种作业操作证需要复审的，应当在（   ）内，由申请人或者申请人的用人单位向原考核发证机关或者从业所在地考核发证机关提出申请，并提交相关材料。

    A. 期满前60d   B. 期满前30d

    C. 期满后60d   D. 期满后30d

9. 关于特种作业操作证复审的表述中，不符合《特种作业人员安全技术培训考核管理规定》规定的是（   ）。

A. 特种作业人员在特种作业操作证有效期内，连续从事本工种 10 年以上，严格遵守有关安全生产法律法规的，经原考核发证机关或者从业所在地考核发证机关同意，特种作业操作证的复审时间可以延长至每 6 年 1 次

B. 申请复审的，考核发证机关应当在收到申请之日起 20 个工作日内完成复审工作

C. 特种作业操作证申请复审或者延期复审前，特种作业人员应当参加必要的安全培训并考试合格

D. 安全培训时间不少于 12 个学时

10. 关于特种作业人员考核发证的表述中，符合《特种作业人员安全技术培训考核管理规定》规定的是（　　）。

A. 特种作业操作资格考试包括安全技术理论考试和实际操作考试两部分。考试不及格的，不得补考

B. 考核发证机关或其委托的单位收到申请后，应当在 30d 内组织考试

C. 收到申请的考核发证机关应当在 5 个工作日内完成对特种作业人员所提交申请材料的审查，做出受理或者不予受理的决定

D. 特种作业操作证有效期为 5 年，在全国范围内有效

11. 依据《建设工程消防监督管理规定》的规定，对除人员密集场所建设工程和特殊建设工程以外的其他建设工程，建设单位应当在取得施工许可、工程竣工验收合格之日起（　　）d 内，通过省级公安机关消防机构网站进行消防设计、竣工验收消防备案。

A. 3　　　　　　　　　B. 7　　　　　　　　　C. 10　　　　　　　　　D. 14

12. 根据《建设工程消防监督管理规定》的规定，查验消防产品和具有防火性能要求的建筑构件、建筑材料及装修材料的质量，使用合格产品，保证消防施工质量的责任由（　　）承担。

A. 建设单位　　　　　　　　　　　　　B. 设计单位

C. 施工单位　　　　　　　　　　　　　D. 监理单位

13. 关于生产经营单位事故隐患排查治理职责的表述，不符合《安全生产事故隐患排查治理暂行规定》规定的是（　　）。

A. 严禁非法从事生产经营活动

B. 生产经营单位是事故隐患排查、治理和防控的责任主体

C. 生产经营单位应当建立健全事故隐患排查治理和建档监控等制度，逐级建立并落实从法定代表人到每个从业人员的隐患排查治理和监控责任制

D. 生产经营单位应当保证事故隐患排查治理所需的资金，建立资金使用专项制度

14. 依据《安全生产事故隐患排查治理暂行规定》，生产经营单位应当履行事故隐患排查治理职责，生产经营单位（　　）对本单位事故隐患排查治理工作全面负责。

A. 主要负责人　　　　　　　　　　　　B. 安全管理部门

C. 安全生产委员会　　　　　　　　　　D. 工程技术部门

15.《生产安全事故应急预案管理办法》规定，地方各级安全生产监督管理部门的应急预案，应当（　　）。

A. 报同级人民政府备案，并抄送上一级安全生产监督管理部门

B. 报同级安全生产监督管理部门备案，并抄送上一级人民政府

C. 报同级人民政府备案，并抄送上一级建设行政主管部门

D. 报同级建设行政主管部门备案，并抄送上一级人民政府

16.《生产安全事故应急预案管理办法》规定，应急预案的评审或者论证应当注重（   ）。

A. 基本要素的合理性、组织体系的完整性、应急处置程序和措施的针对性、应急保障措施的可行性、应急预案的衔接性等内容

B. 基本要素的完整性、组织体系的合理性、应急处置程序和措施的针对性、应急保障措施的衔接性、应急预案的可行性等内容

C. 基本要素的完整性、组织体系的针对性、应急处置程序和措施的合理性、应急保障措施的可行性、应急预案的衔接性等内容

D. 基本要素的完整性、组织体系的合理性、应急处置程序和措施的针对性、应急保障措施的可行性、应急预案的衔接性等内容

17.《生产安全事故信息报告和处置办法》规定，生产经营单位发生生产安全事故或者较大涉险事故，其单位负责人接到事故信息报告后应当于1h内报告（   ）。

A. 上一级人民政府安全生产监督管理部门、建设行政主管部门

B. 事故发生地市级安全生产监督管理部门、煤矿安全监察分局

C. 事故发生地县级安全生产监督管理部门、煤矿安全监察分局

D. 上一级人民政府安全生产监督管理部门、煤矿安全监察分局

18.《生产安全事故信息报告和处置办法》规定，较大涉险事故、一般事故、较大事故每日至少续报（   ）次。

A. 1   B. 2   C. 3   D. 4

19.《生产安全事故信息报告和处置办法》规定，发生较大事故的，（   ）负责人应当立即赶赴事故现场。

A. 县级安全生产监督管理部门、煤矿安全监察分局

B. 设区的市级安全生产监督管理部门、省级煤矿安全监察局

C. 省级安全监督管理部门、省级煤矿安全监察局

D. 国家安全生产监督管理总局、国家煤矿安全监察局

20.《安全评价机构管理规定》规定，甲级资质由省、自治区、直辖市安全生产监督管理部门、省级煤矿安全监察机构审核，（   ）审批、颁发证书。

A. 国家煤矿安全监察机构   B. 国家安全生产监督管理总局

C. 国家卫生行政部门   D. 省级安全生产监督管理部门

21. 依据《安全评价机构管理规定》的规定，对于申办甲级资质的，省级安全生产监督管理部门、省级煤矿安全监察机构应当在（   ）d内对申请人提供的证明材料进行预审以决定是否受理。

A. 3   B. 5   C. 7   D. 10

22.《安全评价机构管理规定》规定，取得甲级资质的安全评价机构跨省、自治区、直辖市开展安全评价活动，应当填写甲级资质安全评价机构跨省（自治区、直辖市）开展评价工作报告表，报送评价项目所在地的（   ）备案，并接受其监督检查。

A. 市级安全生产监督管理部门、省级煤矿安全监察机构

B. 省级安全生产监督管理部门、省级煤矿安全监察机构

C. 省级安全生产监督管理部门、国务院煤矿安全监察机构

D. 国务院安全生产监督管理部门、国务院煤矿安全监察机构

23. 依据《生产安全事故信息报告和处置办法》，下一级安全生产监督管理部门接到上级安全生产监督管理部门的事故信息举报核查通知后，应当立即组织查证核实，并在（　　）内向上一级安全生产监督管理部门报告核实结果。

A. 5d 　　　　　　　　B. 7d 　　　　　　　　C. 2个月 　　　　　　　　D. 3个月

24.《建设项目安全设施"三同时"监督管理办法》规定，工程监理单位在实施监理过程中，发现存在事故隐患的，应当（　　）；情况严重的，应当要求施工单位暂时停止施工，并及时报告生产经营单位。

A. 要求施工单位整改

B. 要求施工单位整改，并第一时间报告生产经营单位

C. 要求施工单位暂时停止施工，并及时报告有关主管部门

D. 要求施工单位暂时停止施工，并及时报告生产经营单位

25.《建设项目安全设施"三同时"监督管理办法》规定，施工单位应当在施工组织设计中编制安全技术措施和施工现场临时用电方案，同时对危险性较大的分部分项工程依法编制专项施工方案，并附具安全验算结果，经（　　）签字后实施。

A. 施工单位技术负责人、总监理工程师

B. 施工企业项目经理、现场监理工程师

C. 建设单位负责人、总监理工程师

D. 施工企业技术负责人、建设单位负责人

二、多项选择题（每题2分。每题的备选项中，有2个或2个以上符合题意，至少有1个错项。错选，本题不得分；少选，所选的每个选项得0.5分）

1. 依据《注册安全工程师执业资格制度暂行规定》的规定，注册安全工程师的权利主要包括（　　）。

A. 审核所在单位上报的有关安全生产的报告

B. 发现有危及人身安全的紧急情况时，应及时向生产经营单位建议停止作业并组织作业人员撤离危险场所

C. 对违规操作的作业人员实施处罚

D. 注册安全工程师应当定期接受业务培训，不断更新知识，提高业务技术水平

E. 对生产经营单位的安全生产管理、安全监督检查、安全技术研究和安全检测检验、建设项目的安全评估、危害辨识或危险评价等工作存在的问题提出意见和建议

2.《生产经营单位安全培训规定》规定，生产经营单位安全生产管理人员安全培训应当包括的内容有（　　）。

A. 典型事故和应急救援案例分析

B. 国内外先进的安全生产管理经验

C. 伤亡事故统计、报告及职业危害的调查处理方法

D. 安全生产管理基本知识、安全生产技术、安全生产专业知识

E. 重大危险源管理、重大事故防范、应急管理和救援组织以及事故调查处理的有关

规定

3.《特种作业人员安全技术培训考核管理规定》规定，特种作业人员违反（   ）规定的，考核发证机关应当撤销特种作业操作证，且3年内不得再次申请特种作业操作证。

A. 超过特种作业操作证有效期未延期复审的

B. 对发生生产安全事故负有责任的

C. 特种作业操作证记载虚假信息的

D. 以欺骗、贿赂等不正当手段取得特种作业操作证的

E. 特种作业人员的身体条件已不适合继续从事特种作业的

4. 依据《特种作业人员安全技术培训考核管理规定》的规定，特种作业人员有（   ）情形，复审或者延期复审不予通过。

A. 健康体检不合格的

B. 有安全生产违法行为，但情节轻微免于行政处罚的

C. 拒绝、阻碍安全生产监管监察部门监督检查的

D. 未按规定参加安全培训的

E. 违章操作且有1次违章行为，并经查证确实的

5. 依据《建设工程消防监督管理规定》的规定，工程监理单位应当承担的消防施工的质量监理责任有（   ）。

A. 在消防产品和有防火性能要求的建筑构件、建筑材料、室内装修装饰材料施工、安装前，核查产品质量证明文件

B. 不得同意使用或者安装不合格的消防产品和防火性能不符合要求的建筑构件、建筑材料、室内装修装饰材料

C. 建立施工现场消防安全责任制度，确定消防安全负责人

D. 参加建设单位组织的建设工程竣工验收，对建设工程消防施工质量签字确认

E. 按照国家工程建设消防技术标准和经消防设计审核合格或者备案的消防设计文件实施工程监理

6. 下列关于安全事故隐患治理和排查治理中紧急处置的表述，不符合《安全生产事故隐患排查治理暂行规定》规定的有（   ）。

A. 对于一般事故隐患，由生产经营单位（车间、分厂、区队等）负责人或者有关人员立即组织整改

B. 对于重大事故隐患，由生产经营单位法定代表人组织制订并实施事故隐患治理方案

C. 生产经营单位在事故隐患治理过程中，应当采取相应的安全防范措施，防止事故发生

D. 事故隐患排除前或者排除过程中无法保证安全的，应当从危险区域内撤出作业人员，并疏散可能危及的其他人员，设置警戒标志，永久停止使用

E. 事故隐患排除前或者排除过程中无法保证安全的，对暂时难以停产或者停止使用的相关生产储存装置、设施、设备，应当加强维护和保养，防止事故发生

7.《生产安全事故应急预案管理办法》规定，有（   ）情形，应急预案应当及时修订并归档。

A. 应急指挥机构及其职责发生调整的

B. 面临的事故风险发生部分变化的

C. 重要应急资源发生部分变化的

D. 预案中的其他重要信息发生变化的

E. 依据的法律、法规、规章、标准及上位预案中的有关规定发生重大变化的

8. 依据《生产安全事故应急预案管理办法》的规定，专项应急预案，是指生产经营单位为应对某一种或者多种类型生产安全事故，或者针对（　　）而制定的专项性工作方案。

A. 重要生产设施　　　　　　　　　　B. 重大危险源

C. 总体工作程序　　　　　　　　　　D. 总体应急预案

E. 重大活动防止生产安全事故

9. 《生产安全事故信息报告和处置办法》规定，较大涉险事故是指（　　）。

A. 涉险 3 人以上的事故

B. 造成 3 人以上被困或者下落不明的事故

C. 紧急疏散人员 500 人以上的事故

D. 危及重要场所和设施安全（电站、重要水利设施、危化品库、油气站和车站、码头、港口、机场及其他人员密集场所等）的事故

E. 因生产安全事故对环境造成轻微污染的事故

10. 《安全评价机构管理规定》规定，安全评价机构申请乙级资质，应当具备的条件包括（　　）。

A. 有与其开展工作相适应的固定工作场所和设施设备，具有必要的技术支撑条件

B. 有 16 名以上专职安全评价师，其中一级安全评价师 20％以上、二级安全评价师 30％以上

C. 具有法人资格，固定资产 400 万元以上

D. 按照不少于专职安全评价师 15％的比例配备注册安全工程师

E. 设有专职技术负责人和过程控制负责人

11. 《安全评价机构管理规定》规定，安全评价机构及其从业人员在从事安全评价活动中，不得有（　　）的行为。

A. 伪造、转让或者租借资质、资格证书

B. 超出资质证书业务范围从事安全评价活动

C. 出具虚假或者严重失实的安全评价报告

D. 擅自更改、简化评价程序和相关内容

E. 仅在一个安全评价机构从业

12. 依据《建设项目安全设施"三同时"监督管理办法》，下列建设项目中，（　　）在进行可行性研究时，生产经营单位应当分别对其安全生产条件进行论证和安全预评价。

A. 非煤矿矿山建设项目

B. 金属冶炼建设项目

C. 销售烟花爆竹的商店

D. 使用危险化学品从事生产并且使用量达到规定数量的化工建设项目

E. 使用危险化学品（但不包括使用长输管道输送危险化学品）的建设项目

13. 依据《建设项目安全设施"三同时"监督管理办法》的规定，非煤矿矿山建设项

目；生产、储存危险化学品的建设项目；生产、储存烟花爆竹的建设项目；金属冶炼建设项目安全设施设计完成后，生产经营单位应当按照《建设项目安全设施"三同时"监督管理办法》第 5 条的规定向安全生产监督管理部门提出审查申请，并提交的资料有（   ）。

A. 建设项目审批、核准或者备案的文件

B. 建设项目安全设施设计

C. 监理单位的监理资质证明文件

D. 建设项目安全设施设计审查申请

E. 建设项目安全预评价报告及相关文件资料

章节练习答案

一、单项选择题

1. C　　2. C　　3. C　　4. C　　5. C　　6. D　　7. C　　8. A　　9. D　　10. C

11. B　　12. C　　13. C　　14. A　　15. A　　16. D　　17. C　　18. A　　19. B　　20. B

21. B　　22. B　　23. C　　24. A　　25. A

二、多项选择题

1. ABE　　2. ABC　　3. CD　　4. ACD　　5. ABDE　　6. BD　　7. ADE

8. ABE　　9. BCD　　10. ABE　　11. ABCD　　12. ABD　　13. ABDE

第七章

安全生产标准体系

1. 熟悉安全标准的范围、安全生产标准的种类。
2. 熟悉安全生产标准体系及安全生产标准制订、修订程序。

考点汇总与分值解析

分值　　　　　　年份 考点		2012 年	2013 年	2014 年	2015 年	2017 年
安全生产标准体系	安全生产标准制订、修订程序	1				

考点精编与真题回顾

考点一　安全标准概述（表 7-1）

表 7-1　　　　　　　　　　　　　　安 全 标 准 概 述

项　　目		内　　容
安全标准的范围		安全生产标准（AQ）的范围包括有关矿山、危险化学品、烟花爆竹、个体防护、粉尘防爆、涂装作业等领域有关安全生产方面的标准，这类标准主要由国家安全生产监督管理总局负责组织制订
安全生产标准的种类	基础标准	内容包括制订安全标准所必须遵循的基本原则、要求、术语、符号；各项应用标准、综合标准赖以制订的技术规定；物质的危险性和有害性的基本规定；材料的安全基本性质以及基本检测方法等
	管理标准	主要包括安全教育、培训和考核等标准，重大事故隐患评价方法及分级等标准，事故统计、分析等标准，安全系统工程标准，人机工程标准，以及有关激励与惩处标准等
	技术标准	这类标准有金属非金属矿山安全规程、石油化工企业设计防火规范、烟花爆竹工厂设计安全规范、烟花爆竹劳动安全技术规程、民用爆破器材工厂设计安全规范、建筑设计防火规范等
	方法标准	安全生产方面的方法标准主要包括两类： （1）以试验、检查、分析、抽样、统计、计算、测定、作业等方法为对象制订的标准。 （2）为合理生产优质产品，并在生产、作业、试验、业务处理等方面为提高效率而制订的标准
	产品标准	产品类标准是对某一具体设备、装置、防护用品的安全要求做出规定或者对其试验方法、检测检验规则、标志、包装、运输、储存等方面所做的技术规定

考点二 安全生产标准体系（表7-2）

表 7-2 安全生产标准体系

项 目		内 容
安全生产标准体系	煤矿安全生产标准体系	煤矿安全生产标准体系包括综合管理安全标准系统、井工开采安全标准系统、露天开采安全标准系统和职业危害安全标准系统等4个部分
	非煤矿山安全生产标准体系	非煤矿山安全生产标准体系包括固体矿山、石油天然气、冶金、建材、有色等多个领域，是一个多层次、多组合的标准体系
	危险化学品安全生产标准体系	危险化学品安全生产标准体系包括通用基础安全生产标准、安全技术标准和安全管理标准
	烟花爆竹安全生产标准体系	烟花爆竹安全生产标准体系包括基础标准、管理标准、原辅材料使用标准、生产作业场所标准、生产技术工艺标准和生产设备设施标准等
	个体防护装备安全生产标准体系	个体防护装备安全生产标准体系主要包括头部防护装备、听力防护装备、眼面防护装备、呼吸防护装备、服装防护装备、手部防护装备、足部防护装备、皮肤防护装备和坠落防护装备等9个部分
安全生产标准制订、修订程序		根据国家有关规定，国家标准制订程序分9个阶段，即预阶段、立项阶段、起草阶段、征求意见阶段、审查阶段、批准阶段、出版阶段、复审阶段、废止阶段。修订程序和制订程序基本一样，但没有预阶段，起草阶段改为修订阶段。行业标准的制订、修订程序和国家标准的制订、修订程序一样，不同之处是，行业标准有一个备案阶段，需向国务院标准化行政主管部门备案

【2012年真题】根据我国相关法律法规，安全生产国家标准和行业标准的制订、修订必须遵循一定的程序，其中属于行业标准特有的必需阶段是（　　）。

A. 预阶段　　　　　　　　　　　　　　B. 征求意见阶段

C. 复审阶段　　　　　　　　　　　　　D. 备案阶段

【答案】D

【解析】安全生产标准制订、修订程序见表7-2的相关内容。

章节练习

一、单项选择题（每题1分。每题的备选项中，只有1个最符合题意）

1. 安全生产行业标准（AQ）归口管理的部门是（　　）。

A. 卫生部　　　　　　　　　　　　　　B. 国家煤炭安全监察局

C. 国家标准化管理委员会　　　　　　　D. 国家安全生产监督管理总局

2. 安全生产标准分为（　　）。

A. 基础标准、技术标准、产品标准三类

B. 技术标准、方法标准、产品标准、质量标准四类

C. 基础标准、管理标准、技术标准、方法标准、产品标准五类

D. 国家标准、行业标准、地方标准、强制标准、推荐标准五类

3. 我国安全生产行业标准与安全生产国家标准的制订、修订程序的不同之处是（　　）。

A. 国家标准有备案阶段，行业标准无备案阶段

B. 国家标准无备案阶段，行业标准有备案阶段

C. 国家标准有复审阶段，行业标准无复审阶段

D. 国家标准无复审阶段，行业标准有复审阶段

4. 行业标准的制订、修订程序和国家标准的制订、修订程序一样，不同之处是，行业标准有一个备案阶段，需向（　　）备案。

A. 省级安全生产监督管理部门

B. 国务院环境保护主管部门

C. 国家安全生产监督管理总局

D. 国务院标准化行政主管部门

5. 依据煤矿安全生产标准的范围，煤矿安全生产标准体系包括综合管理安全标准、井工开采安全标准、露天开采安全标准和（　　）安全标准等 4 个部分。

A. 瓦斯抽放　　　　　　　　　　　　B. 操作规程

C. 职业危害　　　　　　　　　　　　D. 通风技术

6. 下列安全生产标准体系中，（　　）包括固体矿山、石油天然气、冶金、建材、有色等多个领域，是一个多层次、多组合的标准体系。

A. 危险化学品安全生产标准体系　　　B. 非煤矿山安全生产标准体系

C. 烟花爆竹安全生产标准体系　　　　D. 煤矿安全生产标准体系

二、多项选择题（每题 2 分。每题的备选项中，有 2 个或 2 个以上符合题意，至少有 1 个错项。错选，本题不得分；少选，所选的每个选项得 0.5 分）

1. 根据国家有关规定，国家标准制订程序包括（　　）。

A. 评价段、备案阶段　　　　　　　　B. 立项阶段、起草阶段

C. 征求意见阶段、审查阶段　　　　　D. 批准阶段、出版阶段

E. 复审阶段、废止阶段

2. 安全生产方面的方法标准主要包括（　　）。

A. 各项应用标准、综合标准赖以制订的技术规定

B. 分析标准，安全系统工程标准，人机工程标准

C. 安全教育、培训和考核等标准

D. 以试验、检查、分析、抽样、统计、计算、测定、作业等方法为对象制订的标准

E. 为合理生产优质产品，并在生产、作业、试验、业务处理等方面为提高效率而制订的标准

3. 危险化学品安全生产标准体系包括（　　）。

A. 生产技术工艺标准　　　　　　　　B. 通用基础安全生产标准

C. 生产设备设施标准　　　　　　　　D. 安全技术标准

E. 安全管理标准

4. 烟花爆竹安全生产标准体系包括（　　）、生产技术工艺标准和生产设备设施标准等。

A. 基础标准　　　　　　　　　　　　B. 管理标准

C. 生产作业场所标准　　　　　　　　D. 原辅材料使用标准

E. 综合管理安全标准

一、单项选择题

1. D   2. C   3. B   4. D   5. C   6. B

二、多项选择题

1. BCDE   2. DE   3. BDE   4. ABCD

预 测 试 卷 一

一、单项选择题（共 70 题，每题 1 分。每题的备选项中，只有 1 个最符合题意）

1. 某机械股份有限公司因未及时整改事故隐患发生 3 人死亡、5 人受伤的生产安全事故，该公司总经理张某因此受到刑事处罚。依据《安全生产法》，张某自刑罚执行完毕之日起（　　）不得担任任何生产经营单位的主要负责人。

  A. 1 年内   B. 3 年内

  C. 5 年内   D. 终身

2. 《安全生产法》规定，生产经营单位必须为从业人员提供符合（　　）的劳动防护用品，并监督、教育从业人员按照使用规则佩戴、使用。

  A. 国家标准或者行业标准   B. 国家标准或者企业标准

  C. 企业标准或者地方标准   D. 行业标准或者企业标准

3. 甲化工厂年产 5 万吨 40％乙二醛、2 万吨蓄电池硫酸、2 万吨发烟硫酸。甲厂计划明年调整部分生产业务，将硫酸生产线外包给其他单位。依据《安全生产法》，甲厂的下列调整计划中，符合规定的是（　　）。

  A. 将蓄电池硫酸生产线外包给乙蓄电池装配厂，由乙厂全面负责安全管理

  B. 将发烟硫酸生产线外包给丙磷肥厂，由甲厂全面负责安全管理

  C. 与承包方签订协议，约定外包生产线的安全责任由承包单位全部承担

  D. 外包的同时，该工厂还负责统一协调、管理外包生产线的安全生产工作

4. 依据《安全生产法》的规定，从业人员发现直接危及人身安全的紧急情况时，可以（　　）后撤离现场。

  A. 经安全管理人员同意   B. 采取可能的应急措施

  C. 经现场负责人同意   D. 经单位负责人批准

5. 依据《安全生产法》的规定，因生产安全事故受到伤害的人员，有权依法得到相应的赔偿。下列关于赔偿的说法中，正确的是（　　）。

  A. 只能依法获得工伤社会保险赔偿

  B. 工伤社会保险赔偿不足的，可以依照有关民事法律提出赔偿要求

  C. 除依法享有工伤保险赔偿外，可以依照有关民事法律提出赔偿要求

  D. 只能依照有关民事法律提出赔偿要求

6. 依据《安全生产法》的规定，矿山企业应当建立应急救援组织；生产规模较小，可以不建立应急救援组织的，应当（　　）。

  A. 与政府监管部门签订救援协议   B. 与保险公司签订意外伤害保险协议

  C. 指定专职的应急救援人员   D. 指定兼职的应急救援人员

7. 依据《安全生产法》的规定，承担安全评价、认证、检测、检验工作的机构，出具虚假证明的，没收违法所得；违法所得在 10 万元以上的，并处违法所得 2 倍以上 5 倍以下的罚款；没有违法所得或者违法所得不足 10 万元的，单处或者并处 10 万元以上 20 万元以

下的罚款；对其直接负责的主管人员和其他直接责任人员处（　　）的罚款。

    A.1 万元以上 2 万元以下　　　　　　　B.2 万元以上 5 万元以下

    C.5 万元以上 10 万元以下　　　　　　　D.10 万元以上 20 万元以下

8. 依据《安全生产法》的规定，生产经营单位与从业人员订立协议，免除或者减轻其对从业人员因生产安全事故伤亡依法应承担的责任的，该协议无效；对生产经营单位（　　）。

    A. 责令停止生产

    B. 责令停产整顿

    C. 提请人民政府予以关闭

    D. 主要负责人、个人经营的投资人给予罚款处罚

9. 某食品加工厂原有员工 80 人，因业务发展需要，又新增员工 30 人。依据《安全生产法》，该厂安全生产管理人员的配备符合要求的是（　　）。

    A. 配备 10 名兼职安全生产管理人员

    B. 配备 20 名具有国家规定的相关专业技术资格的工程技术人员作为兼职的安全生产管理人员

    C. 委托具有国家规定的相关专业技术资格的工程技术人员提供安全生产管理服务

    D. 配备 2 名专职安全生产管理人员

10. 《安全生产法》规定，生产经营单位与从业人员订立的劳动合同，应当载明有关保障从业人员（　　）等事项，以及依法为从业人员办理工伤保险的事项。

    A. 工资待遇、岗位津贴　　　　　　　B. 劳动时间、休假制度

    C. 劳动安全、防止职业危害　　　　　D. 聘用条件、解聘规定

11. 《安全生产法》规定，生产经营单位应当在有较大危险因素的生产经营场所和有关设施、设备上，设置明显的（　　）。

    A. 安全使用标志　　　　　　　　　　B. 安全合格标志

    C. 安全警示标志　　　　　　　　　　D. 安全检验检测标志

12. 甲公司是一家铁矿开采企业，有从业人员 150 人；乙公司是一家纺织企业，有从业人员 110 人。张某和高某是丙安全技术服务公司员工。依据《安全生产法》，关于甲、乙两家企业安全管理机构设置和人员配置做法中，正确的是（　　）。

    A. 甲公司未设置安全生产管理机构，配备了 3 名兼职安全生产管理人员

    B. 甲公司委托张某负责本公司的安全管理工作

    C. 乙公司委托高某负责本公司的消防安全管理工作

    D. 乙公司设置了安全生产管理机构，并配备了 1 名兼职安全生产管理人员

13. 生产经营单位的主要负责人因未履行安全生产管理职责，导致发生生产安全事故，被判处有期徒刑的，根据我国《安全生产法》的规定，自刑罚执行完毕之日起（　　）。

    A.2 年内不得担任本施工企业的中层管理人员

    B.3 年内不得担任监理单位的主要负责人

    C.5 年内不得担任任何生产经营单位的主要负责人

    D. 终身不得担任任何施工企业的主要负责人

14. 根据《安全生产法》的规定，生产经营单位应当告知从业人员的事项不包括（　　）。

A. 安全防范措施
B. 作业场所危险因素
C. 生产经营计划
D. 事故应急措施

15. 《矿山安全法》规定，矿山使用的有特殊安全要求的设备、器材、防护用品和安全检测仪器，必须符合（　　）。

A. 国际安全标准或者国家安全标准
B. 地方性安全标准或者行业安全标准
C. 国家安全标准或者地方性安全标准
D. 国家安全标准或者行业安全标准

16. 《矿山安全法》规定，矿长不具备安全专业知识，安全生产的特种作业人员未取得操作资格证书上岗作业的，责令限期改正；逾期不改正的，提请（　　）决定责令停产，调整配备合格人员后，方可恢复生产。

A. 人民检察院
B. 公安机关
C. 人民法院
D. 县级以上人民政府

17. 《消防法》对地方人民政府建立消防队提出了具体要求，（　　）应当按照国家规定建立公安消防队、专职消防队，并按照国家标准配备消防装备，承担火灾扑救工作。

A. 乡级以上地方人民政府
B. 县级以上地方人民政府
C. 市级以上地方人民政府
D. 仅省级人民政府

18. 根据《消防法》的规定，除另有规定外，（　　）应当自依法取得施工许可之日起 7 个工作日内，将消防设计文件报公安机关消防机构备案。

A. 施工单位
B. 设计单位
C. 监理单位
D. 建设单位

19. 依据《道路交通安全法》的规定，下列不符合机动车通行规定的表述是（　　）。

A. 高速公路、大中城市中心城区内的道路，拖拉机可以通行
B. 同车道行驶的机动车，后车应当与前车保持足以采取紧急制动措施的安全距离
C. 机动车通过交叉路口，应当按照交通信号灯、交通标志等通过
D. 机动车载物应当符合核定的载质量，严禁超载

20. 依据《道路交通安全法》的规定，机动车发生交通事故造成人身伤亡、财产损失的，由（　　）予以赔偿。

A. 机动车一方
B. 责任方
C. 保险公司对受害方的全部损失
D. 保险公司在机动车第三者责任强制保险责任限额范围内

21. 依据《突发事件应对法》的规定，容易引发突发事件和容易受突发事件影响的生产经营单位和管理单位承担的法律责任主要是（　　）。

A. 截留、挪用、私分或者变相私分应急救援资金、物资的
B. 不服从上级人民政府对突发事件应急处置工作的统一领导、指挥和协调的
C. 未按规定及时发布突发事件警报、采取预警期的措施，导致损害发生的
D. 未及时消除已发现的可能引发突发事件的隐患，导致发生严重突发事件的

22. 依据《突发事件应对法》的规定，国家将自然灾害、事故灾难和公共卫生事件预警共分为四级，其中用（　　）表示三级突发事件预警。

A. 蓝色
B. 黄色
C. 红色
D. 橙色

23. 《突发事件应对法》规定，公共交通工具、公共场所和其他人员密集场所的（　　）应当制定具体应急预案，为交通工具和有关场所配备报警装置和必要的应急救援设备、设施，注明其使用方法，并显著标明安全撤离的通道、路线，保证安全通道、出口的畅通。

    A. 经营单位或者建设单位　　　　　　　　B. 设计单位或者监理单位

    C. 管理单位或者监理单位　　　　　　　　D. 经营单位或者管理单位

24. 我国《刑法》规定，已满（　　）周岁的人犯罪，应当负刑事责任。

    A. 12　　　　　　　　B. 14　　　　　　　　C. 15　　　　　　　　D. 16

25. 某仓储公司叉车司机赵某，在货场驾驶叉车从事搬运作业时，违反操作规程、超速驾驶，将在现场从事货物整理作业的同事陈某撞倒在地，当场死亡。依据《刑法》有关安全生产犯罪的规定，对赵某应按（　　）处理。

    A. 重大劳动安全事故罪　　　　　　　　B. 交通肇事罪

    C. 重大责任事故罪　　　　　　　　　　D. 玩忽职守罪

26. 行政法规的制定机关是（　　）。

    A. 省、自治区、直辖市人民政府　　　　B. 国务院各部委

    C. 人大及其常委会　　　　　　　　　　D. 国务院

27. 依据《行政处罚法》的规定，行政机关在搜集证据时，可以采取抽样取证的方法；在证据可能灭失或者以后难以取得的情况下，经行政机关负责人批准，可以先行登记保存，并应当在（　　）d内及时做出处理决定，在此期间，当事人或者有关人员不得销毁或者转移证据。

    A. 3　　　　　　　　B. 7　　　　　　　　C. 10　　　　　　　　D. 15

28. 关于行政处罚的说法中，不正确的是（　　）。

    A. 不满 16 岁的人有违法行为，不予行政处罚

    B. 行政处罚由具有行政处罚权的行政机关在法定职权范围内实施

    C. 配合行政机关查处违法行为有立功表现的，从轻或者减轻处罚

    D. 违法行为轻微并及时纠正，没有造成危害后果的，不予处罚

29. 行政机关决定于 2016 年 9 月 15 日对某行政处罚案件举行听证程序，依据《行政许可法》的规定，应当于（　　）前将听证的时间、地点通知申请人、利害关系人，必要时予以公告。

    A. 2016 年 9 月 12 日　　　　　　　　B. 2016 年 9 月 8 日

    C. 2016 年 9 月 5 日　　　　　　　　　D. 2016 年 9 月 1 日

30. 依据《行政许可法》，除法律、行政法规另有规定外，行政机关应当通过招标、拍卖等公平竞争的方式做出决定来实施行政许可的事项是（　　）。

    A. 直接涉及国家安全、公共安全、经济宏观调控、生态环境保护以及直接关系人身健康、生命财产安全等特定活动，需要按照法定条件予以批准的事项

    B. 有限自然资源开发利用、公共资源配置以及直接关系公共利益的特定行业的市场准入等，需要赋予特定权利的事项

    C. 需要确定具备特殊信誉、特殊条件或者特殊技能等资格、资质的事项

    D. 需要按照技术标准、技术规范，通过检验、检测、检疫等方式进行审定的事项

31. 女职工李某正在哺乳 10 个月的婴儿。依据《劳动法》，李某所在单位可以安排她从

事的劳动是（　　）。

    A. 国家规定的第二级体力劳动强度的劳动

    B. 延长工作时间的劳动

    C. 夜班劳动

    D. 国家规定的第三级体力劳动强度的劳动

32. 根据《职业病防治法》的规定，任何单位和个人不得生产、经营、（　　）和使用国家明令禁止使用的可能产生职业病危害的设备或者材料。

    A. 出口   B. 储存   C. 进口   D. 运输

33. 《职业病防治法》规定，建设项目在（　　）前，建设单位应当进行职业病危害控制效果评价。

    A. 可行性论证   B. 设计规划

    C. 建设施工   D. 竣工验收

34. 根据《职业病防治法》的规定，下列关于职业病病人依法享受的职业病待遇的说法中，错误的是（　　）。

    A. 用人单位应当按照国家有关规定，安排职业病病人进行治疗、康复和定期检查

    B. 用人单位对不适宜继续从事原工作的职业病病人，应当调离岗位并妥善安置

    C. 用人单位对从事接触职业病危害作业的劳动者，应当给予岗位津贴

    D. 职业病病人变动单位，其依法享有的职业病待遇应进行相应调整

35. 下列关于职业健康检查制度的表述中，不符合《职业病防治法》规定的是（　　）。

    A. 职业健康检查费用由用人单位与劳动者按比例承担

    B. 用人单位不得安排未经上岗前职业健康检查的劳动者从事接触职业病危害的作业

    C. 对未进行离岗前职业健康检查的劳动者不得解除或者终止与其订立的劳动合同

    D. 职业健康检查应当由取得《医疗机构执业许可证》的医疗卫生机构承担

36. 《劳动合同法》规定，个人承包经营者违反本法规定招用劳动者，给劳动者造成损害的，（　　）。

    A. 由发包的组织自行承担赔偿责任

    B. 由个人承包经营者自行承担赔偿责任

    C. 发包的组织与个人承包经营者按比例承担赔偿责任

    D. 发包的组织与个人承包经营者承担连带赔偿责任

37. 某施工单位与王先生签订了为期 3 年的劳动合同，按照《劳动合同法》的规定，王先生的试用期不得超过（　　）个月。

    A. 1   B. 2   C. 3   D. 6

38. 依据《安全生产许可证条例》的规定，负责建筑施工企业安全生产许可证的颁发和管理的是（　　）。

    A. 工商行政管理部门   B. 建设主管部门

    C. 煤矿安全监察机构   D. 安全生产监督管理部门

39. 《煤矿安全监察条例》规定，煤矿安全监察机构发现煤矿未依法建立安全生产责任制的，有权（　　）。

    A. 责令限期改正   B. 给予行政处罚

C. 对主要负责人处 10 万元以下的罚款   D. 吊销煤矿安全生产许可证

40. 根据《国务院关于预防煤矿生产安全事故的特别规定》的规定，停产整顿验收合格的，经组织验收的地方人民政府负责煤矿安全生产监督管理的部门的主要负责人签字，并经有关煤矿安全监察机构审核同意，报请(   )签字批准，颁发证照的部门发还证照，煤矿方可恢复生产。

A. 检察院主要负责人   B. 有关地方人民政府主要负责人
C. 环境保护主管部门主要负责人   D. 矿长

41. 《建设工程安全生产管理条例》规定，建设单位应当在拆除工程施工(   )d 前，将施工单位资质等级证明等资料报送建设工程所在地县级以上人民政府建设行政主管部门或者其他有关部门备案。

A. 10   B. 15   C. 20   D. 30

42. 关于施工中人身意外伤害保险的相关表述，符合《建设工程安全生产管理条例》规定的是(   )。

A. 建设单位应当为施工现场从事危险作业的人员办理意外伤害保险
B. 意外伤害保险费由建设单位支付
C. 实行施工总承包的，由各分承包单位自行支付意外伤害保险费
D. 意外伤害保险期限自建设工程开工之日起至竣工验收合格止

43. 《危险化学品安全管理条例》规定，安全生产监督管理部门应当将其颁发危险化学品安全使用许可证的情况及时向(   )通报。

A. 上一级卫生行政部门和建设行政主管部门
B. 同级环境保护主管部门和建设行政主管部门
C. 上一级环境保护主管部门和公安机关
D. 同级环境保护主管部门和公安机关

44. 依据《危险化学品安全管理条例》的规定，进行可能危及危险化学品管道安全的施工作业，施工单位应当在开工的(   )书面通知管道所属单位，并与管道所属单位共同制订应急预案，采取相应的安全防护措施。

A. 7d 前   B. 14d 前   C. 7d 后   D. 14d 后

45. 根据《危险化学品安全管理条例》的规定，发生危险化学品事故，事故单位主要负责人应当立即按照本单位危险化学品应急预案组织救援，并向(   )报告。

A. 当地安全生产监督管理部门和环境保护、公安、卫生主管部门
B. 人民政府建设主管部门
C. 当地安全生产监督管理部门和交通运输主管部门
D. 当地安全生产监督管理部门、工业和信息化主管部门

46. 某公安部门于 2014 年 6 月 1 日受理道路运输烟花爆竹的申请，则该公安部门最迟应当于(   )对托运人提交的有关材料进行审查，对符合条件的，核发烟花爆竹道路运输许可证。

A. 2014 年 6 月 3 日   B. 2014 年 6 月 5 日
C. 2014 年 6 月 10 日   D. 2014 年 6 月 15 日

47. 依据《民用爆炸物品安全管理条例》的规定，申请从事民用爆炸物品销售的企业，

应当具备的条件不包括(　　)。

  A. 有健全的安全管理制度、岗位安全责任制度

  B. 依法进行了安全评价

  C. 销售场所和专用仓库符合国家有关标准和规范

  D. 有具备相应资格的安全管理人员、仓库管理人员

48. 依据《特种设备安全监察条例》的规定，下列情形属于特种设备重大事故的是(　　)。

  A. 特种设备事故造成 3 人以上 10 人以下死亡的

  B. 起重机械整体倾覆的

  C. 600MW 以上锅炉因安全故障中断运行 240h 以上的

  D. 压力容器、压力管道有毒介质泄漏，造成 1 万人以上 5 万人以下转移的

49. 依据《注册安全工程师管理规定》，为了保证注册安全工程师的执业水平，注册安全工程师在每个注册周期内应当参加由具备资质的安全生产培训机构实施的继续教育，培训时间累计不得少于 (　　) 学时。

  A. 24   B. 36   C. 40   D. 48

50. 依据《使用有毒物品作业场所劳动保护条例》的规定，从事使用高毒物品作业的用人单位，在申报使用高毒物品作业项目时，应当向卫生行政部门提交的主要资料不包括(　　)。

  A. 营业执照或者法人证书的复印件   B. 职业中毒事故应急救援预案

  C. 职业中毒危害控制效果评价报告   D. 职业卫生管理制度和操作规程

51. 依据《国务院关于特大安全事故行政责任追究的规定》，特大安全事故的具体标准，由(　　)安全生产监督管理部门会同国务院有关部门，根据不同行业的事故发生情况具体确定，报国务院批准后执行。

  A. 国务院   B. 省级人民政府

  C. 全国人民代表大会   D. 全国人民代表大会常务委员会

52. 根据《生产安全事故报告和调查处理条例》的规定，不属于报告事故应当包括的内容的是(　　)。

  A. 已经采取的措施

  B. 事故的详细经过

  C. 事故发生单位概况

  D. 事故发生的时间、地点以及事故现场情况

53. S 省 H 市 G 县某化工企业发生井喷事故。由于应急处置不当，造成周围群众 35 人死亡，50 人急性中毒。根据《生产安全事故报告和调查处理条例》(国务院令 493 号)，该事故应上报至(　　)安全生产监督管理部门和负有安全生产监督管理职责的有关部门。

  A. 国务院   B. S 省人民政府

  C. H 市人民政府   D. G 县人民政府

54. 职工张某因工致残被鉴定为五级伤残，若张某的月薪为 2000 元，根据《工伤保险条例》的规定，从工伤保险基金中支付给张某的 1 次性伤残补助金的标准应为(　　)元。

  A. 32 000   B. 34 000   C. 36 000   D. 40 000

55. 贾某于 2016 年 11 月 8 日收到设区的市级劳动能力鉴定委员会做出的劳动能力鉴定结论，但对该鉴定结论不服，依据《工伤保险条例》的规定，贾某最迟可以在( )向省、自治区、直辖市劳动能力鉴定委员会提出再次鉴定申请。

A. 2016 年 11 月 12 日   B. 2016 年 11 月 17 日

C. 2016 年 11 月 22 日   D. 2016 年 11 月 27 日

56. 依据《注册安全工程师执业资格制度暂行规定》的规定，注册安全工程师在执业中，因其过失给当事人造成损失的，( )。

A. 由注册安全工程师自行承担赔偿责任

B. 由所在单位承担赔偿责任

C. 由注册安全工程师与所在单位共同承担赔偿责任

D. 由注册安全工程师与所在单位按过错原因分别承担赔偿责任

57. 依据《注册安全工程师管理规定》的规定，初始注册的有效期为( )年，自准予注册之日起计算。

A. 2   B. 3   C. 4   D. 5

58. 注册安全工程师甲某准许乙某以甲某的名义执业的，依据《注册安全工程师管理规定》的规定，由县级以上安全生产监督管理部门、有关主管部门或者煤矿安全监察机构处 3 万元以下的罚款；由执业证颁发机关吊销其执业证，当事人( )年内不得再次申请注册。

A. 3   B. 5   C. 7   D. 10

59. 下列人员中，不属于《特种作业人员安全技术培训考核管理规定》中特种作业人员的是( )。

A. 商场的电工   B. 大型工厂的制冷工

C. 汽修厂的车工   D. 机械制造厂的焊工

60. 《建设工程消防监督管理规定》规定，除省、自治区人民政府公安机关消防机构外，县级以上地方人民政府公安机关消防机构承担辖区建设工程的消防设计审核、消防验收和备案抽查工作，具体分工由( )确定。

A. 市级公安机关消防机构   B. 省级公安机关消防机构

C. 市级安全生产监督管理部门   D. 省级安全生产监督管理部门

61. 《安全生产事故隐患排查治理暂行规定》规定，事故隐患分为( )。

A. 一般事故隐患和重大事故隐患

B. 较大事故隐患和重大事故隐患

C. 一般事故隐患、较大事故隐患和重大事故隐患

D. 一般事故隐患、较大事故隐患、重大事故隐患和特别重大事故隐患

62. 《安全生产事故隐患排查治理暂行规定》规定，重大事故隐患治理方案应包括治理的目标和任务，采取的方法和措施，经费和物资的落实，负责治理的机构和人员，治理的时限和要求，以及( )。

A. 考核内容和要求   B. 重大危险源辨识和监控

C. 治理效果评估和验收   D. 安全措施和应急预案

63. 《生产安全事故应急预案管理办法》规定，( )应当组织有关专家对部门编制的应急预案进行审定；必要时，可以召开听证会，听取社会有关方面的意见。

A. 施工单位

B. 监理单位

C. 地方各级安全生产监督管理部门

D. 县级以上地方人民政府建设行政主管部门

64. 依据《生产安全事故信息报告和处置办法》的规定，发生较大事故的，（　　）应当立即赶赴事故现场。

A. 县级安全生产监督管理部门、煤矿安全监察分局负责人

B. 省级安全监督管理部门、省级煤矿安全监察局负责人

C. 国家安全生产监督管理总局、国家煤矿安全监察局负责人

D. 设区的市级安全生产监督管理部门、省级煤矿安全监察局负责人

65. A省一具有甲级资质的安全评价机构（评价业务范围为金属、非金属矿及其他采选业）拟到B省H市G县开展安全评价活动。依据《安全评价机构管理规定》，该评价机构应当填写甲级资质安全评价机构跨省（自治区、直辖市）开展评价工作报告表，报送（　　）备案，并接受其监督检查。

A. B省安全生产监督管理局　　　　　　B. 驻B省煤矿安全监察机构

C. H市安全生产监督管理局　　　　　　D. G县安全生产监督管理局

66. 安全生产监督管理部门、煤矿安全监察机构及其工作人员的下列行为中，符合《安全评价机构管理规定》的是（　　）。

A. 干预安全评价机构开展正常活动

B. 不向安全评价机构收取任何费用

C. 向安全评价机构摊派财物

D. 要求被评价对象接受指定的安全评价机构进行安全评价

67. 依据《建设项目安全设施"三同时"监督管理办法》的规定，除《建设项目安全设施"三同时"监督管理办法》第7条规定的应当对其安全生产条件进行论证和安全预评价的建设项目以外的其他建设项目，生产经营单位应当对其安全生产条件和设施进行（　　）。

A. 专项分析，形成书面报告备查　　　　B. 综合分析，形成书面报告备查

C. 综合分析，形成口头或书面报告　　　D. 专项分析，形成口头或书面报告

68. 《建设项目安全设施"三同时"监督管理办法》规定，安全生产监督管理部门收到申请后，对属于本部门职责范围内的，应当及时进行审查，并在收到申请后（　　）个工作日内做出受理或者不予受理的决定，书面告知申请人。

A. 3　　　　　　　　B. 5　　　　　　　　C. 7　　　　　　　　D. 10

69. 《建设项目安全设施"三同时"监督管理办法》规定，承担建设项目安全评价的机构弄虚作假、出具虚假报告，尚未构成犯罪的，给他人造成损害的，（　　）。

A. 由生产经营单位承担全部赔偿责任　　B. 自行承担全部赔偿责任

C. 与生产经营单位承担按份赔偿责任　　D. 与生产经营单位承担连带赔偿责任

70. 下列标准中，（　　）主要指在安全生产领域的不同范围内，对普遍的、广泛通用的共性认识所做的统一规定，是在一定范围内作为制订其他安全标准的依据和共同遵守的准则。

A. 管理标准　　　　　　　　　　　　　B. 方法标准

C. 技术标准   D. 基础标准

二、多项选择题（共 15 题，每题 2 分。每题的备选项中，有 2 个或 2 个以上符合题意，至少有 1 个错项。错选，本题不得分；少选，所选的每个选项得 0.5 分）

71. 根据《安全生产法》的规定，生产经营单位与从业人员订立的劳动合同应当载明的事项有（   ）。

    A. 防止职业危害   B. 保障劳动安全

    C. 婚姻家庭关系   D. 应急预案和处置

    E. 依法办理工伤保险

72.《安全生产法》规定，生产经营单位使用的危险物品的容器、运输工具，以及涉及人身安全、危险性较大的海洋石油开采特种设备和矿山井下特种设备，必须按照国家有关规定，由专业生产单位生产，并经具有专业资质的检测、检验机构检测、检验合格，取得（   ），方可投入使用。

    A. 检测检验合格证   B. 运输准运证

    C. 安全生产许可证   D. 安全标志

    E. 安全使用证

73.《安全生产法》赋予工会在参加安全管理和监督时享有的权利主要包括（   ）。

    A. 工会有权依法参加事故调查，向有关部门提出处理意见，并要求追究有关人员的责任

    B. 发现生产经营单位违章指挥或者发现事故隐患时，有权提出解决的建议

    C. 发现生产经营单位强令冒险作业或者发现事故隐患时，有权当场给予处罚

    D. 发现危及从业人员生命安全的情况时，有权向生产经营单位建议组织从业人员撤离危险场所

    E. 工会对生产经营单位违反安全生产法律、法规，侵犯从业人员合法权益的行为，有权要求纠正

74.《消防法》规定，（   ）应当建立单位专职消防队，承担本单位的火灾扑救工作。

    A. 核设施单位、发电厂

    B. 生产、储存易燃易爆危险品的大型企业

    C. 储备可燃的重要物资的大型仓库、基地

    D. 民用机场、主要港口

    E. 距离公安消防队较远、被列为全国重点文物保护单位的古建筑群的管理单位

75. 依据《突发事件应对法》的规定，发布三级、四级警报，宣布进入预警期后，县级以上地方各级人民政府应当根据即将发生的突发事件的特点和可能造成的危害，采取措施包括（   ）。

    A. 启动应急预案

    B. 组织有关部门和机构、专业技术人员、有关专家学者，随时对突发事件信息进行分析评估

    C. 定时向社会发布与公众有关的突发事件预测信息和分析评估结果，并对相关信息的报道工作进行管理

    D. 及时按照有关规定向社会发布可能受到突发事件危害的警告，宣传避免、减轻危害

的常识，公布咨询电话

E. 责令应急救援队伍、负有特定职责的人员进入待命状态，并动员后备人员做好参加应急救援和处置工作的准备

76. 根据《行政处罚法》的规定，应当依法从轻或者减轻处罚适用的情况包括(　　)。

A. 主动消除违法行为危害后果的

B. 主动减轻违法行为危害后果的

C. 受他人胁迫有违法行为的

D. 配合行政机关查处违法行为有立功表现的

E. 违法行为轻微并及时纠正，没有造成危害后果的

77. 根据《安全生产许可证条例》的规定，安全生产许可证的发放范围具体包括的企业类型有(　　)。

A. 矿山企业　　　　　　　　　　　　B. 建筑施工企业

C. 烟花爆竹生产企业　　　　　　　　D. 民用爆破器材生产企业

E. 工矿商贸企业

78. 《国务院关于预防煤矿生产安全事故的特别规定》规定的应予关闭的非法煤矿包括(　　)。

A. 经整顿验收不合格的　　　　　　　B. 无证照或者证照不全擅自生产的

C. 停产整顿期间擅自从事生产的　　　D. 停止供应火工用品的

E. 在 3 个月内 2 次或者 2 次以上发现有重大安全生产隐患的

79. 依据《危险化学品安全管理条例》的规定，下列不适用该条例的是(　　)。

A. 属于危险化学品的农药的安全管理　B. 烟花爆竹的安全管理

C. 放射性物品的安全管理　　　　　　D. 核能物质的安全管理

E. 民用爆炸物品的安全管理

80. 某日 8 时，某建筑工地发生塌方事故，当场 5 人死亡，2 人被埋失踪，9 人受伤。现场安全员立即将事故情况向作业队队长和项目经理报告，项目经理立即组织人员前往现场营救，将死亡和受伤人员运出现场，安排工人挖掘搜寻失踪人员。次日 7 时许，找到一名失踪人员已经死亡。此时，项目经理才想起向当地县安全生产监管局报告。报告称事故造成 1 人死亡，1 人失踪，9 人受伤。依据《生产安全事故报告和调查处理条例》，下列有关该事故的说法中，正确的是(　　)。

A. 现场安全员只向作业队长和项目经理报告，未及时向当地安全生产监管局报告，属违法行为

B. 项目经理在事故发生后 23h 向当地安全生产监管局报告事故情况，属于未在规定时间内上报

C. 项目经理不仅应该向当地安全生产监管局报告事故情况，还应该向建设主管部门报告

D. 县安全生产监管局了解事故真实情况之后，应当向上一级安全生产监管部门报告

E. 公司为了抢救被掩埋的人员，在做出适当标志的前提下，可移动事故现场部分物件

81. 关于劳动能力鉴定的表述中，不符合《工伤保险条例》规定的是(　　)。

A. 劳动能力鉴定只能由用人单位、工伤职工向设区的市级劳动能力鉴定委员会提出申

请，并提供工伤认定决定和职工工伤医疗的有关资料

B. 设区的市级劳动能力鉴定委员会收到劳动能力鉴定申请后，应当从其建立的医疗卫生专家库中随机抽取 3 名或者 5 名相关专家组成专家组，由专家组提出鉴定意见

C. 省、自治区、直辖市劳动能力鉴定委员会做出的劳动能力鉴定结论为最终结论

D. 生活自理障碍分为生活完全不能自理和生活大部分不能自理两个等级

E. 自劳动能力鉴定结论做出之日起 1 年后，工伤职工或者其近亲属、所在单位或者经办机构认为伤残情况发生变化的，可以申请劳动能力复查鉴定

82. 依据《注册安全工程师管理规定》的规定，申请取得注册安全工程师执业证的人员，必须同时具备的条件是（   ）。

A. 已经取得资格证书

B. 申请人资格证书（复印件）

C. 未同时在两个或者两个以上聘用单位申请注册

D. 申请人与聘用单位签订的劳动合同或者聘用文件（复印件）

E. 在生产经营单位从事安全生产管理、安全技术工作或者在安全生产中介机构从事安全生产专业服务工作

83. 依据《建设工程消防监督管理规定》的规定，建设单位在消防设计、施工的质量方面承担的责任包括（   ）。

A. 建立施工现场消防安全责任制度，确定消防安全负责人

B. 依法申请建设工程消防设计审核、消防验收

C. 选用具有国家规定资质等级的消防设计、施工单位

D. 选用合格的消防产品和满足防火性能要求的建筑构件、建筑材料及室内装修装饰材料

E. 实行工程监理的建设工程，应当将消防施工质量一并委托监理

84. 依据《生产安全事故应急预案管理办法》的规定，矿山、建筑施工企业、危险化学品的生产、经营、储存企业，以及（   ），应当对本单位编制的应急预案进行评审，并形成书面评审纪要。

A. 使用危险化学品达到国家规定数量的化工企业

B. 使用危险化学品达到国家规定数量的烟花爆竹生产、批发经营企业

C. 金属冶炼的生产、经营、储存企业

D. 易燃易爆物品的生产、经营、储存企业

E. 中小型规模的其他生产经营单位

85. 《建设项目安全设施"三同时"监督管理办法》规定，建设项目的安全设施有（   ）情形，建设单位不得通过竣工验收，并不得投入生产或者使用。

A. 未选择具有相应资质的施工单位施工的

B. 建设项目安全设施的施工不符合国家有关施工技术标准的

C. 未选择具有相应资质的安全评价机构进行安全验收评价或者安全验收评价不合格的

D. 发现建设项目试运行期间曾存在事故隐患的

E. 未依法设置安全生产管理机构或者配备安全生产管理人员的

预测试卷一参考答案

一、单项选择题

1. C   2. A   3. D   4. B   5. C   6. D   7. B   8. D   9. D   10. C

11. C   12. D   13. C   14. C   15. D   16. D   17. B   18. D   19. A   20. D

21. D   22. B   23. D   24. D   25. C   26. D   27. B   28. A   29. B   30. B

31. A   32. C   33. D   34. D   35. A   36. D   37. D   38. B   39. A   40. B

41. B   42. D   43. D   44. A   45. A   46. A   47. B   48. C   49. D   50. A

51. A   52. B   53. A   54. C   55. C   56. B   57. B   58. B   59. C   60. B

61. A   62. D   63. C   64. D   65. A   66. B   67. B   68. B   69. D   70. D

二、多项选择题

71. ABE   72. DE   73. ABDE   74. BCDE   75. ABCD   76. ABCD   77. ABCD

78. ABCE   79. BCDE   80. BDE   81. AD   82. AE   83. BCDE   84. ABCD

85. ABCE

预 测 试 卷 二

一、单项选择题（共 70 题，每题 1 分。每题的备选项中，只有 1 个最符合题意）

1. 依据《安全生产法》的规定，生产经营单位发生生产安全事故后，事故现场有关人员应当立即报告（　　）。

A. 本单位负责人　　　　　　　　　　B. 安全生产监管人员

C. 所在地安全生产监管部门　　　　　D. 所在地人民政府

2. 依据《安全生产法》，生产经营单位的主要负责人在本单位发生重大生产安全事故时（　　），处 15d 以下的拘留；构成犯罪的，依法追究刑事责任。

A. 不立即组织抢救的　　　　　　　　B. 擅离职守的

C. 逃匿的　　　　　　　　　　　　　D. 不妥善保护现场的

3. 某施工单位项目部将自己的业务发包给不具备经营资质的施工队。在施工过程中，因施工队不注重安全防护导致在建工程基坑坍塌，造成 1 人死亡，2 人重伤。依据《安全生产法》，下列关于此次事故伤亡赔偿责任的说法中，正确的是（　　）。

A. 由施工队承担赔偿责任

B. 由施工单位项目部承担赔偿责任

C. 由施工单位承担赔偿责任

D. 由施工单位与施工队承担连带赔偿责任

4. 依据《安全生产法》的规定，生产经营单位的主要负责人对本单位安全生产工作所负的职责不包括（　　）。

A. 建立、健全本单位安全生产责任制

B. 及时、如实报告生产安全事故

C. 督促、检查本单位的安全生产工作，及时消除生产安全事故隐患

D. 组织或者参与本单位应急救援演练

5.《安全生产法》规定，生产经营单位对（　　）应当登记建档，进行定期检测、评估、监控，并制订应急预案，告知从业人员和相关人员在紧急情况下应当采取的应急措施。

A. 所有危险源　　　　　　　　　　　B. 一般危险源

C. 较大危险源　　　　　　　　　　　D. 重大危险源

6. 根据《安全生产法》的规定，生产经营单位主要负责人在本单位发生生产安全事故时，不立即组织抢救或者在事故调查处理期间擅离职守或者逃匿的，其受到的处理不包括（　　）。

A. 撤职　　　　　　　　　　　　　　B. 降级

C. 注销从业资格　　　　　　　　　　D. 罚款

7.《安全生产法》规定，安全设备的设计、制造、安装、使用、检测、维修、改造和报废，应当符合（　　）。

A. 地方标准或者行业标准　　　　　　B. 国家标准或者企业标准

C. 企业标准或者行业标准　　　　　　　　D. 国家标准或者行业标准

8. 依据《安全生产法》的规定，对事故隐患或者安全生产违法行为，任何单位或者个人（　　　　）。

A. 必须向各级人民政府报告或者举报

B. 应当向负有安全生产监督管理职责的部门报告或者举报

C. 必须向生产经营单位安全管理部门报告或者举报

D. 有权向负有安全生产监督管理职责的部门报告或者举报

9. 《安全生产法》规定，安全生产监督检查人员应当将检查的时间、地点、内容、发现的问题及其处理情况，做出书面纪录，并由（　　　　）签字。

A. 检查人员和被检查单位专职安全生产管理人员

B. 检查人员和被检查单位的负责人

C. 检查人员和被检查单位兼职安全生产管理人员

D. 被检查单位的负责人和总监理工程师

10. 《安全生产法》规定，（　　　　）应当组织有关部门制订本行政区域内生产安全事故应急预案，建立应急救援体系。

A. 国家安全生产监督管理总局　　　　　　B. 县级以上地方各级人民政府

C. 省级工商行政管理部门　　　　　　　　D. 市级人民政府建设主管部门

11. 依据《安全生产法》的规定，关于生产经营单位生产安全事故应急救援的表述中，不符合《安全生产法》规定的是（　　　　）。

A. 危险物品的生产、经营、储存单位以及矿山、金属冶炼、城市轨道交通运营、建筑施工单位应当建立应急救援组织

B. 生产经营规模较小的单位，可以不建立应急救援组织，但应当指定兼职的应急救援人员

C. 负有安全生产监督管理职责的部门和有关地方人民政府对事故情况不得隐瞒不报、谎报或者迟报

D. 矿山、金属冶炼、城市轨道交通运营、建筑施工单位应当配备必要的应急救援器材、设备和物资，并进行临时性的维护、保养即可

12. 《安全生产法》规定，矿山、金属冶炼、建筑施工、道路运输单位和危险物品的生产、经营、储存单位，应当（　　　　）。

A. 配备兼职安全生产管理人员

B. 只能设置监督检查机构

C. 委托具有相关安全资质的服务机构提供安全生产管理服务

D. 设置安全生产管理机构或者配备专职安全生产管理人员

13. 《安全生产法》规定，（　　　　）依法组织职工参加本单位安全生产工作的民主管理和民主监督，维护职工在安全生产方面的合法权益。

A. 生产经营单位　　　　　　　　　　　　B. 项目负责人

C. 工会　　　　　　　　　　　　　　　　D. 专职安全生产管理人员

14. 《安全生产法》规定，对检查中发现的安全生产违法行为，当场（　　　　）。

A. 给予行政处分　　　　　　　　　　　　B. 予以纠正或者要求限期改正

C. 给予警告或者罚款的处罚　　　　　　　　D. 责令停止作业或者吊销营业执照

15.《矿山安全法》规定，矿山企业必须对作业场所中的有毒有害物质和井下空气（　　）进行检测，保证符合安全要求。

A. 含氮量　　　　　　　　　　　　　　　　B. 含氧量

C. 含氢量　　　　　　　　　　　　　　　　D. 含氟量

16.《矿山安全法》规定，矿山建设工程的（　　），必须符合矿山安全规程和行业技术规范，并按照国家规定经管理矿山企业的主管部门批准；不符合矿山安全规程和行业技术规范的，不得批准。

A. 监理文件　　　　　　　　　　　　　　　B. 安全施工许可证

C. 勘察文件　　　　　　　　　　　　　　　D. 设计文件

17.《消防法》规定，国务院公安部门规定的大型的人员密集场所和其他特殊建设工程，（　　）应当将消防设计文件报送公安机关消防机构审核。

A. 监理单位　　　　　　　　　　　　　　　B. 施工单位

C. 建设单位　　　　　　　　　　　　　　　D. 设计单位

18. 根据《消防法》的规定，按照国家工程建设消防技术标准需要进行消防设计的建设工程竣工时，建设单位应当向（　　）申请消防验收。

A. 建设行政主管部门　　　　　　　　　　　B. 公安机关消防机构

C. 有相关资质的中介机构　　　　　　　　　D. 安全生产监管部门

19. 某机动车与行人之间发生交通事故，机动车一方没有过错。依据《道路交通安全法》，下列关于机动车一方在该事故中赔偿责任的说法，正确的是（　　）。

A. 机动车一方不承担赔偿责任

B. 机动车一方承担不超过 10% 的赔偿责任

C. 机动车一方承担不超过 20% 的赔偿责任

D. 机动车一方承担主要赔偿责任

20. 依据《道路交通安全法》的规定，残疾人机动轮椅车、电动自行车在非机动车道内行驶时，最高时速不得超过（　　）km。

A. 5　　　　　　　　B. 10　　　　　　　　C. 12　　　　　　　　D. 15

21.《突发事件应对法》规定，国家应当建立健全突发事件应急预案体系，突发事件应急预案的制订、修订程序由（　　）规定。

A. 地方政府　　　　　　　　　　　　　　　B. 国家应急中心

C. 安全生产监督管理总局　　　　　　　　　D. 国务院

22.《突发事件应对法》规定，（　　）应当整合应急资源，建立综合性或者专业性的应急救援队伍，对有关部门负责处置突发事件职责的工作人员定期培训。

A. 县级以上人民政府　　　　　　　　　　　B. 乡镇以上人民政府

C. 仅设区的市级人民政府　　　　　　　　　D. 仅省级人民政府

23. 关于《突发事件应对法》中应急处置措施的表述，正确的是（　　）。

A. 救助性措施，主要是对财产的救助

B. 保障性措施，主要是针对生命线工程系统

C. 控制性措施，阻止事件蔓延传播

D. 保护性措施，主要是针对场所的强制

24. 依据《刑法》的规定，存在（　　）的违法行为，因而发生重大伤亡事故或者造成其他严重后果的，处 5 年以下有期徒刑或者拘役；情节特别恶劣的，处 5 年以上有期徒刑。

A. 在生产、作业中违反有关安全管理规定

B. 强令他人违章、冒险作业

C. 安全生产设施或者安全生产条件不符合国家规定

D. 举办大型群众性活动违反安全管理规定

25. 依据《刑法》的规定，安全生产设施不符合国家规定，因而发生重大伤亡事故或者造成其他严重后果的，构成（　　）。

A. 重大责任事故罪　　　　　　　　　B. 重大劳动安全事故罪

C. 大型群众性活动重大事故罪　　　　D. 瞒报或者谎报事故罪

26. 根据《行政处罚法》的规定，公民、法人或者其他组织对行政处罚不服的，（　　）。

A. 只能请求原行政处罚机关撤销处罚　B. 只能请求人民法院撤销行政处罚

C. 只能提起行政复议　　　　　　　　D. 有权依法提起行政诉讼

27. 根据《行政处罚法》的规定，行政机关做出（　　）决定之前，应当告知当事人有要求举行听证的权利。

A. 警告　　　　　　　　　　　　　　B. 开除

C. 责令停产停业　　　　　　　　　　D. 行政处罚

28. 《行政许可法》规定，行政许可申请人隐瞒有关情况或者提供虚假材料申请行政许可的，行政机关不予受理或者不予行政许可，并给予警告；行政许可申请属于直接关系公共安全、人身健康、生命财产安全事项的，申请人（　　）不得再次申请该行政许可。

A. 1 年内　　　　　　B. 2 年内　　　　　　C. 3 年内　　　　　　D. 终身

29. 根据《职业病防治法》的规定，向用人单位提供可能产生职业病危害的化学品、放射性同位素和含有放射性物质的材料的，应当提供（　　）。

A. 中文警示说明　　　　　　　　　　B. 警示标志

C. 中文说明书　　　　　　　　　　　D. 安全标志

30. 甲卫生行政部门于 2016 年 6 月 11 日收到职业病危害预评价报告，依据《职业病防治法》的规定，甲卫生行政部门应在（　　）之前做出审核决定并书面通知建设单位。

A. 2016 年 7 月 10 日　　　　　　　　B. 2016 年 7 月 15 日

C. 2016 年 7 月 20 日　　　　　　　　D. 2016 年 7 月 25 日

31. 根据《职业病防治法》的规定，不属于发生职业病危害事故或者有证据证明危害状态可能导致职业病危害事故发生时，卫生行政部门可以采取的临时控制措施是（　　）。

A. 组织控制职业病危害事故现场

B. 责令暂停导致职业病危害事故的作业

C. 在职业病危害事故或者危害状态得到有效控制后，继续进行现场控制

D. 封存造成职业病危害事故或者可能导致职业病危害事故发生的材料和设备

32. 依据《生产经营单位安全培训规定》，针对危险化学品生产企业厂长的安全培训内容应当包括国家安全生产方针、政策和有关安全生产的法律、法规、规章及标准，安全生产

管理基本知识，典型事故和应急救援案例和（　　　）。

    A. 主要危险岗位安全操作规程　　　　　B. 职业危害及其预防措施

    C. 伤亡事故统计知识　　　　　　　　　D. 应急医疗急救知识

33. 根据《职业病防治法》的规定，新建、扩建、改建建设项目和技术改造、技术引进项目可能产生职业病危害的，建设单位在（　　　）阶段应当进行职业病危害预评价。

    A. 竣工验收　　　　　　　　　　　　　B. 初步设计

    C. 施工建设　　　　　　　　　　　　　D. 可行性论证

34. 《职业病防治法》规定，对遭受或者可能遭受急性职业病危害的劳动者，用人单位应当及时组织救治、进行健康检查和医学观察，所需费用由（　　　）承担。

    A. 保险公司　　　　　　　　　　　　　B. 用人单位

    C. 职工个人　　　　　　　　　　　　　D. 用人单位与职工共同

35. 根据《劳动法》的规定，用人单位不得安排未成年工从事国家规定的（　　　）体力劳动强度的劳动和其他禁忌从事的劳动。

    A. 第一级　　　　　　B. 第二级　　　　　　C. 第三级　　　　　　D. 第四级

36. 《劳动合同法》规定，以完成一定工作任务为期限的劳动合同或者劳动合同期限不满（　　　）个月的，不得约定试用期。

    A. 3　　　　　　　　　B. 4　　　　　　　　　C. 5　　　　　　　　　D. 6

37. 根据《劳动合同法》规定，下列属于用人单位可以解除劳动合同的情形是（　　　）。

    A. 在本单位患职业病

    B. 疑似职业病病人在诊断或者医学观察期间的

    C. 劳动者家庭无其他就业人员，有需要扶养的家属的

    D. 因工负伤并被确认部分丧失劳动能力的

38. 《安全生产许可证条例》规定，不属于安全生产许可证颁发管理机关工作人员违法行为的是（　　　）。

    A. 接到对违反《安全生产许可证条例》规定行为的举报后，不及时处理的

    B. 取得安全生产许可证后不再具备安全生产条件的

    C. 发现企业未依法取得安全生产许可证擅自从事生产活动，不依法处理的

    D. 发现取得安全生产许可证的企业不再具备《安全生产许可证条例》规定的安全生产条件，不依法处理的

39. 依据《煤矿安全监察条例》的规定，煤矿建设工程安全设施设计必须经（　　　）审查同意；未经审查同意的，不得施工。

    A. 国务院建设行政主管部门　　　　　　B. 安全生产监督管理部门

    C. 环境保护主管部门　　　　　　　　　D. 煤矿安全监察机构

40. 根据《国务院关于预防煤矿生产安全事故的特别规定》的规定，被责令停产整顿的煤矿应当制订整改方案，落实整改措施和安全技术规定；整改结束后要求恢复生产的，应当由（　　　）组织验收。

    A. 县级以上地方人民政府负责工商行政管理的部门

    B. 县级以上地方人民政府负责煤矿安全生产监督管理的部门

    C. 县级以上地方人民政府负责国土资源管理的部门

D. 所在地人民政府

41. 根据《建设工程安全生产管理条例》的规定，建设行政主管部门在审核发放施工许可证时，应当对建设工程是否有（　　）进行审查，否则不得颁发施工许可证。

A. 环境保护措施　　　　　　　　　　B. 应急救援措施

C. 职业病防治措施　　　　　　　　　D. 安全施工措施

42. 根据《建设工程安全生产管理条例》的规定，垂直运输机械作业人员、安装拆卸工、爆破作业人员、起重信号工、登高架设作业人员，必须按照国家有关规定经过专门的安全作业培训，并取得（　　）后，方可上岗作业。

A. 安全资格证书　　　　　　　　　　B. 特种作业操作资格证书

C. 安全培训资格证书　　　　　　　　D. 安全管理人员资格证书

43. 《危险化学品安全管理条例》规定，对重复使用的危险化学品包装物、容器，使用单位在重复使用前应当进行检查；发现存在安全隐患的，应当维修或者更换。使用单位应当对检查情况做出记录，记录的保存期限不得少于（　　）年。

A. 1　　　　　　　　B. 2　　　　　　　　C. 3　　　　　　　　D. 5

44. 依据《危险化学品安全管理条例》的规定，剧毒化学品购买许可证管理办法由（　　）制定。

A. 国务院公安部门　　　　　　　　　B. 最高人民法院

C. 国务院环境保护主管部门　　　　　D. 国务院质量监督检验部门

45. 依据《危险化学品安全管理条例》的规定，使用危险化学品的单位，申请危险化学品安全使用许可证的化工企业，应当向（　　）安全生产监督管理部门提出申请，并提交其符合申办规定条件的证明材料。

A. 所在地县级人民政府　　　　　　　B. 所在地设区的市级人民政府

C. 单位法人住所地县级人民政府　　　D. 单位法人住所地设区的市级人民政府

46. 依据《烟花爆竹安全管理条例》的规定，某单位为庆祝春节欲申请举办大型焰火燃放活动。依据《烟花爆竹安全管理条例》，下列关于办理燃放手续的说法中，正确的是（　　）。

A. 主办单位应当向焰火燃放地人民政府安全生产监管机构提出申请

B. 受理申请的安全生产监管机构自受理申请之日起 30d 内进行审查

C. 焰火燃放活动燃放作业人员，应当持有焰火燃放许可证

D. 提交的申请资料应包括举办焰火燃放活动的时间、地点、环境、性质、规模以及燃放烟花爆竹的种类、规格、数量和燃放作业方案

47. 依据《民用爆炸物品安全管理条例》的规定，申请从事民用爆炸物品销售的企业，应当向所在地（　　）提交申请书、可行性研究报告以及能够证明其符合规定条件的有关材料。

A. 省、自治区、直辖市人民政府安全生产监管部门

B. 省、自治区、直辖市人民政府民用爆炸物品行业主管部门

C. 设区的市人民政府安全生产监管部门

D. 设区的市人民政府民用爆炸物品行业主管部门

48. 某省甲市下设的 M 区有一风景名胜区，最近景区经营管理单位建设了一条观光客

运索道。依据《特种设备安全监察条例》，该索道使用单位应当在索道投入使用前或者投入使用后规定的日期内，向（   ）登记。

A. 甲市安全生产监督管理部门
B. M 区安全生产监督管理部门
C. 甲市特种设备安全监督管理部门
D. M 区特种设备安全监督管理部门

49. 违反《使用有毒物品作业场所劳动保护条例》的规定，未经许可，擅自从事使用有毒物品作业的，由（   ）依据各自职权予以取缔。

A. 工商行政管理部门、卫生行政部门
B. 工商行政管理部门、税务管理机关
C. 卫生行政部门、公安机关
D. 公安机关、工商行政管理部门

50. 依据《国务院关于特大安全事故行政责任追究的规定》，地方人民政府或者政府部门阻挠、干涉对特大安全事故有关责任人员追究行政责任的，对该地方人民政府主要领导人或者政府部门正职负责人，根据情节轻重，给予（   ）的行政处分。

A. 警告、记过
B. 降职、警告
C. 记过、开除
D. 降级或者撤职

51. 甲公司属于大型化肥厂，某日发生爆炸事故，造成 8 人死亡、16 人重伤、52 人轻伤，损失工作日总数 170 000 个，直接经济损失约 8000 万元。根据《生产安全事故报告和调查处理条例》，该起事故等级属于（   ）。

A. 一般事故
B. 较大事故
C. 重大事故
D. 特别重大事故

52. 2016 年 5 月 18 日 A 单位职工 B 因工作遭受事故伤害需要暂停工作接受工伤医疗，依据《工伤保险条例》的规定，在停工留薪期内，原工资福利待遇不变，由所在单位按月支付。停工留薪期一般不超过（   ）个月。

A. 3
B. 6
C. 9
D. 12

53. 2013 年 7 月 30 日职工甲某因工致残被鉴定为七级伤残，若甲某的月薪为 6000 元。依据《工伤保险条例》的规定，应从工伤保险基金中支付给甲的一次性伤残补助金数额为（   ）元。

A. 42 000
B. 54 000
C. 66 000
D. 78 000

54. 《注册安全工程师执业资格制度暂行规定》规定，取得注册安全工程师执业资格证书的人员，必须经过注册（   ）才能以注册安全工程师名义执业。

A. 审核
B. 核准
C. 登记
D. 审批

55. 依据《注册安全工程师管理规定》，关于注册安全工程师注册的说法中，错误的是（   ）。

A. 注册安全工程师实行分类注册，共有煤矿安全、非煤矿矿山安全、建筑施工安全、危险物品安全和其他安全等五类

B. 初始注册的有效期为 3 年

C. 注册审批机关应当在有效期满前作出是否准予延续注册的决定；逾期未作决定的，视为不予延续

D. 变更注册后仍延续原注册有效期

56. 《生产经营单位安全培训规定》规定，生产经营单位主要负责人和安全生产管理人员初次安全培训时间不得少于 32 学时。每年再培训时间不得少于（   ）学时。

A. 12　　　　　　B. 16　　　　　　C. 20　　　　　　D. 24

57. 依据《特种作业人员安全技术培训考核管理规定》的规定，收到申请的考核发证机关应当在（　　）个工作日内完成对特种作业人员所提交申请材料的审查，做出受理或者不予受理的决定。

　　A. 5　　　　　　B. 10　　　　　　C. 15　　　　　　D. 20

58. 吕某是 1 名连续工作 10 年的电工，并参加了单位组织的知识更新教育；何某是 1 名连续工作 6 年的锅炉操作工。两人的特种作业人员操作证于 2013 年 6 月刚完成复审。根据《特种作业人员安全技术培训考核管理规定》，关于吕某、何某两人特种作业人员操作证复审的说法，正确的是（　　）。

　　A. 到 2016 年 6 月，吕某、何某均需要再次进行复审

　　B. 到 2016 年 6 月，吕某、何某均不需要再次进行复审

　　C. 到 2016 年 6 月，吕某不需要再次进行复审，何某需要再次进行复审

　　D. 到 2016 年 6 月，吕某需要再次进行复审，何某不需要再次进行复审

59. 公安机关消防机构 2015 年 4 月 5 日受理某公司消防设计审核申请，依据《建设工程消防监督管理规定》的规定，公安机关消防机构最迟应于（　　）出具书面审核意见。

　　A. 2015 年 4 月 14 日　　　　　　　　B. 2015 年 4 月 19 日

　　C. 2015 年 4 月 24 日　　　　　　　　D. 2015 年 4 月 29 日

60. 根据《安全生产事故隐患排查治理暂行规定》，对挂牌督办并责令全部或者局部停产停业治理的重大事故隐患，安全监管监察部门收到生产经营单位恢复生产的申请报告后，应根据审查结果采取相应的处置措施。下列处置措施中，错误的是（　　）。

　　A. 审核合格的，同意恢复生产

　　B. 拒不执行整改指令的，依法实施行政处罚

　　C. 审核不合格的，责令改正或下达停产整改指令

　　D. 不具备安全生产条件的，由安全监督管理部门予以关闭

61. 《安全生产事故隐患排查治理暂行规定》规定，生产经营单位应当每季、每年对本单位事故隐患排查治理情况进行统计分析，并分别于下一季度 15 日前和下一年 1 月 31 日前向安全监管监察部门和有关部门报送书面统计分析表。统计分析表应当由（　　）签字。

　　A. 监理工程师　　　　　　　　　　　B. 生产经营单位技术负责人

　　C. 安全监察部门主要负责人　　　　　D. 生产经营单位主要负责人

62. 安全监管监察部门于 2012 年 6 月 11 日收到生产经营单位恢复生产的申请报告，依据《安全生产事故隐患排查治理暂行规定》的规定，安全监管监察部门应当在（　　）之前进行现场审查。

　　A. 2012 年 6 月 15 日　　　　　　　　B. 2012 年 6 月 20 日

　　C. 2012 年 6 月 25 日　　　　　　　　D. 2012 年 6 月 30 日

63. 依据《生产安全事故应急预案管理办法》，生产经营单位应急预案应根据不同情况变化及时修订。生产经营单位的下列变化情况中，其应急预案不需修订的是（　　）。

　　A. 生产经营单位生产线停产检修的

　　B. 生产经营单位生产工艺和技术发生变化的

　　C. 生产经营单位周围环境发生变化，形成新的重大危险源的

D. 生产经营单位应急组织指挥体系或者职责已经调整的

64. 依据《生产安全事故信息报告和处置办法》的规定，生产经营单位发生死亡 10 人以上，或者重伤（　　）人以上，或者经济损失 5000 万元以上的生产安全事故，除正常向县级安全生产监督管理部门报告事故外，还应当在 1h 内直接报告省级安全生产监督管理部门。

A. 20 　　　　　　 B. 30 　　　　　　 C. 40 　　　　　　 D. 50

65. 根据《安全评价机构管理规定》的规定，国家安全生产监督管理总局接到审核报告和证明材料后，应当按照本规定的要求进行审批，并在（　　）d 内完成审批工作。

A. 10 　　　　　　 B. 15 　　　　　　 C. 20 　　　　　　 D. 30

66. 某安全评价机构于 2014 年 7 月 10 日分立为甲、乙两个安全评价机构，依据《安全评价机构管理规定》，最迟应当在（　　）向原资质审批机关申请办理资质证书变更手续。

A. 2014 年 7 月 19 日 　　　　　　　　 B. 2014 年 7 月 29 日

C. 2014 年 8 月 3 日 　　　　　　　　　 D. 2014 年 8 月 8 日

67. 某金属露天矿山为了节省开支，拟将建设项目安全预评价和验收评价工作整体委托。露天矿项目经理就安全预评价和验收评价的机构和评价人等相关问题咨询了有关人员。依据《安全评价机构管理规定》，下列关于安全评价委托的说法中，正确的是（　　）。

A. 预评价和验收评价可由同一评价机构承担，评价人员可以相同

B. 预评价和验收评价可由同一评价机构承担，评价人员必须不同

C. 同一对象的预评价和验收评价应由不同评价机构承担

D. 经主管部门同意，预评价和验收评价可由同一评价机构承担

68. 根据《建设项目安全设施"三同时"监督管理办法》，跨两个及两个以上行政区域的建设项目，对其实施安全设施"三同时"监督管理的行政部门是（　　）。

A. 国家安全生产监督管理总局

B. 其各自所在地的人民政府安全生产监督管理部门

C. 县级以上的人民政府安全生产监督管理部门

D. 其共同的上一级人民政府安全生产监督管理部门

69. 《建设项目安全设施"三同时"监督管理办法》规定，对已经受理的建设项目安全设施设计审查申请，安全生产监督管理部门应当自受理之日起 20 个工作日内做出是否批准的决定，并书面告知申请人。20 个工作日内不能做出决定的，（　　），并应当将延长期限的理由书面告知申请人。

A. 经上一级建设行政主管部门负责人批准，可以延长 10 个工作日

B. 经本部门负责人批准，可以延长 10 个工作日

C. 经上一级建设行政主管部门负责人批准，可以延长 20 个工作日

D. 经本部门负责人批准，可以延长 20 个工作日

70. 安全生产标准制订、修订起草阶段，起草标准工作组成立后，应首先（　　）。

A. 开展调查研究 　　　　　　　　 B. 拟订工作计划

C. 完成标准征求意见稿 　　　　　　 D. 安排试验验证项目

二、多项选择题（共 15 题，每题 2 分。每题的备选项中，有 2 个或 2 个以上符合题意，至少有 1 个错项。错选，本题不得分；少选，所选的每个选项得 0.5 分）

71. 依据《安全生产法》的规定，从业人员的人身保障权利包括（　　）。

A. 获得安全保障、工伤保险和民事赔偿的权利

B. 得知危险因素、防范措施和事故应急措施的权利

C. 对本单位安全生产的批评、检举和控告的权利

D. 正确佩戴和使用劳动防护用品的权利

E. 紧急情况下的停止作业和紧急撤离的权利

72. 《安全生产法》规定，工会有权对建设项目的安全设施与主体工程（   ）进行监督，提出意见。

A. 同时盈利   B. 同时施工

C. 同时设计   D. 同时关闭

E. 同时投入生产和使用

73. 关于负有安全生产监督管理职责的部门依法监督检查时行使职权的表述，正确的有（   ）。

A. 安全生产检查人员对检查中发现事故隐患的，经上一级安全生产监督管理部门同意后方可责令排除

B. 安全生产监督管理部门有权对检查中发现重大事故隐患排除前或者排除过程中无法保证安全的，应当责令从危险区域撤出作业人员，责令暂时停产停业或者停止使用

C. 安全生产监督管理部门有权对有根据认为不符合保障安全生产的国家标准或者行业标准的设施、设备、器材以及违法生产、储存、使用、经营、运输的危险物品予以查封或者扣押

D. 对检查中发现的安全生产违法行为，当场予以纠正或者要求限期改正

E. 安全生产监督检查人员有权进入生产经营单位进行检查，调阅有关资料，向有关单位和人员了解情况

74. 下列表述中，符合《矿山安全法》规定的有（   ）。

A. 矿山企业必须对职工进行安全教育、培训；未经安全教育、培训的，不得上岗作业

B. 矿长及兼职安全管理人员必须经过考核，具备安全专业知识，具有领导安全生产和处理矿山事故的能力

C. 矿山企业安全工作人员必须具备必要的安全专业知识和矿山安全工作经验

D. 矿山企业可以择优录用未成年人从事矿山井下劳动

E. 矿山企业对女职工按照国家规定实行特殊劳动保护，不得分配女职工从事矿山井下劳动

75. 《消防法》规定了机关、团体、企业、事业等单位的消防安全职责，主要包括（   ）。

A. 组织进行有针对性的消防演练

B. 组织防火检查，及时消除火灾隐患

C. 配备专业消防队

D. 保障疏散通道、安全出口、消防车通道畅通，保证防火防烟分区、防火间距符合消防技术标准

E. 按照国家标准、行业标准配置消防设施、器材，设置消防安全标志，并定期组织检验、维修，确保完好有效

76. 依据《道路交通安全法》的规定，道路施工作业或者道路出现损毁，未及时设置警示标志、未采取防护措施，或者（   ），致使通行的人员、车辆及其他财产遭受损失的，负有相关职责的单位应当依法承担赔偿责任。

A. 未安排交通警察值勤   B. 未按照规定设置交通标志

C. 未按照规定设置交通标线   D. 未安排交通协管员协助管理

E. 未按照规定设置交通信号灯

77. 根据《行政处罚法》的规定，符合听证程序的有（   ）。

A. 当事人可以亲自参加听证，也可以委托 1～2 人代理

B. 当事人要求听证的，应当在行政机关告知后 5d 内提出

C. 除涉及国家秘密、商业秘密或者个人隐私外，听证公开举行

D. 行政机关应当在听证的 3d 前，通知当事人举行听证的时间、地点

E. 听证由行政机关指定的非本案调查人员主持

78. 根据《国务院关于预防煤矿生产安全事故的特别规定》，下列煤矿不符合生产安全条件的情形，应当实施关闭的有（   ）。

A. 经整顿验收不合格的

B. 无证照或者证照不全擅自从事生产的

C. 停产整顿期间，擅自从事生产的

D. 1 个月内 3 次或者 3 次以上发现煤矿企业未依照国家有关规定对井下作业人员进行安全生产教育和培训或者特种作业人员无证上岗的

E. 煤矿主要负责人未按规定带班下井，经责令改正后拒不改正的

79. 依据《危险化学品安全管理条例》的规定，从事危险化学品经营的企业应当具备的条件有（   ）。

A. 有专职安全管理人员

B. 有健全的安全管理规章制度

C. 从业人员经过专业技术培训并经考核合格

D. 设立安全生产管理机构

E. 有符合国家规定的危险化学品事故应急预案和必要的应急救援器材、设备

80. 《职业病防治法》规定，产生职业病危害的用人单位工作场所的职业卫生要求有（   ）。

A. 生产布局合理，有害与无害作业分开

B. 有与职业病危害防护相适应的设施

C. 配备专业职业卫生医师和体检设备

D. 有配套的更衣间、洗浴间、孕妇休息间等卫生设施

E. 设备、工具、用具等设施符合保护劳动者生理、心理健康的要求

81. 依据《使用有毒物品作业场所劳动保护条例》的规定，劳动者有权在正式上岗前从用人单位获得的资料包括（   ）。

A. 有毒物品安全使用说明书

B. 职业中毒危害控制效果评价报告

C. 有毒物品的标签、标识及有关资料

D. 作业场所使用的有毒物品的特性、有害成分

E. 作业场所使用的有毒物品预防措施、教育和培训资料

82.《生产安全事故报告和调查处理条例》对生产安全事故进行分级的依据有（　　　）。

A. 人员死亡数量　　　　　　　　　　　B. 直接经济损失的数额

C. 事故责任人　　　　　　　　　　　　D. 间接经济损失的数额

E. 人员重伤数量

83. 关于工伤保险待遇的表述中，不符合《工伤保险条例》规定的有（　　　）。

A. 生活不能自理的工伤职工在停工留薪期需要护理的，由所在单位负责

B. 生活护理费按照生活完全不能自理、生活大部分不能自理或者生活部分不能自理 3 个不同等级支付，其标准分别为统筹地区上年度职工月平均工资的 60%、50% 或者 40%

C. 拒不接受劳动能力鉴定的应停止享受工伤保险待遇

D. 拒绝治疗的不停止享受工伤保险待遇

E. 用人单位实行承包经营的，工伤保险责任由职工劳动关系所在单位承担

84. 依据《安全评价机构管理规定》的规定，安全评价机构申请甲级资质，应当具备的条件包括（　　　）。

A. 设有专职技术负责人和过程控制负责人

B. 有健全的内部管理制度和安全评价过程控制体系

C. 取得安全评价机构乙级资质 2 年以上，且没有违法行为记录

D. 具有法人资格，注册资金 600 万元以上，固定资产 400 万元以上

E. 有与其开展工作相适应的固定工作场所和设施、设备，具有必要的技术支撑条件

85. 依据《建设项目安全设施"三同时"监督管理办法》的规定，非煤矿矿山建设项目；生产、储存危险化学品的建设项目；生产、储存烟花爆竹的建设项目；金属冶炼建设项目以外的建设项目有（　　　）情形，对有关生产经营单位责令限期改正，可以并处 5000 元以上 3 万元以下的罚款。

A. 没有安全设施设计的

B. 安全设施设计未组织审查，并形成书面审查报告的

C. 未按照本办法规定对建设项目进行安全评价的

D. 施工单位未按照安全设施设计施工的

E. 投入生产或者使用前，安全设施未经竣工验收合格，并形成书面报告的

预测试卷二参考答案

一、单项选择题

1. A   2. C   3. D   4. D   5. D   6. C   7. D   8. D   9. B   10. B

11. D   12. D   13. C   14. B   15. B   16. D   17. C   18. B   19. B   20. D

21. D   22. A   23. B   24. B   25. B   26. D   27. C   28. A   29. C   30. A

31. C   32. B   33. D   34. B   35. D   36. A   37. C   38. B   39. D   40. B

41. D   42. B   43. B   44. A   45. B   46. D   47. B   48. C   49. A   50. D

51. C   52. D   53. D   54. C   55. C   56. A   57. A   58. C   59. C   60. D

61. D   62. B   63. A   64. D   65. C   66. D   67. C   68. D   69. B   70. B

二、多项选择题

71. ABCE   72. BCE   73. BCDE   74. ACE   75. ABDE   76. BCE   77. ACE

78. ABCD   79. ABCE   80. ABDE   81. ACDE   82. ABE   83. BD   84. ABE

85. ABDE